사설로 엮은 기독교 신앙과 윤리

— 이동준 목사 칼럼집

사설로 엮은

기독교
신앙과 윤리

이동준 목사 칼럼집

동연

머 리 말

　제주 성내교회에서 70세 정년 은퇴하면서 책을 세 권 출판하였다.
『하나님의 말씀과 그리스도인의 삶』(교회력과 성서일과에 따른 본문 강
해설교), 『기독교 신앙과 사회윤리』(수상, 칼럼, 논설과 사설, 강연과 논
문), 그리고 『예수 그리스도』(평신도를 위한 주제 중심 연구)를 말함이
다. 이번에 새로 내는 책은 『기독교 신앙과 사회윤리』의 제2편이라
할 수 있다. 위의 저서는 여러 지면에 게재한 수상, 논설, 강연, 논문
과 「한라일보」 칼럼니스트로서 쓴 칼럼들, 「제주기독신문」 논설위원
과 칼럼니스트로서 집필한 칼럼과 사설들을 한데 모은 것이다. 지금
출판하는 책도 은퇴 후에 쓴 두 신문의 칼럼들과 제주기독신문 논설
실장으로 써 올린 사설들의 모음이므로 "제2편"이라 칭할 만하다.
　제주기독신문의 논설위원이 되면서 처음 쓴 사설은 "신학이 있어
야 한다"(2003.3.29일자)였다. 성서적 원리와 신학에 담을 쌓은 오늘
의 교회를 비판하면서 한국교회와 그리스도인들의 모든 사고와 행위
는 성서와 바른 신학에 바탕을 둔 것이어야 할 것을 강조하였다. 지금
껏 집필한 나의 모든 칼럼이나 논설, 사설들은 교회와 사회의 제 현상
들을 성서와 신학 및 기독교 윤리의 관점에서 비판하고 해명한 글들
이다. 특히 2011년부터 제주기독신문 논설실장의 역을 맡은 이후에
쓴 사설들은 더욱 그러하다. 이 글들이 오늘의 한국교회와 그리스도
인으로 하여금 확고한 성서적, 신학적 토대 위에 설 수 있도록 조금이
라도 도움을 줄 수 있다면 더 이상 바랄 것이 없을 것이다.

2018년 겨울

이동준

차 례

오늘의 목자

2008~2009

바이오필리아

독일 태생의 미국 심리분석학자 에릭 프롬(Erich Fromm)은 인간에게 있어 서로 대립되는 두 가지 심적 경향이 있다고 했다. 하나는 바이오필리아(Biophilia) 즉 생명사랑이요, 다른 하나는 네크로필리아(Necrophilia), 죽음사랑이라 했다. 인간의 죽음 지향적 충동은 전쟁과 파괴와 살상을 가져온다. 대신 생명지향적 본성은 평화와 생성과 삶의 풍요를 낳는다는 것이다.

인간에게 바이오필리아는 어떤 형태로 드러나는가? 그것은 먼저 곤경에 처한 인간과 사물에 대한 연민이다. 죽음이란 코너에 몰려 어쩔 수 없이 멸절 되어가는 사람과 생명체를 측은히 여기고 건져내고 구하려는 따뜻한 마음, 이것이 바로 생명사랑의 출발점이다.

오늘날 많은 사람들이 죽어간다. 그들은 공해와 질병, 교통사고와 산업재해로 저들의 육체적 생명을 빼앗긴다. 퇴폐풍조와 사회악의 만연으로 심성이 오염되어 선한 양심이 잠들어 간다. 권력과 맘몬 우상 숭배로 그 신성한 영적 감수성이 사라져 간다. 예수 그리스도는 오늘도 몸은 비록 살아 움직이고 있으나 심령적으로 이미 코마 상태에 빠진 수많은 현대인들을 불쌍히 여기시며 이렇게 말씀 하신다. "영성의 고갈로 죽어가는 나의 사랑하는 제자들이여, 정신적 황폐와 정체성의 상실로 절망의 죽음을 향해 치닫고 있는 소위 지식인들이여, 윤리 의식의 마비와 도덕적 감수성의 둔화로 질식 상태에 빠진 중산층들이여, 권력과 명예의 독침에 쏘여 사망의 음침한 골짜기에서 방황하며 허우적거리는 언필칭 지도자들이여, 열등감과 원한, 복수심의 거센 불길에 타 죽어가는 이른바 민중들이여, 쿰, 일어나라." 예수님은 인간의 여러 차원의 죽음을 더럽다, 부정하다 해서 피하지 않으신다. 오히려 측은히 여기시고 죽음의 현장에 있는 우리에게 성령을 통하여 더욱 가까이 다가오신다.

그리스도인들은 인간의 생명에 대하여, 나아가서는 땅위의 모든 생명, 그리고 그 생명들을 품에 안고 공해와 오염으로 중병을 앓아 죽어가는 이 세계와 자연, 생태계에 대하여, 깊은 관심과 연민, 사랑의 마음을 품어야 하는 존재들이다. 왜냐하면 그리스도인이란 모든 생명을 가련히 여기시는 예수 그리스도와 한 몸이 되었기 때문이다. 인간을, 생명을, 자연을 측은히 여기는 것, 이것이 그리스도인 됨의 징표중 하나이다.

생명사랑의 또 다른 자세와 형태는 이미 죽었거나 죽음을 향해 내려가는 사람들을 되살려 놓기 위한 구체적인 노력이다. 생명에 대한 사랑은 죽은 것, 죽어가는 것들을 살리기 위한 여러 모양의 노력과 활동으로 가시화된다. 사람의 생명을 살려 달라 울부짖는 기도는 한낱 말과 소리로 그치는 것이 아니라, 전 인격을 건 행동이요 사건이라 하겠다. 하나님의 생명의 말씀을 선포하고 가르치는 일, 사람들과 속을 트고 사귀며, 이웃을 섬기고 돌보는 일 역시 생명사랑의 행위다. 생명사랑은 그 생명을 위한 기도로부터 시작되어야 한다. 진정으로 기도하는 사람만이 생명을 사랑하기 위한 다음 단계의 행동으로 결연히 전진해 나갈 수 있다. 우리의 조그마한 섬김의 활동과 행위조차도 주위의 생명에 대한 진정한 사랑과 연민을 품은 기도에서 출발해야 하는 것이다.

교회란 무엇인가? 그리스도의 몸이다. 그리스도의 명하심에 따라 세상을 죄악과 사망에서 구원하기 위하여 이 땅 위에 살아 움직이는 생명체다. 그리스도인 각 사람은 그리스도의 지체로서의 생명이다. 그 안에 그리스도의 생명이 충만하기에, 그 생명의 힘과 능력으로 세상의 생명을 구원하기 위해 힘쓰고 애쓰는 공동체가 곧 교회다.

2008.07.12. 제주기독신문 "목양의 터"

기독교와 사회-정치 이념

미국 침례교회 목사이며 대학교수였던 라우센부쉬(Walter Rauschen-busch)는 19세기 말과 20세기 초에 걸쳐 뉴욕의 빈민가에서 목회를 하며 사회복음을 제창해 당시의 미국사회를 비판하고 사회악에 도전했다. 그가 사회복음주의를 주창한 시점은 미국의 산업화가 급속히 진행돼 자유방임적 자본주의가 무르익던 시절이었다. 당시 교회 지도자들은 민주주의와 자본주의가 기독교적 배경에서 나온 것이라며 그 이념이 모든 정치·사회·경제적 난제들을 해결해줄 것이라 기대하고 있었다. 그러나 라우센부쉬는 목회를 통해 산업사회의 화려한 경제발전 그늘 아래서 고통당하는 사람들의 참상을 목격했다. 자본주의의 독점과 착취, 여기서 기인된 경쟁, 차별, 불평등, 소외, 억압으로 수많은 노동자들이 쓰러지고 있었다. 여기서 그는 경제 발전이 사회 전체에 두루 혜택을 미치기 위해서는 사회 질서가 기독교적인 것이 돼야 하며, 그렇게 될 수 있다는 신념을 가지게 됐다. 그래서 『사회질서의 기독교화』란 책을 쓰고 "하나님 나라는 본래 하늘에 있는 것이지만, 땅위에서도 새롭게 창조돼야 할 것"이라 주장하며 성서에 나타난 윤리적 원칙들을 문자 그대로 사회제도 속에 실현시키려 안간힘을 다했다.

그는 하나님 나라가 하나님께 속해 있다 함으로 그 나라와 초월적 요소를 배제하지는 않았지만, 그 나라의 지상실현이라는 내재적 요소를 지나치게 강조한 나머지, 초월적 요소는 단순한 추상적 지침으로 약화되고 말았다. 그는 두 가지 사실을 간과해버렸다. 우선 하나님 나라가 인간의 힘이나 노력으로 실현될 수 있는 것이 아니며, 더욱이 역사 안에서가 아니라 역사의 종말에 가서 성취될 것이란 점을 알지 못했다. 다음으로 기독교 정신에 기초한 교육과 윤리, 도덕적 설득으로 사회질서를 기독교화할 수 있다고 생각한 나머지 정의와 자유, 사회질서를 마비시키는 인간의 죄악과 타락, 사회의 비도덕성이 얼마나 깊고 심각한지를 제대로 인식하지 못했다.

우리 사회에 예수의 복음을 그대로 적용시키기란 그리 쉽고 간단한 일일 수 없다. 기독교 이상에 따른 사회와 문화를 실현한다는 것은 개인의 죄악, 사회의 집단악으로 인해 거의 불가능하다. 라인홀드 니버(Reinhold Niebuhr)의 말대로 기껏해야 그 이상을 향해 접근하는 노력이 있을 뿐이다. 세상 그 어떤 운동, 제도도 예수 그리스도의 주권을 자기의 것인 양 호도하고, 기독교 신앙을 자기들의 이념과 목표를 추구하고 성취하기 위한 수단으로 삼을 때, 만유의 주님이신 그리스도는 그들에게 심판주로 임하여 오신다. 인간들 멋대로 그분의 지배권을 침해하면 결코 이를 방관하지 않으신다.

예수께서 부활 승천하심으로 하늘의 주도 되시고, 땅과 세계의 주도 되신다. 그리스도의 주권으로 하늘과 땅은 만나고 그 사이의 관계가 소통된다. 만물의 주되신 그리스도의 주권이 우선적으로 행사되는 곳은 그의 몸 된 교회다. 그의 지배권은 교회에서 구체화된다. 세상의 지배자처럼 법과 권세, 폭력으로가 아니라, 사랑과 정의로 다스리며 깨어진 관계를 회복시키려고 그리스도의 영은 교회를 거점으로 세상 속에서 역사하고 계신다. 　　　　　2008.07.26. 제주기독신문 사설

먹이사슬, 그 악순환의 절단

우리 민족은 지난 8월 15일, 광복절 63주년과 대한민국 정부 수립 60주년을 맞았다. 일본제국주의의 혹독한 수탈과 억압의 사슬에서 풀려나 자주독립국가의 새 정부를 수립한 우리는 이 날을 잊지 못하여 오래 오래 기리고 있는 것이다.

이 지구의 생태계에는 먹이사슬이 있다. 초식동물은 풀이나 나뭇잎 같은 식물을 뜯어먹고 살며, 육식동물은 초식동물을 먹이로 삼는다. 동물들이 죽으면 땅에서 분해되어 식물의 영양소가 된다. 이처럼 생태계에서 서로 먹고 먹히며 끊임없이 생멸하는 것이 먹이 사슬 구조이다. 과학자들은 이것을 생태계의 순환체계(Feed-back system)라 부른다. 자연계에서 이 체계는 생태계 자체를 지키는 선순환이다. 그러나 인간과 그 집단에 있어서 먹이사슬은 악순환의 고리가 되어 해악과 멸절을 가져온다.

약육강식의 먹이사슬에서 우리나라가 일제의 먹이가 되어 36년을 지냈는데, 63년 전에 우리가 여기서 풀려났고, 그 때의 감격을 우리는 지금도 생생하게 기억하고 있는 것이다. 그런데 그 사슬에서 풀려난 우리가 오늘 완전한 해방과 자유를 구가하고 있는 것일까? 우리나라, 우리 사회는 과연 완전히 해방되었는가? 사실상 경제·기술적인 차원에서 우리는 아직도 일본과 먹이사슬에 매어있다. 우리의 무역수지 적자 중 매우 큰 부분이 일본에 대한 적자라 한다. 새로 개발되는 우리의 공업기술은 일본 기술의 덤핑작전으로 그만 고사되어버리는 경우도 허다하였다. 자주 독립국가인 우리나라는 지금도 국제사회의 먹이사슬에서 벗어나지 못하고 있는 게 사실이다. 일본은 우리의 영토 독도를 먹거리로 삼으려고 단단히 벼르고 있다. 중국은 소위 "동북공정" 프로세스를 통하여 한국의 고대 고구려사를 집어삼키는 한편, 최근 우리 영해 안에 있는 이어도마저 집어삼키려 한다.

나라 안에서 일어나고 있는 사건·사태들을 보면, 우리의 사회 자체가 또 하나의 거대한 먹이사슬을 형성하고 있는 것이 아닐까 하는 의구심을 누를 길 없다. 공공기관과 기업체 할 것 없이, 고위 공무원, 관리자, 감독자 등과 하청업자, 하급 공무원, 근로자 사이에 상상을 초월하는 먹이사슬 그물망이 드리워져 있다. 뇌물, 상납금, 커미션 등의 먹이를 한 몫 단단히 건네주면, 웬만한 하자는 적당히 보아주고 눈감아준다. 서로 짜고 담합하여 불의 · 불법을 저지르고 이권을 챙긴다. 업자에게 뜯어 상납을 잘 하면 자리가 보전되고 승진이 보장된다. 뜯긴 업자는 눈가림과 부실공사로 공사비를 적게 들여 이윤을 남긴다. 이런 식으로 먹이사슬이 엄청난 규모로 형성되어있는 것이 우리의 업계요 사회이다. 요즈음 대통령 영부인의 사촌 언니라는 김옥희씨의 30억 뇌물수수 사건은 정치권의 먹이사슬이 얼마나 집요한지 그 본보기일 뿐이다. 그것은 부패의 사슬이요, 붕괴와 멸망의 그물망이다. 오늘 우리의 사회는 그 어느 분야를 막론하고 불의, 부정, 부패의 먹이사슬이 얼기설기 얽혀있다.

더욱 우리를 당혹케 하는 것은 그와 같은 부패와 멸망의 사슬구조를 효과적으로 차단, 제거할 묘방을 좀처럼 찾을 수가 없다는 사실이다. 설령 어떤 방안이 있다손 치더라도 그것은 공염불이요 탁상공론일 뿐, 그것을 구체화하고 실현하는 일이 그리 쉽지 않다. 우리 민족의 심성 깊숙한 곳에 이 먹이사슬 구조가, 그 불의와 부패의 독소가 구석구석 스며들어 그것이 우리의 생리요 본성인 양 되어버린 것이 아닌가 여겨질 정도이기에 그러하다.

민족적으로 정치적으로 외세의 사슬에서 해방된 것은 사실일지 모르나, 그럼에도 불구하고 우리는 지금 새롭고 더 강한 먹이사슬 그물망에 걸려있다. 나라 안에서 서로를 동여맨 그 사슬구조에 묶이고, 우리는 국제질서의 눈부신 변화와 거센 도전에 적절히 대응하질 못하고 있다. 우리에게 휘감겨 오는 저질의 감각적 문화의 사슬조차 어찌해볼 도리가 없게 되었다. 우리는 지금 여러 차원에서 먹이사슬, 그 악순환의 덫에 걸려있다. 어떻게 그 사슬을 절단하고, 그 덫과 그물망을 부수어 진정한 자유와 해방을 누릴 수 있을까? 이것이 오늘의 한국국민에게 주어진 커다란 숙제요 의문부호이다.

2008.09.11. 한라일보 칼럼

나그네 길

우리 인간은 누구나 길을 가는 나그네, 길 위의 사람이라 할 수 있다. 인간을 나그네로 표현하는 것은 한시적 존재로서의 인간의 허무성을 과장해서 드러내는 것이라고 생각될지 모르겠지만, 가장 본질적이고 심원한 차원의 인간이해라 보아야 한다. 사람은 어떤 종착역이나 목적지에 이미 도달한 존재도 아니고, 어떤 형태의 물리적, 심리적 위치나 처소에 안주하는 존재도 아니다. 항상 길을 걸어가는 유동적인 실존이다.

우리가 걷는 길에는 여러 가지가 있다. 한적하고 외로운 오솔길이 있다. 걷기 힘들고 짜증나는 돌밭 길, 자갈길도 있다. 자가용 타고 신바람 나게 달릴 수 있는 아스팔트길, 고속도로도 있다. 칼로 주변의 나뭇가지와 잡초를 후리치며 열어가야 하는 정글 길이 있는가 하면, 낙타 발자국이나 자동차 타이어 자국으로 조금 다져져 길 비슷한 것이 희미하게 나 있긴 하지만, 모래 바람 한번 불면 그 흔적마저 묻혀버리는 사막 길도 있다. 어두운 협곡을 따라 구불구불 오르내리는 깊은 골짜기 길이 있는가 하면, 옛날 로마제국의 중심부로 뻗은 사통팔달한 군사·행정의 도로처럼 잘 닦여진 탄탄대로도 있다. 우리 인간은 그 처해있는 형편과 처지를 따라 때로는 편하고 좋은 길, 때로는 어둡고 불편한 길, 다른 때에는 위험하고 고된 길을 갈 수 있다. 문제는 내가 지금 어떤 길을 가느냐 하는 것이 아니라, 어떤 마음의 자세로 그 길을 걷고 있느냐 하는 데 있다.

길을 가는 사람들 중 첫 번째 부류는 걸으면서 자꾸만 뒤를 돌아다 보는 사람이다. 이 사람들은 찬란하고 만족스럽고 행복했던 과거에 고착되어, 그때의 삶의 보람과 긍지와 자랑을 먹고사는 사람이다. 이들은 자기가 세운 공적, 성취, 성공사례에 한사코 매달려 그로 말미암은 반대급부를 지금도 차지하고 누리려고 발버둥 친다. 자기의 빛나는 업적에, 힘들여 세운 공헌에, 발휘했던 리더십과 영향력에 지나치게 집착하여 과거에로 퇴행하려는 사람들이라 할 수 있다.

두 번째 부류의 인간은 현실의 여관방이나 천막을 영원한 집이요 거처로 생각하고, 거기에 안주하여 떠날 생각을 못하는 현실 지향파이다. 지금 누리고 있는 좋은 것들에 대하여 전적으로 만족하고, 오늘의 안락과 평안과 쾌락만을 찾고 추구한다. 자기의 배를 하나님으로 삼고, 자유인이요 성인임을 내세워 일탈된 행동을 호도한다. 진정한 자유는 육적 욕망의 기회일 수 없는데도, 인간으로서의 자유를 남용하여, 윤리와 도덕, 법과 질서마저 우습게 본다. 자기 편한 대로 살며, 아무런 진지함과 성실성 없이, 그럭저럭 현실의 요청에 순응하려 한다.

세 번째 부류의 사람은 어떤 확신과 희망에 이끌려 인생의 종착역을 향해 끊임없이 달려가는 미래지향적 인간이다. 이들은 과거에 이루어 놓은 것으로서, 인간적으로 자랑할 만한 것들과 유익했던 것들을 분토와 같은 것, 아무것도 아닌 것으로 여긴다. 비록 과거에 많은 보람 있고 좋은 일을 하였다 하더라도, 그것을 가장 좋은 것, 완전한 것으로 보지 않는다. 그래서 과거에 안주하거나, 현실에 몰두하지 아니한다. 오직 다시 한 번 옷깃을 여미고 신발 끈을 단단히 졸라매어 미래를 향한 여정에 오른다. 2008. 12. 01. 한라일보 칼럼

고난과 헌신

고난주간 마지막 날에 예수님의 고난과 희생의 함의를 되새겨본다. 고난과 헌신의 최종적 형태는 무엇인가? 그것은 희생이다. 성서적 의미로 희생이란 말은 구약의 희생제사, 곧 인간의 죄를 속하기 위하여 소나 양과 같은 가축을 죽여 그 살과 피를 하나님께 제물로 바치는 것을 뜻한다. 따라서 그리스도인의 희생적 삶이란 고난을 받아 죽으신 예수님처럼, 자기를 위해서가 아니라 하나님과 이웃을 섬기는 과정에서 자신을 완전히 내어주는 것, 목숨까지도 바치는 것을 의미한다. 사도 바울은 모든 그리스도인의 삶이 하나님께 드리는 희생제가 되어야 한다고 주장한다. 로마서 12장 1절에 바울은 "형제자매 여러분, 그러므로 나는 하나님의 자비하심을 힘입어 여러분에게 권고합니다. 여러분의 몸을 하나님이 기뻐하실 거룩한 산 제물로 드리십시오"라고 역설한다.

세상 사람들은 자기의 안전과 확장, 영광을 위하여 산다. 돈과 물질, 인간적 의지와 욕망, 쾌락과 안일, 명예와 권세 등을 맹목적으로 추구하다가 결국 이웃을 해치고 동료 피조물과는 대립, 갈등 투쟁에 휘말려 드디어 피차 망하는 데 이른다. 그러나 예수님은 자기를 헌신 희생하여 남을 사랑하고 섬기는 고난과 십자가의 길을 가심으로써 멸망의 벼랑에 서있는 인류를 구원하셨다. 그러기에 예수님의 제자인 그리스도인들은 불신자처럼 자기 자신이나 가족을 위해 살 수만은 없는 존재다. 예수의 고난과 희생의 삶에 동참함으로, 이웃을 구원에로 초청해야 하는 것이다.

그런데 사실은 자신과 가족을 위해서는 온갖 수고와 헌신, 때로는 희생을 마다하지 않는 우리가 하나님과 이웃을 위해서는 희생하는 시늉조차 제대로 하지 못한다. 이것이 솔직한 우리의 모습이다. 우리의 믿음이 겨자씨 한 알 정도도 되지 못하기 때문일 것이다. 우리 그리스도인이 믿음으로 주님과 남을 위해 우리의 시간과 재물, 재능과 능력, 심지어 목숨까지 드릴 각오와 준비가 되어있을 때 우리도 그리스도와 함께 인류구원, 새로운 창조의 궁극적 사역에 참여하게 된다.

우리가 남을 위하여 헌신 봉사할 하등의 이유가 없다고 생각되고, 또 그 일이 불가능하다고 느껴질 경우, 우리는 보다 큰 믿음으로 스스로를 채찍질하여 하나님과 남 섬김의 의지를 북돋우어야 한다. 우리의 심령 한구석에서 강하고 집요하게 반발하고 있음에도 불구하고 그것이 그리스도의 요청이요, 하나님의 명령이라 여기고 순종하려 할 때, 성령님은 우리의 고난, 헌신, 희생의 섬김이 가능하도록 우리 심령에 힘과 능력을 채워주실 것이다. 우리가 주님께 순종하여 믿음으로 수행하는 모든 일들, 예컨대 목회와 선교, 친교와 봉사, 특히 이웃에 대한 물질적 도움이나 위로, 권고 등 모든 그리스도인의 삶과 행위에 크고 작은 고난과 희생이 필요하기 때문이다. 하나님은 예수 그리스도를 통하여 인간을 구원하시고 인간과 역사를 새롭게 하신다. 우리 그리스도인은 삼위일체 하나님의 새 역사 창조에 동역자로 부르심을 받았다. 우리는 기쁜 마음으로 이 부르심에 응답하여 고난, 헌신 희생의 각오로 섬김으로써, 새 하늘 새 땅이 이루어지는 데 한 몫을 담당해야 할 것이다.

2009.04.11. **제주기독신문 사설**

오늘의 목자

선교란 단순히 그리스도의 복음을 말로 전하는 것으로 끝나는 일이 아니다. 선교의 대상이 완전히 복음화되고 그리스도를 구주로 고백하며 교회 공동체의 진정한 일원이 될 때까지 그들의 삶에 적극적 영향을 주는 모든 선의의 행동을 포함하는 것이라 하겠다. 어쩌면 선교는 양떼를 먹이고 돌보며 지켜주는 목양과 궤를 같이하는 행위라 할 수 있다.

성서에서 양을 기르는 목자란 보통 삼위일체 하나님을 가리키는 상징어이다. 그러나 좀 더 넓게는 왕, 제사장, 예언자, 방백과 관원 등 백성의 지도자들을 가리키는 말이기도 하다. 흔히들 교회에서 성직자는 목자이고 교인들은 양이라 비유한다. 이 비유가 크게 잘못된 것은 아니지만, 그 범위가 더욱 확장되어야 한다. 17년 전 필자가 서울 경동교회(기장) 담임목사로 취임하던 날, 교단 총회장을 역임하셨던 한 중진 원로목사님이 "축양애양"(畜羊愛羊)이란 휘호를 선물로 보내주셨다. "양을 먹이고 사랑하라"는 뜻이다. 이처럼 성직자는 목자라 할 수 있으나, 성직자만이 목자일까? 한마디로 우리 그리스도인들은 이 세상에 대하여 누구나 목자요, 그러기에 불신의 세상 사람들은 양떼라 보아야 한다. 그리스도인들은 목자로서 세상을 돌보고 지켜야 할 책임이 있는 것이다.

신학자 리처드 니버는 그의 저서 『그리스도와 문화』에서 이 세상과 문화에 대한 기독교의 대응 자세를 다섯 가지 범주로 나누어 설명했다. 문화에 대립하는 그리스도, 문화의 그리스도, 문화 위에 있는 그리스도, 문화와 역설적 관계에 있는 그리스도, 문화를 변혁하는 그리스도 등이다. 이 중에서 리처드 니버의 입장은 세상과 문화에 대하여 역설적 관계에 있으면서도 그것을 변혁해나가는 것이 기독교의 역할이라고 보고 있다. 그에 의하면 우리의 신앙이 문화적 요소를 지니고 있을뿐더러 세상을 구하는 복음을 담지하고 있는 이상, 이 세상과 문화를 문제 삼지 않을 수 없다는 것이다. 그러기에 그리스도인들은 세상과 긴장관계에 있으면서도 한편 세상과 대화하고 접촉하며 저들이 살길을 열어주어야 하는 존재이다.

세상과의 만남과 대화를 통하여 불신 사회를 이해하고 저들을 그리스도 우리 안의 양떼로 변혁, 변화시키는 것이 목자 된 그리스도인의 사명이다. 독일의 큰 신학자 칼 바르트는 모차르트의 음악을 들으며, 성서와 신학연구에 몰두하면서도 매일 배달되는 신문을 꼼꼼히 빠짐없이 읽는 일을 잊지 않았다. 오늘의 세계와 사회를 깊이 이해하고 알기 위해서였다. 하나님의 말씀과 복음의 씨앗이 떨어져 뿌리내릴 토양으로서의 세상을 점검하는 데 게으르지 않았다.

오늘의 사회는 전통적 규범과 가치를 상대화시켜버릴 뿐 아니라 철저히 세속적, 다원적 사고를 지향하며, 과학적이고 합리적인 것을 추구하는 윤리적 풍토 위에 서있다. 세속화된 현대 사회는 탈종교의 보편적 원리들을 그 윤리의 토대로 삼고 있다는 말이다. 따라서 오늘의 세계와 사회는 그리스도인과 불신자가 긴밀한 관계를 맺으며 살아야 할 중립적 구조를 이루고 있다 할 것이다. 그런데 문제는 세속사회의 윤리의식이 현대를 지배하는 힘의 논리에 압도되고 말았다는 사실이다. 정치적 권력과 경제적 이익의 논리가 개인적으로, 집단적 차원에서 인간의 존엄성과 생존권을 압살하는 사례가 증폭되고 있다. 예건대 각국의 권력집단들은 자국의 안전과 이익을 추구한다는 명분으로 핵, 유전공학, 생명공학 등의 최신 정보와 지식을 비인간적, 반인류적 목적을 위해 사용하려 한다. 그러한 힘의 논리에 속절없이 끌려가는 것이 현대사회의 모습이다. 그리스도인들은 이러한 오늘의 상황을 바로 파악하고 이 논리의 폭력성과 무모성을 고발하는 한편, 각 개인의 인권과 우리 사회의 진정한 평화와 안정을 위한 구체적 행동에 나서야 한다. 이것이 양무리라 할 수 있는 이 세상을 위한 목자로서의 그리스도인의 큰 역할이요 사명 가운데 하나라 하겠다.

2009.07.11. 제주기독신문 "목양의 터"

우매성을 넘어서

십여 년 전 ,한국으로 망명해온 북한 노동당 고위간부 황장엽 씨의 기자회견을 보거나 들은 이들이 많을 것이다. 나는 황 씨의 회견 내용을 보면서 새삼스럽게 끔찍하다거나 미심쩍다거나 하는 생각은 별로 하지 않았다. 한국인이라면 대부분 이미 알고 추측할 수 있는 사실들을 그의 입을 통하여 확인할 수 있었을 뿐이기 때문이다. 그 대신 왜 우리 민족은 그렇게도 어리석고 바보스러운가 하는 상념을 곱씹었었다.

북한의 지배집단은 6.25때 이미 철저히 실패한 적이 있고 장차 대량파괴와 민족의 멸절을 가져올 것이 분명한 적화 통일의 야욕을 왜 아직도 버리지 못하고 있는 것일까? 어찌해서 북한 동포들은 번영과 희망대신 고통과 죽음만을 안겨주는 김일성-김정일의 공산 독재체제에 분연히 저항하지 않고 맹종하여 살아가고 있는가? 한편 대한민국의 국민들은 왜 저들의 명약관화한 전쟁의지와 파괴의 위협 아래서도 요즈음의 정치권에서 그러하듯이 국론이 분열되어 아웅다웅 우리끼리 서로 물고 뜯으며 죽기살기로 싸우려들 뿐 예측되는 전쟁의 비극을 효과적으로 막을 수 있는 대비책과 아울러 화해와 평화통일의 실현 가능한 틀을 마련하고 실행하지 못하고 있는 것일까?

황 씨의 회견을 보면서, 우리 민족의 미련함과 어리석음에 이처럼 조바심이 일었고, 그토록 어리석을 수밖에 없게 된 여러 가지 가당치 않은 이유와 동기에 대하여서 새삼 분노가 치솟았다. 오늘의 인간은 개인적으로 집단적으로 문화와 문명을 찬란하게 꽃피우며, 현명하고 지혜롭게 사는 것처럼 보이지만, 아직도 여전히 어리석은 존재인 것 같다. 인간의 고질적인 우매성을 극복하고 넘어서는 길은 없는 것일까?

사전적인 의미로 어리석음은 사리에 어둡고 분별력이 없으며 슬기롭지 못한 인간의 심적 상태 혹은 경향을 뜻한다. 마음이 어리석기에 어리석은 행동이 있게 되는 것이다. 일반적으로 어리석음 내지 우매함은 지식이 없고 지혜가 모자라며, 감정 혹은 성품이 미숙함으로 말미암은 현상이라 할 수 있다. 그런데 오늘을 사는 사람들은 이전의 세대에 비하면 여러 가지 기회와 경로를 통하여 많이 듣고 배우며 경험하기에, 지식과 지혜가 모자라서 어리석은 것이라 할 수 없다. 지적·이성적 차원으로는 대부분 영리하고 지혜로운 것이 현대인들의 모습이다. 그렇다면 어떤 의미로 오늘의 인간은 아직도 어리석음을 탈피치 못하고 있는 것일까?

우선 감수성과 윤리의식의 미숙 때문에 어리석다. 인간은 IQ가 높고 학업성적이 우수하며 어떤 분야에서의 실력이 월등하다 하더라도 전인적인 차원에서 보면 여전히 한낱 우매한 자에 지나지 않을 경우가 허다하다. 그는 사물의 합리성, 과학성, 효용성에 지나치게 집착하여 그것을 모든 사고와 행위의 기준이요 원리로 생각하곤 한다. 세상만사에는 이성과 합리성 외에도 인간 개인과 집단, 공동체에 강력히 작용하는 다른 요소들이 얼마든지 있음을 제대로 알지 못하거나 충분히 인식하지 못한다.

예컨대 인간에게는 지능지수 IQ만 있는 것이 아니라, 감성지수

EQ, 도덕지수 MQ도 있는 것이다. 인간관계에 있어서 좋은 감성적 상호작용은 정보와 지식, 기술의 교류보다 때로는 더 중요할 수 있다. 높은 윤리의식과 모럴에 입각한 선하고 정의로운 행위는 지식의 축적이나 응용보다 국가와 사회에 더 큰 공헌을 하기도 한다. 그런데 언필칭 지적이요 합리적이며 지혜롭다는 사람들 일수록 인간의 감성적, 윤리적 측면을 간과하는 어리석음 때문에 일을 그르치고 자신도 남도 고통의 수렁으로 밀어 넣는 경우가 많다.

그런데 보다 근원적인 의미의 어리석음은 인간의 정신적, 영적 차원의 실재를 알지 못하고, 믿지도 않을 뿐 아니라, 왜곡된 본성에서 솟아나는 부질없는 욕망, 욕심만을 추구하고 채우려는 정신적, 영적 어리석음이다. 그것이 거짓, 허영, 오만, 탐욕 등으로 드러나는 우매성이다. 지적, 감성적, 윤리 도덕적 어리석음보다 더 심각하고 사악한 것은 이 같은 정신적, 영적 우매성이라 하겠다. 그것은 사람과 사람, 집단과 집단 사이의 건전하고 선하며 의로운 관계를, 그리고 인간과 자연과의 정상적인 유대를 근본적으로 단절시키고 파괴한다.

인간의 영적·정신적 우매성은 지적·감성적·윤리적 우매성의 뿌리요 근원이다. 정신적 우매자들은 결과적으로 다차원의 어리석음을 저지른다. 현대인은 그의 지성과 이성에의 편향성, 감성의 난조, 더욱이 윤리의식의 실종 등 매우 해악스런 우매성에 깊이 빠질 위험에 노출되어 있다. 이 모든 어리석음의 근원은 인간적인 것, 경험적인 것, 가시적, 합리적인 것만 믿고 의지하며 추구하되 불가시적·정신적·영적 차원은 알지 못하거나 거부하는 우리의 정신적 천박성임을 분명히 알아야 할 것이다.

2009.08.12. 한라일보 칼럼

주님 제자들의 유형

인간이 삼위일체 하나님의 부르심을 입어 주님의 제자요 일꾼이 되는 것은 사람에 따라 그 시기가 다르다. 아브라함은 나이 75세에 소명을 받아 가나안 땅을 향한 여정에 올랐다. 모세와 그의 형 아론은 80여 세 노년에 하나님의 명하심으로 출애굽의 대장정에 나섰다. 사무엘은 유년기에 하나님의 부르심을 받았고 사도 바울은 청년기에 그리스도로부터 사명을 받았다.

이렇게 주님께서 사람을 불러 그의 일꾼으로 쓰시는데, 우리는 그 대상 인물들을 몇 가지 유형으로 나누어 설명할 수 있을 것이다. 먼저 바울형 인간이다. 바울은 예수와 그 제자, 교회를 핍박하던 자였다. 그는 유대교에 대한 잘못된 열심, 편견과 살기로 다져진 열성을 품고 그리스도인들을 사지로 몰아넣었었다. 그는 적그리스도였다. 그러나 부활하신 예수님은 다메섹으로 가는 길 위에서 그를 땅에 거꾸러뜨리시고, 다시 낮게 하시어 이방선교의 일인자로 만드셨다. 주님은 오늘도 당신의 대적이요 적그리스도라 하더라도 받아들이시고 제자로 삼으신다.

다음은 나사로형 인간이다. 예수님은 죽어 무덤에 묻혀 썩어 문드러져가는 나사로를 향하여 "나사로야, 일어나 나오너라" 하고 소리쳐 부르셨다. 주님은 바울 같은 적그리스도도 부르시지만, 몸은 비록 살아 움직여도 영적으로, 윤리 도덕적으로 타락하고 썩어 무덤에 묻힌 시체나 다름없는 사람도 당신의 제자로 부르신다.

그 다음은 막달라 마리아형 인간이다. 예수님의 십자가 처형과 무덤에 묻히신 일뿐 아니라, 그 시신마저 누가 훔쳐갔는지 사라져버린 마당에 막달라 마리아는 절망과 슬픔으로 눈물을 흘리고 있었다. 그때 부활하신 예수께서 "마리아야!" 하고 다정스럽게 부르셨다. 사람이 슬픔과 절망의 수렁에 깊이 빠지면 사고와 분별력을 잃고 자포자기하기에 이른다. 주님은 이 같은 절망과 자포자기의 접경에 선 사람도 손을 내밀어 끌어내신다.

또 마르다형도 있다. 예루살렘 입성 후 성 밖 베다니촌 마르다의 집으로 물러나 유하시던 예수님은 주님을 맞노라 분주히 돌아가는 그녀를 부르셨다. "마르다야, 너는 너무 많은 일 때문에 염려하고 있구나. 그러나 실상 필요한 일은 한 가지뿐이니라"하고 말씀하셨다. 주의 일을 할 때 한 가지 일만 하라는 말씀은 아니었을 것이다. 봉사하고 섬기되, 술덤벙물덤벙 무질서하게, 자기 능력 이상의 것까지 하려들지 말며 일의 우선순위를 헤아려가며 해야 한다는 충고일 것이다. 세상 일, 교회 일 등 너무 많은 일에 욕심껏 관여하다가 단 한 가지도 딱 부러지게 해내지 못하는 사람도, 우선순위 첫 번째인 주님의 일을 제쳐놓고 외딴 일에 몰두해온 사람도 예수님의 부르심과 권고를 받을 수 있다.

그리고 베드로형도 있다. 열심 있고 용감하여 적극적인 수제자 베드로는 그 장점만큼이나 약점도 많았다. 그는 예수님이 잡힌 결정적인 순간에, "주님을 결코 떠나지 않겠노라"는 장담은 깡그리 잊어버리고, 세 번씩이나 예수님을 모른다고 맹세까지 하며 부인하였다. 부활하신 후 예수님은 갈릴리 바닷가에서 베드로를 향하여 "요한의 아들 시몬

아, 너는 나를 사랑하느냐?" 하고 세 번씩 물으셨다. 이것은 예수님에 대한 믿음, 그분에 대한 사랑에는 일관성이 있어야 한다는 사실을 깨우치시는 말씀인 것 같다. 주님은 베드로처럼 변덕이 죽 끓듯 하는 사람도 끝내 버리지 않으시며, 부르시고 변화시키어 그분의 일꾼으로 만드신다.

이밖에 의심 많은 도마형, 모태 신앙을 간직한 디모데형, 탐관오리로서 부정축재를 일삼던 삭개오형 등 여러 가지 인간유형을 부르신다. 이 모든 유형의 사람들은 나름대로의 죄와 허점, 약점이 있음에도 불구하고 예수님을 만나 변화를 입으면 누구에게도 부끄럽지 않는 주님의 제자요 일꾼이 될 수 있다.

2009.08.29. 제주기독신문 "목양의 터"

불신 시대의 도전

　몇 해 전에 카피라이터요 수필가인 이인재 씨가 묘한 책 한권을 펴냈다. 그 책의 제목은 『교회에 가기 싫은 77가지 이유』이고 부제목은 "우리 젊은 신세대, 왜 교회를 멀리하나?"이다. 40대 후반에 이르러서야 예수를 믿게 된 이인재 씨는 그가 출강하고 있는 광고 교육기관에서 수많은 수강생들에게 오늘 우리 교회의 어떤 부분들이 부정적 요인으로 비쳐지고 있는가 하는 것을 간략히 써서 무기명으로 제출하도록 하였다. 이 설문지를 100% 수거 분석해서 한국의 젊은이들이 기독교를 부정하는 일흔일곱 가지 이유를 찾아내고 거기에 대한 나름대로의 반론과 응답, 해설을 그의 책에 적어놓았다.

　기독교에 대한 부정적 견해 일흔일곱 가지 중 특히 주목을 끄는 두 가지만 소개하면 이러하다. 한 남자 대학생은 이렇게 말한다. "형체도 관찰할 수도 없는 불확실한 대상을 숭모한다는 속성 자체가 벌써 미신과 그 뿌리가 같음이 아닐까? 그런데도 많은 현대인들, 특히 지식인을 자처하는 사람들이 종교를 갖고 있는 데 대해서 나는 아무래도 이해하기 어렵다. 미신과 종교의 차이점을 나는 영원히 이해하지 못할 것 같다. 끼리끼리 교회당이라는 곳에 모여서 공허한 하늘을 향하여 무작정 저마다 무엇 무엇을 해달라고 기도하는 쓸 데 없는 시간에 나

같으면 차라리 좀 더 구체적인 방법론을 현실 속에서 찾고자 노력하는 데 시간을 보낼 것이다." 이렇게 말한 젊은이는 스스로를 자연과학을 전공한 과학도라고 소개하였다.

다른 한 여자대학생은 이렇게 말한다. "교회는 몇 번 아이들을 따라가 본 적이 있다. 대학에 들어와 한때 사귀던 남자 친구로부터 교회에 다닐 것을 몇 번 권유 받았지만, 내키지 않았는데 그 이유는 하나님에 대한 의구심이었던 것 같다. 하나님이 계시다면 어디에 계시는 것일까? 보이지도 않는 존재에 대하여 무엇을 믿는다는 것인지 솔직히 말하여 공허하기만 하다."

이들 젊은이들은 과학주의, 실증주의, 유물주의적 훈련과 사고방식 때문에 하나님의 존재를 부인하는 한편, 참된 하나님 신앙과 미신 및 우상숭배 사이의 차이점을 구분해내지 못하고 있는 것 같다. 그들은 같은 이유로 그 삼위일체 하나님을 믿는 그리스도인과 교회를 이해하지 못하는 것이다. 제대로 알지 못함으로 교회에 참여할 마음이 일어날 리 만무하다. 어리석고 불합리하게 보이는 교회공동체에 나오는 것 자체를 어리석은 일, 탐탁지 않은 일로 치부하고 있는 것이다.

불신의 시대인 오늘은 그 무엇도 믿을 수 없어 인간들은 점점 더 많이 방황하는 한편 점점 더 깊이 절망과 좌절, 허무의 나락으로 곤두박질치고 있다. 인간과 사회도 그 어떤 제도나 장치도 믿을 수 없기에 현대인들은 아이러니컬하게도 현대의 과학적, 합리적 이성에 위배되는 미신, 점복술, 운명론적 예언에 매달리거나, 가시적 우상이라 할 수 있는 돈과 권력, 성과 쾌락, 야망과 성공의 신에게 깊이 매료되고 있다. 이와 같이 불신과 우상숭배가 오늘의 전형적 사회상이기에 우리 그리스도인들에게 걸어오는 신앙상의 도전은 결코 만만치가 않다. 지금은 미신, 불신앙, 우상숭배라는 이름의 괴수가 그리스도인까지도

집어 삼키려고 으르렁거리는 사자처럼 달려들고 있는 형국이다.

이처럼 위험하고 도전적인 시대에 그리스도인들이 자신의 하나님 신앙을 더욱 확고하게 붙들고 흔들림이 없어야 함은 재론의 여지가 없다. 하나님은 모든 미신과 우상, 불신앙을 철저히 거부하시는 유일한 참 신으로서 창조와 구속과 섭리의 주 되심을 거듭 확인하고 확신해야 할 일이다. 특히 그 하나님을 불가시적인 세계에만 계시고, 인간의 상상 속에서나 존재하는 허상이 결코 아니라, 예수 그리스도의 몸으로 세상에 오신 구체적이며 역사적인 신이시며, 우리를 죄악과 사망의 권세에서 해방하여 영원한 생명으로 다시 나게 하시는 구원의 하나님이심을 분명한 의식으로 고백해야 할 것이다.

하나님은 영이어서 오늘도 교회와 이 세계 속에서 힘과 권능을 역사하시되 특히 그리스도인들의 선교적 사명을 통하여 이 땅에 하나님 나라를 확장해 가신다는 믿음에서 한 발자국이라도 물러서거나 탈선해서는 아니 될 것이다. 그리스도인들은 진리와 영으로 드리는 하나님 예배와 우리의 전체를 걸고 행하는 선교와 사귐을 통하여, 우리에게 걸어오는 불신시대의 도전에 확실하고도 철저하게 대응해야 하겠다.

2009.09.26. 제주기독신문 "목양의 터"

다양성 속의 일치

어떤 사람이 여객선을 타고 대양을 건너다가 폭풍우로 배가 뒤집히는 바람에 조난을 당하였다. 그는 나무판자에 의지하여 혼자 표류하던 끝에 다행히 어느 조그만 무인도에 닿게 되었다. 그 섬에 고립되어 있는 동안, 사랑하는 가족과 인간사회가 너무나 그리웠던 그는 건축가로서의 자기의 기능을 최대한 발휘하여 제주 중문지역에 꾸며놓은 "소인국" 같은 모형부락을 세우기 시작했다. 그러면서 사람들이 사는 마을에 살고 있는 것 같은 환상 속에서 고독한 나날의 삶을 달랠 수 있었다. 몇 년이 흐른 뒤 이 사람은 무인도 앞을 지나가던 한 선박에 의해 구조되었다. 그는 지금껏 살던 섬을 떠나기 전에 자기가 세운 모형 부락을 선원들에게 구경시켰다. 모형 마을의 거리마다 집들과 관공서와 상점들이 들어차 있었는데, 마을 한 가운데 두 교회가 가까이 세워져 있는 것이 선원들의 눈에 띄었다. 그 배의 선장이 물었다. "당신이 기독교인이기 때문에 물론 교회가 필요했겠지요. 하지만 이 무인도에 인구라고는 당신 한 사람 뿐인데 왜 교회가 둘씩이나 있어야 했습니까?" 그 건축가의 대답은 이러했다. "한 교회는 내가 다니는 교회이고, 다른 한 교회는 내가 다니지 않는 교회입니다."

이 일화는 기독교의 개신교에 교파와 분열이 너무 많은 것을 비판적으로 꼬집은 이야기라 하겠다. 그러나 분열은 개신교만의 현상이 아니다. 다른 종교나 일반 사회의 경우도 마찬가지이다. 오늘을 사는 현대인들은 개인적으로 사회적으로 남과의 소통, 연합을 원한다. 거기에 많은 이점이 있기 때문이다. 그래서 지구화, 세계화라는 용어까지 등장하여 두루 쓰인다. 그렇지만 현실은 인류의 이상과 염원과는 정반대이다. 인간의 삶의 모든 영역과 차원에서 극심한 분열과 불일치, 대치와 갈등이 증폭되어간다.

국내 사정을 일별해보자. 한마디로 다중적 분열양상이라 할 수밖에 없다. 여기에는 해묵은 지역감정으로 인한 갈등이 시퍼렇게 날을 세우고 있다. 정당간의 이합집산은 물론이고, 어떤 문제와 이슈가 터져 나올 때마다 정당들은 논의와 협상을 통해 대처하는 대신, 우선 그 문제를 기회로 상대방을 궁지에 몰아넣으려고 서로의 발목을 잡아 싸움판을 벌인다. 우리나라는 국제금융 한파 이래 가진 자와 못가진 자 사이의 틈이 점점 더 넓게 벌어지고 있다. 이른바 빈익빈 부익부 현상이 갈 데까지 치닫고 있다.

자기들의 주장과 권리와 이익을 지키기 위하여 이해를 달리하는 집단 간의 충돌이 더욱 잦아졌다. 예컨대 강정 해군기지 건립문제를 놓고 정부, 환경론자들, 사회주의적(좌파적) 사고를 하는 사람들, 강정지역 주민들이 지금껏 팽팽히 맞서온 사례를 들 수 있다. 학원사회에서 교사가 어쩌다가 학생에게 매를 들면, 학생들은 대등폭력 등 여러 가지로 반발하고, 심지어 스승을 고발하기까지 한다. 여러 학생이 한 아이들 '왕따'로 몰아 상대를 안하거나 소외시키고, 심지어는 수탈, 폭행까지 가한다. 영국의 철학자 토마스 홉스는 "인간은 인간들에 대해 늑대일 뿐이다"라고 갈파한 바 있다. 좀 과장해 말하면, 이 나라에서 만인은 만인에 대한 적이 되어가고 있다.

그렇지만 생물학적으로 그 어떤 유기체도, 사회학적으로 그 어떤 공동체나 집단도 대립과 갈등을 지양하여 하나로 연합하고 통전되지 못하면 결국 생명을 잃거나 붕괴되고 만다. 이것이 생명체의 원리이고 집단사회의 법칙이다. 그 어떤 생명체도 공동체도 나뉘어져 피차 물고 뜯으면 망하고 무너지게 되어 있다. 한 집단체가 그 시설이나 구조가 크든 작든, 인적·물적 자원이 많건 적건, 소통하고 연합하여 통전되지 못하면 더 이상 존재할 수 없는 것이다. 자유, 평등, 평화, 행복의 이상이 구현되는 나라, 건전하고 조화로운 사회가 되기 위해서는 여러 차원의 다양성이 있으면서도 그 속에서 공통성을 찾아 남과 소통, 대화 통합을 이루어가는 지혜가 있어야 한다. 한마디로 다양성 속에서 일치를 추구해야 할 것이다.

2009.10.26. 한라일보 칼럼

행동하는 믿음

2010

변화의 축

몇 년 전 어느 TV 화면에 『미래의 충격』, 『제3의 물결』 등을 쓴 앨빈 토플러가 등장하여 "세계는 변화하고 있다"(The world is changing)라고 말하는 장면이 나왔었다. 물론 상품광고에 이용된 것이기는 하지만, 그의 이 한 마디는 오늘의 세계를 바로 묘사한 것이라 하겠다. 고대 그리스의 철인 헤라클레이토스는 "만물은 유전한다"라는 대명제를 내걸었다. 그는 세상에 존재하는 모든 것은 변하지만, 만물은 변화한다는 원리만은 변하지 않는다고 갈파한 바 있다.

존재하는 모든 것이 변하는 마당에 인간이라 해서 예외일 수 없다. 사람은 우선 태어나고 병들며, 늙어서 죽는 자연적 생리적 변화를 겪는다. 자연과 인간의 모든 변화는 신의 섭리인 자연법칙에 따른 것이다. 우리 인간은 생리적·자연적으로도 변화하지만, 주체적으로 인격적·사회적 변화를 추구하는 존재이다. 단순히 자연의 변화 법칙에 순응하는 소극적인 자세가 아니라, 어떤 목표와 이상을 향하여 부단히 스스로를 변화시키고 갱신하는 적극적 자세로 그렇게 하는 것이다.

인간의 인격적·사회적 변화의 축은 무엇이어야 하는가? 한마디로 사랑이다. 성 어거스틴은 사랑이야말로 이 세상에서 가장 큰 잠재력이요 능력이어서, 모든 살아있는 것을 창조하고 유지하며 지시하고 지식을 주며, 그 고유한 목적에로 인도하는 우주적인 추진력이라고 말했다.

　러시아의 문호 톨스토이의 소설 중에 『사람은 무엇으로 사는가?』 라는 단편소설이 있다. 이 소설을 보면 어느 날 하나님은 천사 미카엘 에게 한 여자의 영혼을 데려오라고 명령하였다. 세상에 내려온 미카 엘 천사는 그 여인이 남편을 잃은 후 혼자서 쌍둥이를 낳다가 기력이 쇄하여 거의 죽게 된 것을 보고 너무 불쌍해서 차마 하늘로 데려가지 못하였다. 하나님의 명령에 불복종한 죄로 미카엘은 지상으로 추방되 었다. 그러나 그는 다시 하늘나라로 귀환할 수 있는 조건을 제시받았 다. 세 가지 문제에 답하라는 것이다. 첫째로 인간의 마음속에 무엇이 있는가, 둘째로 인간에게 주어지지 않은 것은 무엇인가, 셋째로 인간 은 무엇으로 사는가 등의 세 가지 문제를 풀면 된다는 것이다.

　세상으로 쫓겨나던 추운 겨울날 굶주려 기진맥진한 미카엘은 매 우 가난하고 늙은 어느 구둣방 주인 내외에게 발견되어 따뜻한 음식 과 의복을 제공받았다. 거기서 그는 "인간의 마음속에는 무엇이 있는 가?"라고 물은 첫 문제를 풀었다. 노부부를 통해 미카엘은 인간의 마 음에는 사랑이 깃들어 있다는 것을 안 것이다. 일 년이 지난 후 그는 한 부유한 사나이가 구둣방을 찾아와 "일 년이 지나도 헐지 않도록 내 구두를 튼튼히 만들어 달라"고 주문하는 것을 보았다. 동시에 그는 그 부자의 등 뒤에 바짝 가까이 서있는 죽음의 사자도 보게 되었다. 미카 엘은 그 장면을 보고 "인간에게 주어지지 않는 것은 무엇인가"라는 두 번째 질문에 대한 해답을 얻었다. 인간에게는 단 몇 분 뒤의 운명을 내다보는 능력조차도 주어져 있지 않은 것이다. 그 후 6년이 지났다. 천사 미카엘은 한 중년 부인이 구둣방으로 데려온 쌍둥이 자매를 보 고 그만 크게 놀라지 않을 수 없었다. 옛날 아이를 낳다가 죽음에 임박

했던 여인에게서 태어난 바로 그 쌍둥이였다. 어머니의 죽음으로 그 아이들도 죽었으리라 생각했는데 그들은 이웃 사람들의 사랑과 돌봄으로 밝고 명랑하게 잘 자라고 있었던 것이다. 예쁜 쌍둥이를 보면서 미카엘은 "인간은 무엇으로 사는가?"라는 세 번째 문제에 "인간은 사랑으로 산다"라고 답할 수 있었다. 그가 이 마지막 답을 얻는 순간 홀연히 하늘나라로 들리어 올라갔다.

이 이야기는 한낱 소설에 지나지 않는다. 픽션일 뿐이다. 하지만 그것은 인간에게 사랑이 얼마나 근본적이요 능력 있는 힘인지를 명시해 주고 있다. 사랑은 생명을 창조하고 유지하여 연합하는 힘이다. 2010년은 이 사랑을 축으로 하여 인격적 사회적 변화와 성숙을 이루는 멋있는 한 해가 되기를 바란다.

2010.01.11. 한라일보 칼럼

거룩한 산 제물

"네페쉬", 생명을 뜻하는 히브리어이다. 인간의 생명은 육체적, 물질적 생명인 목숨과 영적 생명, 하나님의 영과 합일되는 영원한 생명 모두를 말한다. 이 두 생명은 나뉠 수 없는 관계에 있다. 같은 생명이 육의 몸을 입으면 세상에서의 육적 생명이요, 영의 몸을 입으면 하나님 나라에서의 영원한 생명인 것이다. "네페쉬"는 "생명" 말고 또 다른 부차적인 의미를 갖는다. 그것은 인간의 갈망 혹은 욕구를 뜻하는 말이기도 하다. 생명은 그것을 유지 보존하기 위하여 끊임없이 무엇인가를 바라고 요구한다는 암시이다. 인간은 그 육체적 생명을 이어가기 위하여 공기, 물, 음식 등 물질적 요소의 공급을 필요로 한다. 이 같은 육신적 갈망 외에 인간의 생명은 정신적, 영적 욕구도 채워지기를 바란다. 사람의 목숨 자체가 하나님께로부터 온 것이기에 그 유지를 위해서도 하나님이 주시는 영의 양식이 필요한 것이다. 이 양식은 곧 하나님의 말씀을 통하여 오는 하나님의 영의 능력이다.

인간의 육체적 생명은 하나님께서 지으신 물질로 유지되며, 영적 생명은 하나님이 주시는 말씀, 진리, 영을 받아들이고 삶 속에서 체현함으로써 보존된다. 이런 의미에서 우리의 생명은 하나님의 영원한 생명에 대한 우리의 참여이며, 그 생명을 나누어가짐이라 할 수 있다.

그러니까 생명을 자유롭게 다룰 수 있는 권한은 인간에게가 아니라 하나님께 있는 것이다.

예수님은 사람의 목숨이 천하보다 귀하다 하셨다. 그분은 우리에게 그토록 귀한 생명을 풍성히 누리도록 할 뿐 아니라, 영원한 생명에 이르게 하여주신다. 우리가 예수님을 믿는 궁극적 목적은 그분이 우리에게 주시는 영생을 얻으려는 것이다. 예수께서 "나는 길이요 진리요 생명이라" 하셨다. 그러니까 예수를 영접하고 믿는 것은 곧 생명을 받아들이는 일이다. 신앙은 그런 뜻으로 우리의 삶속에 충만한 생명을 공급받는 통로이다. 예수님은 또 "내가 온 것은 양으로 하여금 생명을 얻고 또 얻어 풍성하게 하려는 것이라" 하셨다. 충만한 생명은 예수를 믿어 생명의 근원이신 삼위일체 하나님과 만남으로 받게 되는 은총이다. 예수님은 생명의 양식이시니, 영원한 생명은 오직 그리스도와 하나 됨으로 얻게 된다. 육체의 생명을 지니고 있을 때 그리스도를 믿고 영접하고 따름으로 영생에 이르고 주님과 하나가 된다.

사도 바울은 우리의 몸을 하나님이 기뻐하실 거룩한 산 제물로 드리라고 권고한다. 생명은 천하보다 귀한 것이기에 가장 고귀하게 사용되어야 한다. 우리의 한 평생은 알파에서 오메가를 향해가는 시간과 역사의 과정에 있어서 단지 눈 깜짝할 순간에 불과하며 우리의 육체적 생명은 이 번개 같은 찰나에 세상을 스쳐가는 것이다. 그토록 짧으면서도 귀한 생명을 가장 값지게 사는 방법은 우리의 몸, 생명을 산 제물로 드리는 일이라 한다. 우리의 전 존재를 하나님께 드리고 그 말씀에 순종하며, 그 뜻을 이 세상에 실현하며 사는 것이 산 제물인 우리의 삶이다.

생명이 그토록 높고 귀한 것이니만큼, 그 생명을 보존하는 일 역시 무엇보다도 값진 과제이다. 육체적·영적 생명을 보존하기 위하여 인간은 생명의 근원이신 하나님께 가까이 나아가야 한다. 하나님께 나아감은 오직 예수 그리스도를 믿음으로써 가능해진다. 또 우리는 다른 이들, 동료 피조물과 화해하고 평화를 이루어야 한다. 이 일은 이웃 사랑으로 표현된다.

이 세상에는 생명을 위협하는 힘과 세력들이 가득하다. 전쟁, 테러 등 파괴적인 행위, 세속주의, 무신론, 맘모니즘 등 부정적 이념, 환경오염과 공해에 의한 생태학적 위기, 이 모든 것들이 인간의 생명을 크게 위협하고 있다. 바울이 말한 "몸을 산 제물로 드리기"란 이처럼 말살의 위협 아래 전전긍긍하는 세상의 생명들을 사랑과 연민으로 보호하고 섬기는 행위라 할 것이다.

2010.03.13. 제주기독신문 "목양의 터"

전인교육(全人敎育)의 터전

지난 6월 2일의 지역 선거에서 치열한 경쟁을 통하여 제주의 교육을 책임질 교육감과 교육위원들이 선출되었다. 그들에게 제도교육의 운영을 위탁하면서, 한편 우리는 보다 심원한 차원의 교육적 지평을 다져야 할 것이다.

철학자 루소는 "교육의 목적은 기계를 만드는 것이 아니라, 사람을 만드는 것이라" 하였다. 그런데 오늘의 한국 교육의 궁극적 목표는 성숙하고 인격적인 사람이 아니라, 사회라는 거대 조직 속의 한 부품으로서의 기계를 만드는 것으로 보인다. 기능주의적 제도교육은 인간의 정신적·정서적·윤리적·영적 성숙을 도외시한 결과, 비록 지적으로 예리하며 사회적 기능과 어떤 분야의 기술은 뛰어날지 모르지만, 윤리의식이 마비되고 도덕적으로 비틀거리며 그 심성이 삭막하고 메마른, 한낱 정교한 기계와 같은 인간들을 양산해내고 있다.

현대사회의 제도교육이 갖는 문제점을 해결하기 위해서는, 우선 그 전단계인 가정에서의 자녀교육이 제 몫을 다해야 한다. 교육학자 헐버트는 "교육은 원래 가정에서 해야 하는 것인 바, 부모야말로 가장 훌륭한 교사이다"라고 주장하였다. 그렇다면 오늘 우리의 부모들은 과연 훌륭한 교사로서의 역할을 다하고 있는가? 대부분의 부모가 그렇지 못하기에 문제가 심각해진다.

역설적이게도 어린이·청소년 문제의 가장 큰 요인이 가정 안에 도사리고 있다. 현재 수많은 한국의 부모들은 학과성적의 향상과 좋은(?) 학교에로의 진학을 자녀교육의 제일목표로 삼고 있는 것이 사실이다. 이 목표를 이루기 위하여 수단, 방법을 가리지 않는다. 불법과외, 시험지 유출, 부정입학 등 돈으로 해결할 수 있는, 그 어떤 비리라도 감히 저지를 준비가 되어있다. 방법이야 어떠하든 최고의 교육과정을 거쳐야 한다는 현실적 출세지향의 가치관을 자녀들에게 심어주고 있는 것이다.

성공위주의 세속적 가치관이 판치는 우리의 사회에서 부모들은 자녀들의 건전한 인격형성에 필요 불가결한 요소들을 보아내는 지혜와 통찰력을 잃어버렸다. 윤리적·심성적·인격적 교육에 거의 관심이 없다. 자녀들의 물질적·사회적 필요를 채워주는 일에만 열중한다. 그들의 정신적·영적 결핍을 보완하는 일, 바른 가치관을 심어주고 성숙한 인격을 함양토록 하며, 미래를 보다 크고 넓은 시야로 설계하도록 도와주는 일은 엄두도 못 내고 있다. 부모들은 자녀들의 육체적 건강 못지않게 건전한 심성 또한 중요하며, 물질적 필요의 충족 이상으로 정신적, 영적 결핍을 매우는 일이 더 절박하다는 사실을 모르고 있는 듯하다.

현대의 가정은 대가족에서 핵가족으로 변모해왔다. 핵가족 속에서는 가족 성원의 개인적·이기적 욕구의 충족을 크게 중시한다. 여기서 부모와 자녀 사이의 관계와 정서는 매우 사무적이거나 의무적인 성격이 강하다. 이것은 부모·자식 간의 원초적이고 전인적인 관계가 어딘지 훼손되고 있음을 드러낸다. 이 같은 현상은 어쩌면 가정 붕괴의 조짐일 수도 있다. 결국 오늘 한국 가정의 비극은 부모·자녀 사이가 지나치게 물질 위주이고 현실적이며 냉담하고 이기적인 관계로 변질되어버린 데서 온 것이라 하겠다.

자녀들을 보는 부모의 시각이 이렇게 왜곡되면, 자식은 부모의 이기적 욕망을 채우는 한낱 수단으로 전락되고 만다. 따라서 대부분의 한국 가정은 여러 가지 차원에서 자녀교육의 정도를 벗어나 있다. 그 결과는 가정교육의 실패다. 이 실패는 가정으로 끝나지 않는다. 우리의 사회, 우리나라의 실패를 초래한다.

우리의 자녀들이, 새로운 세대들이 탈선하고 고통당하며 심지어 목숨을 스스로 앗아가는 비극이 비일비재한데, 이것은 가정에서 부모가 자녀들의 인격형성을 위한 바른 교육을 시행하지 못하는 데 그 큰 원인이 있다 할 것이다. 물론 비윤리·비도덕적인 우리 사회의 풍토, 그리고 부적절하며 비합리적인 제도교육에도 책임이 없다 못하지만, 자녀의 문제는 근본적으로 가정에서부터 시작된다.

내일의 주인공이 될 자녀들이 바르게 성장·성숙하여, 자아를 실현하고 그가 속한 사회와 국가에 공헌하는 유능한 일꾼이 되는 것은 자녀들에게 베푸는 부모의 인성교육에 달려있다 해도 지나친 말이 아니다. 자식들에게 가장 크고 중요하며 기본적인 영향을 주는 이는 다른 이 아닌, 바로 부모이다. 그러기에 부모는 자녀들의 전인교육의 주체가 될 수밖에 없다. 자녀들의 지적·사회적 훈련은 부분적으로 학교교육, 제도교육을 통하여 실행되는 것이지만, 그들의 정서적·윤리도덕적·전인적인 성장은 가정에서 부모의 가르침과 모범으로 가능해진다는 사실을 잊어서는 안 될 것이다.

2010.06.09. 한라일보 칼럼

그리스도인과 정치

    금년 봄 내내 한국 사회를 뒤흔들던 지역선거가 지난 6월 2일의 투표로 마침내 종료되었다. 총선, 대선, 지역선거 할 것 없이 이 모든 투표 행사는 정치적인 사건이라 할 수 있다. 정치적 사건의 핵심에는 언제나 정치인들이 있다. 그들이 어떤 정치를 하느냐 하는 것은 곧 국민들의 생사와 관련된 중대사가 아닐 수 없다. 그러기에 우리는 우리의 정치인과 정권에 대한 관심을 버리지 못한다. 정치인들의 당리당략에 따른 이합집산에 신물이 나고 저들의 부패와 무능, 비정에 분노를 터트리다가 한국 정치인들은 다 그렇고 그런, 그래서 어쩔 수 없는 함량미달의 존재라는 식의 정치적 비관주의, 허무주의에 빠지기도 한다.

    그렇지만 우리는 정치인과 정권에 대한 우려와 관심, 비판과 협력을 그쳐서는 안 된다. 정치에 우리의 미래가 달려 있을 뿐 아니라 하나님은 오늘도 인간과 사회의 정치 과정을 통하여 일을 하고 계시기 때문이다. 오늘도 하나님은 만유를 다스리시는 절대 주권을 행사하시되, 세상의 정치 지도자들을 부르시어 그들에게 권력과 지도력을 위탁하시고 만민을 정의와 자유에로, 평등·평화 공존에로, 성장과 성숙·발전에로 지향하여 나아가게 하신다. 때로는 사악한 통치자나 부패한 지도자까지도 민중의 자유와 혁신을 향한 의지를 부추기기 위하여 도구로 쓰시기도 하신다. 독재와 혼란의 경험을 통하여 정의와 질서의 귀중함을 확인하게 하시고, 이 고귀한 가치들을 쟁취하기 위하여 투쟁마저도 불사하도록 부추기신다.

따라서 세상에서의 그리스도인의 삶은 우리가 좋아하든 혐오하든 하나님께서 그 후견자로 계시는 정치권 아래서의 삶이라 할 수 있다. 그런 의미에서 그리스도인은 스스로 의식하건 말건 사회참여, 정치참여의 마당에 서있는 것이다. 그러기에 그리스도인들에게 사회참여, 정치참여를 할 것인가 말 것인가 하는 문제는 의미가 없다. 이미 우리가 거기에 깊이 참여하고 있기 때문이다. 넓게 보아 세금을 내고 국방의 의무를 다하며 국법을 지키고 각종 선거에 나서는 모든 행위가 곧 정치적인 행동이다. 예수님은 "가이사의 것은 가이사에게, 하나님의 것은 하나님께 돌려 드리라" 하셨다. 그러기에 오늘의 가이사라 할 수 있는 정치인들의 정의로운 통치에 순응하고 국법을 준수하는 것이 당연스런 우리의 의무요 책임이다.

그리스도인들은 세상 어느 나라의 정치권 아래 사는 국민이요 시민이기도 하지만 동시에 하나님 나라의 시민이라는 이중적 시민권을 갖는다. 하나님 나라 시민으로서의 그리스도인은 우선적으로 하나님의 것을 그 분께 돌려 드리는 데 최선을 다해야 할 것이다. 만일 세상의 그 어떤 정치인이나 정치 집단이 하나님께서 위탁하신 정권을 악용·남용하여 시민의 기본적인 권리와 생명과 소유를 빼앗거나 제 멋대로 처리한다면 이는 곧 하나님의 것을 빼앗고 위해를 가하는 것이 된다. 그 같은 불의한 정치행위는 하나님의 위임에 대한 배신이 아닐 수 없다. 만일 어떤 정권이 독재에로 치달아 특정 인물이나 정당이나 집단을 절대화 내지 신격화하고 민주적 원칙에 위배되는 장기 집권을 위해 수단·방법을 가리지 않게 되면 이것은 하나님의 주권을 몰염치하게 강탈하는 행위가 되는 것이다.

그러할 경우 그리스도인은 어떻게 해야 되는가? 하나님의 것을 하나님께 돌려 드리기 위해서 고발하고 저항하며 비판과 시정 요구를 당당히 함으로써 예언자적 사명을 다해야 한다. 그러기에 사도행전 5장 29절에 "사람보다 하나님을 순종하는 것이 마땅하다" 하였다. 오늘을 사는 그리스도인들은 정치참여, 사회참여를 적극적으로 하여 가이사의 것인 정치권력이 선하고 합리적인 것이 되게 하고 국가 공동체가 자유, 정의, 평화를 지향하도록 협력해야 할 것이다. 한편 정치인이나 정권이 독재와 불의·부패에 빠지지 않도록 늘 지켜보며, 그릇 나갈 때 주저 없이 비판하고 저항하여, 하나님과 국민의 위임에 따라 정당한 정치를 펼 수 있도록 그들을 이끌어야 마땅하다.

2010.06.12. 제주기독신문 "목양의 터"

행동하는 믿음

지금껏 그리스도인들은 척하면 사랑을 말하고, 언필칭 정의를 부르짖어 왔다. 하지만 말하고 부르짖은 만큼 실천하지 못해왔던 것이 사실이다. 그러니까 이제 그리스도인들은 사랑하라, 정의가 강같이 흐르게 하라는 성경말씀을 비단 듣고 삭이며 전할 뿐 아니라 그 말씀을 구체적으로 실천할 것이 요청된다. 하나님의 계명의 핵심은 사랑과 정의로 요약할 수 있다. 우리의 몸과 마음, 힘과 정성을 다하여 하나님을 섬기고 이웃을 돌보는 것이 사랑의 행위요, 이 사회 속에서 집단화·조직화된 불의와 불평등, 억압과 폭력, 노예화와 착취를 척결하고 시정하려는 노력이 하나님의 의를 인간의 사회-역사적 현실 속에 적용시키는 정의의 실현이다.

사랑과 정의는 동전의 양면과 같은 관계에 있다. 우리는 개인 대 개인 사이에서는 사랑을 연민, 무조건적인 도움, 친밀한 교제, 사심 없는 섬김 등으로 구체화·행동화한다. 한편 공동체와 사회 집단을 대상으로 해서는 그 사랑을 정의의 실현을 통하여 표현한다. 우리가 국가와 민족을 사랑한다 함은 곧 거기에서 정의를 실현함을 의미한다.

그렇다면 어떻게 우리의 이웃을 사랑해야 하는가? 사랑은 이웃에 대한 깊은 이해, 동정, 신뢰로부터 시작된다. 그것은 이웃보다 내가 먼저 시작하고 지속하는 것이지 이웃의 선취를 기다리는 것이 아니다. 그것은 이웃에 대한 관심과 신뢰요, 성실과 헌신이다. 이웃에게 자기를 내어줄 수 있는 경지가 되어야 진정한 이웃사랑이라 할 수 있을 것이다. 이웃 사랑은 마음과 말에 관련된 것 이상으로 삶과 행동에 관련된다. 그것은 실제로 이웃을 내 몸처럼 다루는 행동이요, 꼭 그래야할 필요가 있다면 ,이웃 대신 내 희생을 마다하지 않는 행위이다. 과감하게 자기를 버릴 수 있어야 참된 사랑이기에 그것은 결단이요 모험이다. 사랑은 충동적인 감정으로가 아니라 의지와 결단으로 실행되어야 하는 것이다. 그러니까 이기주의자, 겁 많은 자, 게으른 자는 진정한 사랑을 줄 수 없다.

어떻게 이 사회 속에 정의를 구현할 수 있겠는가? 정의를 추구한다는 것은 말이나 이론이 아니라 행동과 희생을 통하여 집단과 공동체로서의 이웃을 돌보는 것이다. 정의를 실현하고자 하는 사람은 그러기 때문에 강한 믿음과 신념, 불굴의 용기가 있어야 한다. 예언자 하박국은 "마음이 한껏 부푼 교만한 자를 보아라. 그는 정직치 못하다. 그러나 의인은 믿음으로 산다"라고 했다. 정의롭지 못한 사람일수록 스스로 정의의 투사인 양 교만을 떨지만, 올곧게 정의를 찾는 사람은 하나님을 믿는 신앙의 반석에 굳게 서서 조용히 정의 실현의 삶을 산다는 의미이다. 신앙인만이 진실로 정의를 실현할 수 있다. 역사학자 토인비는 "문명의 흥망성쇠는 지도자들의 용기에 의해 좌우된다"라고 갈파하였다. 용기와 신념, 믿음으로 정의를 지키고 실현하는 자들이 있을 때, 인류의 문명은 일어서고, 비겁하고 이기적인 지도자들이 판칠 때, 그 문명은 쇠퇴의 일로를 밟았다는 것이다. 정의 실현은 믿음과 용기로 추구해야 하는 만만치 않고 소홀히 할 수 없는 그리스도인들의 사명이다.

2010. 06.26. 제주기독신문 사설

자멸의 증후군

　요즈음의 매스컴에 한국인들의 자살에 대한 보도와 분석이 뜨고 있다. 7월 8일 KBS 1의 저녁 아홉시 뉴스는 한국인들의 자살률이 OECD 국가 중에 1위로서 하루 평균 35명, 연간 12,800여명이 스스로 불귀의 객이 되고 있다고 보도했다. 또 7월 9일자 *Korea Herald* 영문 일간지는 2008년 한 해 동안 한국인 10만 명당 남자 33.4명, 여자 18.7명이 자살했다는 통계를 실었다. 동 일간지는 한국인의 사망 원인을 순위별로 이렇게 분석했다. 남자는 심혈관 질환, 폐암, 간암에 이어 네 번째로 자살이고, 여자의 경우 심혈관 질환, 심장질환, 당뇨병에 이어 역시 네 번째로 자살이다. 그런데 대부분의 자살은 우울증으로 말미암은 것이라 한다. 왜 우울증에 빠져드는가? 여러 가지 설명이 가능하지만 가장 큰 이유는 스트레스 때문이라 할 수 있을 것이다.

　현대인들은 눈앞에 다가온 여러 가지 문제와 위기에 부딪쳐 정신 — 신체적 과민반응을 하지 않을 수 없게 되는데 이로 말미암아 스트레스가 쌓인다. 이 스트레스는 곧바로 어떤 형태의 증후군을 낳는다. 월간지 「신동아」 어느 해 10월호에는 자유기고가 김희경 씨가 쓴 "현대의 신종 신드롬(증후군)— 당신은 어떤 신드롬에 걸려 있나요?"라는 글이 실려 있었다. 신드롬(증후군, 症候群)이란 원인이 밝혀지지 않고 어떤 병명으로도 규명되지 않는 정신-신체적 증상이다. 즉 질병의 전 단계에 해당하는 이상 현상을 이름이다.

오늘의 한국인들의 증후군 가운데는 이런 것들이 있다 한다. 건축물 붕괴 신드롬, 에이즈 공포증 같은 건강 염려 신드롬, 성형미인 신드롬, 컴퓨터 단말기 증후군이나 전자파 증후군 같은 테크노스트레스 신드롬, 공황장애 신드롬, 만성피로 신드롬, 오존 신드롬, 식수공포 신드롬, 핵공포 신드롬, 슈퍼맨 혹은 슈퍼우먼 신드롬, 서바이벌 생존 신드롬, 심지어 "나는 과연 어떤 신드롬에 걸려있나" 고민하는 신드롬까지 있다는 것이다. 한국 사회병리 연구소의 백상창 소장의 지적에 의하면, 일종의 과잉 정보가 이 같은 신드롬을 일으키는 것으로, 이 증후군들이 대형 사고나 비상사태와 맞물리게 되면, 집단적 당황, 일종의 집단공포 공황상태, 소시셜 패닉으로 터져나올 소지가 크다 한다. 이 신드롬이 인간에게 안겨주는 심리적 장애는 불신감, 조급증, 인내의 부족, 그리고 우울증이다.

이 땅에서 이러한 장애는 가히 민족적·국민적 성향이라 할만하다. 한국인은 나라 안과 밖에서 일어나는 모든 일들과 관계에 대하여 별로 신뢰를 두지 않는다. 지난 두 세대에 걸쳐 정치, 경제, 사회, 문화 모든 분야에서 신뢰성이 모래성처럼 무너져갔다. 그럴만한 이유가 있었다.

정부가 국민에게 약속한 중대한 공약들은 철저히 파기되었고, 우리의 통수권자들이 내거는 위민정치의 캐치프레이즈는 한낱 찬란한 언변이요 제스처요 속임수에 지나지 않았다. 우리 국민들은 내로라하는 정치인들의 궤변과 허사에 농락당하고, 언필칭 국가 경제에 이바지한다고 생색을 내는 재벌 경제인들의 상술에 놀아났다. 특수 집단의 목적 실현의 도구가 된 나머지 객관성과 공정성을 잃어버린 매스컴과 언론에 우롱당하고 아세곡필 하는 소위 지식인들의 비겁함에 식

상했으며 국민의 공복이라는 관리와 공무원들의 부정부패에 신물이
났다. 이래서 어떤 사람, 어떤 집단도 믿을 수 없다는 냉소주의, 불신
풍조가 우리 사회의 정신적 기조를 이루고 있다. 그러한 불신감이 인
내심을 훼손하고 더 이상 못 견디겠다는 조급증에 불을 지르며 인간
을 절망과 우울증의 막바지에 메다꽂아 결국 스스로 죽음을 택하게
만든다. 이것이 자살, 자멸에 이르는 증후군의 맥락이다.

2010.07.26. 한라일보 칼럼

하나님의 위임적 명령

하나님께서 인간에게 내리신 위임적 명령은 두 가지이다. 그 한 가지는 창조하신 피조물들을 인간의 손에 맡기신다는 것이다. 물론 사람도 다른 피조물처럼 하나님에 의해 똑같이 지음 받은 존재이긴 하지만, 당신의 형상을 따라 창조된 인간에게 하나님께서는 피조세계 즉 자연을 돌보고 활용하며 다스릴 수 있는 지배권을 주셨다. 이것이 문화적 위임(Cultural mandate)이다. 홍수 후의 인간에게 하나님의 형상은 깨어진 채로 있고 죄의 씨앗과 가능성이 소멸되지 않았으나 그럼에도 불구하고 하나님의 문화적 위임을 받은 인간은 이 창조세계와 환경을 잘 다스려야 할 책임이 있는 것이다. 인간이 이루는 문화와 문명은 하나님의 창조 질서에 어긋나지 아니하고 창조 작업에 드러난 하나님의 큰 뜻을 제대로 구현하는 것이어야 한다.

위임적 명령의 또 한 가지는 생명의 존엄성을 지키라는 것이다. 함부로 피를 흘리지 말고 생명을 지키고 보존하라는 말씀이다. 창세기 9장 4-5절에 "피에는 생명이 있다. 생명이 있는 피를 흘리게 하는 자는 내가 반드시 보복하겠다"라고 하나님께서 경고하셨다. 세상의 모든 생명체는 일정량의 피 혹은 진액을 흘려 잃게 되면 죽게 마련이다. 특히 동물에게 있어서 생명과 피는 불가분의 관계에 있다. 성서는 피를 생명과 같은 것으로 본다. 그러기에 "고기를 먹을 때 피가 있는 채로 먹지 말라" 하신 하나님의 말씀이 성경에 적혀 있다. 여기서 우리는 생명을 함부로 다루어선 안 된다는 강한 요청을 듣는다. 모든 생명은 하나님께서 지으셨으니 원천적으로 하나님의 것이다. 생명의 주인이 하나님이신 이상 인간이 특히 다른 사람의 생명에 위해를 가함으로 하나님의 주권을 침해하는 일이 있어서는 안 된다는 것이다.

사람의 생명은 하나님의 주권 아래 있고 그러기에 귀하고 존엄스런 것이다. 그런데 하나님께서는 홍수 이후의 새로운 인간에게도 죄악의 본성이 남아있어서 언제인가는 사람이 그 이웃에게 강폭한 일을 저지를 수 있음을 내다보셨다. 인간에 의한 생명의 침탈을 강하게 경고하시려고 하나님께서는 사람의 피를 흘리게 하여 생명을 빼앗는 자에게 피와 생명으로 보복하시겠다고 선언하셨다. 인간 공동체는 이러한 하나님의 뜻에 따라 사람을 죽인 자에게 죽음을 안겨줄 권위와 힘을 부여받았다. 홍수 후의 새 인류는 살인자에게 죽음에 해당하는 무서운 벌을 가함으로써 공동체 스스로를 지켜야 했다.

이처럼 하나님은 노아와 그 후손들에게 새로운 세계에 적응해 살 수 있도록 두 가지 위임의 명령을 내리셨다. 이것은 죄악에 물든 옛 창조세계를 홍수로 심판하신 후, 인간과 함께 새로운 세계를 열려는 하나님의 뜻이 얼마나 높고 견고한지를 여실히 드러내는 사례라 할 수 있다. 그러면, 유사 이래의 인간은 피조물과 생명에 대하여 어떤 태도를 취해왔던가? 피조물을 잘 다스리고 생명을 존중히 여기라 하신 하나님의 위임 명령에 얼마만큼 순종했던가? 참으로 안타깝게도 인류는 하나님의 명령에 정반대로 행동해왔다.

인류의 역사는 집요하고 처절하기까지 한 자연 파괴의 과정이며 침략과 전쟁을 통한 조직적 인명살상, 대량살육의 역사이다. 현대에 이를수록 핵폭탄, 생화학 가스 등 최첨단 무기로 증명되듯이 살육의 방법은 더 효과적이고 더 교묘해져서 가히 예술의 경지에 이르고 있다. 자연과 생명에 대한 침탈의 질과 양은 과학기술의 발달로 더욱 높은 수준에 이르고 있다. 오늘 이 지구의 비옥했던 땅은 엄청난 규모로 해마다 사막화되어가고, 청량했던 대기는 점점 이산화탄소 등 독가스로 채워져가고 있으며, 생명을 유지 보존하는 데 필수적인 물은 오히려 생명을 죽이는 독수로 변질되어간다.

어느 해 명절 연휴 때 교통사고로 죽은 사람이 일백 수십 명에 이르렀고 다친 사람도 수천 명이라는 보도가 있었다. 즐겁고 기쁘게 보내야 할 명절 때 이유야 어쨌건 사람이 죽고 다치는 불상사는 지극히 가슴 아픈 일이 아닐 수 없다. 그런데도 한국인은 사람 죽고 다치는 심각한 사태에 대하여 호기심과 흥미꺼리 이상의 관심을 보이지 않는다. 생명경시의 풍조는 오늘의 생리요 상식이 되었다.

오늘의 그리스도인은 이 나라, 이 땅, 거기에 살아 움직이는 온갖 생명들을 지키고 살리는 의인들이 되어야 할 것이다. 하나님의 위임명령을 잘 지키며 살아야 한다는 말이다. 피조물을 지키고 보존하는 환경운동, 생명을 귀히 여기는 생명문화운동은 오늘의 그리스도인에게 맡겨진 회피할 수 없는 의무라 하겠다.

2010.08.01. 제주기독신문 "목양의 터"

헌금을 왜 드리나?

불신자들은 교회가 신자들에게 지나치게 헌금을 강요한다고 비아냥거린다. 사실상 그리스도인들은 거의 의무적으로 교회에 헌금한다. 사전적 의미의 헌금은 "기독교에서 주일 혹은 어떠한 일을 맞아 교회에 바치는 돈"이다. 원래 헌금이란 그리스도인들이 하나님의 사랑과 은혜를 감사하며 성의껏 보답하는 의미로 그분께 드리는 돈이다. 그것은 실제적으로 교회의 제반 기능의 활성화를 위하여 교회에 드려지는 것이라는 쪽으로만 이해되기 쉽다. 그래서 신자들은 자기가 드린 헌금의 반대급부로서 그만큼의 주권과 발언권을 주장하려는 유혹에 빠지곤 한다. 이것은 어떤 사업에 투자한 사업가가 이익금을 챙기려는 것과 크게 다를 바 없는 태도라 하겠다.

우리 그리스도인들이 알아야 할 것은 헌금이 교회의 필요에 따라 실용적으로 쓰인다 하더라도, 그것은 본질적으로 하나님께 드려진 것이요, 그러기에 하나님의 것이란 사실이다. 그런 이유로 우리는 드려진 헌금이 하나님의 뜻에 맞게 사용되는지에 대하여 관심을 가질지언정 결코 그 헌금에 대한 가시적 혹은 불가시적 보상이나 거기에 따른 어떤 권리나 특혜를 기대해선 아니 될 것이다. 헌금을 하는 것은 받은 바 은혜에 대해 진정으로 감사를 표현하고 그 은혜를 남과 나누기 위한 것이지 더 많은 축복을 얻어내기 위하여 미리 값을 지불하는 행위가 아니다. 그것은 축복 예매 대금이 아니다. 하나님께 드리는 뇌물도 리베이트도 아니다.

그리스도인들이 헌금으로 내는 돈은 인간의 물질적인 삶에 매우 중요한 위치를 차지한다. 특히 오늘과 같은 자본주의 사회에서는 경제생활이 돈이나 이에 준하는 각종 매체에 의하여 전개되고 있다. 현대인들은 돈을 벌기 위하여 피땀을 흘리고 때로는 목숨까지 저당 잡힌다. 돈 때문에 인간은 때로 자유를 결박당하고 남에게 예속되기도 한다. 이제 돈은 우리의 경제활동, 물질생활의 한 수단임을 넘어 삶의 목적으로 고양되고 말았다. 그것은 사실상 인간성을 왜곡, 전락시키는 죄악의 매개체요 담지물이 되어간다. 현대의 맘모니즘, 물신숭배는 돈을 최고의 가치요 우상이며 신앙의 대상, 하나님으로 추대하는 작태이다.

그리스도인들이 헌금하는 것은 물질이나 돈이 절대로 하나님의 자리에 앉을 수 없으며, 하나님이야말로 모든 것의 주인 되심을 고백하는 행위이다. 세상 사람들의 경우처럼 돈과 재물이 결단코 그리스도인들의 목표요 최고 가치일 수 없다. 그것은 하나님께서 허락하신 한낱 유용한 삶의 도구일 뿐이다. 그래서 하나님의 의로우시고 선하신 뜻을 이 땅 위에서 실현하기 위해 사용하시도록 그리스도인들은 교회에 헌금을 하는 것이다. 하나님은 우리가 드린 헌금을 교회를 통하여 세상을 위해 적절히 활용하신다. 하나님은 이 헌금이 당신의 은혜를 전달하고 나누어 주는 일에 크게 쓰이기를 바라신다.

그리스도인들은 구제와 봉사뿐 아니라 각종 선교활동과 프로그램, 사업을 위하여 헌금을 다양하게 씀으로써 하나님의 사랑과 은혜를 이웃과 나눈다. 은혜 나누는 일은 여러 가지 형식으로 실행된다. 예배와 선교, 친교와 봉사활동을 통하여, 중보의 기도와 신앙 간증, 교회의 온갖 선한 사업을 매체로 해서 우리는 이미 그리스도 안에서 한 식구가 된 이들은 물론이요, 불신자들에게도 하나님의 은혜를 나누고 있다. 그런데 이 모든 일들을 원활하게 추진하는 수단으로 이 헌금을 드림으로 그리스도인들은 은혜 나눔에 적극 동참하는 것이다. 이처럼 그리스도인들은 하나님의 말씀에 순종하고 그 사랑을 확신하며 입은 은혜를 이웃과 나눔으로써 하나님의 은총 아래서 그 사랑에 성실히 대응하여 사는 하나님의 백성이다. 우리 그리스도인들은 하나님의 백성으로서의 우리의 정체성을 세상 끝 날까지 당당히 지켜나가야 할 것이다.

2010.10.23. 제주기독신문 "목양의 터"

복음과
다른 '복음'

2 0 1 1

• 흔들림 없는 결단과 고백 • 6.25에 드리는 중보의 기도 • 흥망성쇠
의 섭리 • 복음과 다른 '복음' • 한국교회의 청년 '실종'

흔들림 없는 결단과 고백

오늘의 기독교는 타종교와 과학으로부터 거세게 협공을 당하고 있다. 구미와 중동, 아프리카에서는 기독교와 이슬람 간의 갈등과 대결이 요원의 불길처럼 번져간다. 한편 과학으로부터 오는 도전도 만만치 않다. 최근 세계적인 장애인 물리학자 스티븐 호킹은 "신이 우주를 창조한 것이 아니다. 과학이 신을 불필요하게 할 것이며 천국, 사후세계 등은 죽음이 두려워 만든 동화일 뿐이다"라고 주장하여 논란이 일고 있다. 더욱이 한국 개신교는 그리스도인들의 모순되고 부적절한 언행으로 인해서 불신자들의 비난과 경멸의 대상이 되었다.

이래서 현대 교회가 과학주의, 물질주의, 세속주의, 공산주의, 쾌락주의 등의 호호탕탕한 물결, 그 기찬 도전에 맞서 스스로를 안전하게 지켜낼 수 있을지에 대해서는 아무도 장담할 수 없게 되었다.

물론 19세기 이래의 기독교는 급격한 사회변화를 겪게 되자 상황을 예의 주시하면서 그 자체의 본질을 지키고 그것이 지닌 독특한 가치체계와 메시지를 급변하는 세계에 접목시키기 위하여 끊임없이 몸부림쳐온 것이 사실이다. 19세기 자유주의 신학을 넘어서려 했던 신정통주의 신학에서 시작하여 헤아릴 수 없이 잡다한 신학과 논의들이 명멸하였다. 이는 기독교의 생존과 전승을 위한 몸부림의 궤적이라 할 수 있다. 그러나 지금까지의 모든 신학과 기독교 사상, 그리고 기독교적 논의와 운동 등이 기독교의 정체성을 고수하고 효과적인 선교를 펼치기에 시의적절한 것인가에 대해서는 그 누구도 명확히 잘라 말할 수 없다.

어찌했건 세상의 도전에 본연의 자리에 굳게 서서 당당하고도 지혜롭게 맞선다면 몰라도, 지나치게 상황 위주이고 시류에 영합하려는 어쭙잖은 이론과 행태로 세상과 타협하려 한다면 기독교는 그 본질이 전혀 다른 것으로 바뀌든지 역사의 핵심에서 외곽지대로 밀려나버리든지 아니면 아예 실체의 존속이 불가능하게 될 수도 있다. 이런 차원에서 생각해 보면, 그리스도냐 사탄이 지배하는 세상이냐 하는 질문은 매우 근거리에서 날린 비수처럼 빠르고 예리하게 그리스도인을 향하여 날아오고 있다. 그리스도인들은 수많은 오늘의 우상들과 그리스도의 대안들의 위협을 맞아 어떻게 기독교 신앙을 굳게 지키고 그리스도의 제자로서의 정체성과 역할을 확보할 수 있을까?

오늘의 그리스도인들은 어떤 상황에서도 우리의 신앙을 확연히 고백할 수 있어야 한다. 기독교인이라 불리면서도 어떤 결정적인 순간에 용기를 잃든지 회의가 스멀스멀 솟아나와 신앙을 포기해버리는 사람들이 적지 않다. 특히 기독교와 교회에 대한 핍박이 있을 때 하나님을 등져버리는 경우가 많다. 그러기에 그리스도인들은 최악의 경우에도 그리스도에 대한 믿음을 당당히 고백할 수 있도록 고된 신앙의 훈련을 거쳐야 하고 확신과 담력을 길러야 할 것이다.

신앙이란 회피할 수 없는 선택의 순간에 다른 우상이 아니라 오직 하나님만을, 그리스도만을 의뢰하는 결단으로 표출된다. 신앙의 결단에는 그 어떤 회색지대, 중립지대, 이것도 저것도의 포괄지대란 없다. 고대 이스라엘 백성들은 하나님이냐 가나안 신이냐의 선택을 요구하는 여호수

아에게 "오직 야훼만이 우리의 하나님입니다" 하고 이구동성으로 고백하였다. 신앙은 이처럼 선택하고 결단한 내용을 분명한 언어로 표현해야 한다. 이것이 신앙고백이다. 결단하고 고백할 때 비로소 하나님은 우리의 하나님이 되시고 우리는 하나님의 백성이요 자녀가 된다. 오늘, 그리스도인들은 이처럼 신앙적 결단과 함께 입술의 고백으로 그리고 말씀에 순종하는 행위로 그리스도를 믿고 거기서 흔들림이 없어야 한다. 어느 때 여하한 상황에서도 이 결단과 고백과 행위는 시종여일해야 할 것이다.

2011.05.28. 제주기독신문 사설

6.25에 드리는 중보의 기도

그리스도인들은 비록 세속사회 속에 살면서도 세상 사람들의 의식 및 생활 방식과는 전혀 다르게 사는 사람들이라 할 수 있다. 그들은 구속과 사유를 받은 자들이요 하나님의 구원의 비밀을 알고 있을 뿐 아니라 하나님 나라와 영원한 생명을 상속받은 사람들이다. 사도 베드로에 의하면 그리스도인들은 "택함 받은 민족이요, 왕 같은 제사장이며, 거룩한 국민이요, 하나님의 소유가 된 백성"(벧전 2:9)이다. "왕 같은 제사장"이라 함은 백성들을 다스리고 지도하는 역할과 인간과 하나님을 가교하는 중보적인 사명을 맡은 사람이란 의미일 것이다. 그리스도인들은 스스로 왕 같은 제사장임을 분명히 인식해야 한다. 죄인들, 어두움의 자식들을 하나님 앞에 세워 이들을 위해 변호하고 그들 대신 용서를 빌며 그들이 하나님과 화해하고 그 분을 의지하며 순종하는 가운데 선하고 의로운 삶을 살도록 이끄는 것이 제사장의 역할이다. 그러기에 한국의 그리스도인은 특히 이 불신의 사회와 나라, 민족을 위하여 힘과 정성을 다하여 중보의 기도를 드려야 할 것이다.

오늘은 6.25 예순 한 번째 주년이 되는 날이다. 이 특별한 날에 우리는 지난 61년간 동족상잔의 피 비린내 나는 전쟁과 그 뒤를 잇는 갈등과 대결의 상황 가운데 빚어진 민족의 씻을 수 없는 죄악을 회개하는 기도를 드려야 한다. 한국의 역대 정권이 의도적으로건 불가피해서건 인권을 억누르고 지역갈등을 조장했으며 수많은 소외계층을 양산하여 눈물과 탄식은 물론이요, 좌절과 한마저 품게 한 모든 허물을 사해 달라고 간구해야 한다. 더욱 우리 국민들이 저지른 윤리의 실종, 도덕적 해이, 실추된 양심, 왜곡된 정의감 등을 부끄러워하며 고백의 기도를 드려야 한다.

북한의 김정일 독재정권이 세계에 유래 없는 폐쇄·공포 사회를 만들어 동포의 자유와 인권, 생명까지 박탈하고, 핵무기·화학무기·비대칭적 전술 전략 등으로 한국은 물론 전 세계를 위협하는 만행에 대해서도 우리가 대신하여 회개와 중보의 기도를 드려야 할 것이다. 죄악이 용서되지 않고서는 그 어떤 새로운 출발도 무의미하다. 과거의 패악하고 비극적인 역사가 오늘이나 내일에 재현되지 않도록 그 연결 고리를 끊는 작업이 곧 그리스도인들의 회개와 중보의 기도다.

우리는 이제껏 남북한의 통일과 평화를 위해 간구의 기도를 드려 왔지만 응답을 받을 때까지 이 기도를 그칠 수 없다. 남북한이 지금까지도 서로 의심하고 불신하여 왔고 형제자매를 미워하는 죄를 저질러 왔으나, 이제부터는 연민으로 용서하고 관용으로 맞아드리며 사랑과 평화로 화해의 악수를 나눌 수 있게 해주실 것을 간구해야 한다. 평화통일은 정치·경제·사회·문화적 차원의 합일로 가시화되어야 하겠지만, 그전에 남북한의 한 민족이 선의와 인내로 소통하고 마음과 뜻으로 하나 되는 정신·심령적 통일을 이루어야 할 것이다.

한 마음, 한 뜻이 될 때 국토와 국권의 통일도, 사회적 통합과 평화도 가능케 될 것이기에, 이 일을 위하여 간절한 마음으로 기도드려야 할 것이다.

2011.06.25. 제주기독신문 사설

흥망성쇠의 섭리

　때로 우리들은 이 땅위에서 벌어지는 여러 가지 사건, 사태에 접하여 하나님께서 인간과 역사를 과연 정의롭고 공평하게 섭리하고 계신 것이 사실인지 의심스러울 때가 있다. 인간의 불의와 부정, 사회악이 날이 갈수록 기승을 부리고 있기 때문이다. 그러나 그리스도인은 사람의 생각과 하나님의 크신 뜻 사이에는 대체로 엄청난 간극이 있음을 시인하면서 성서에 나타나고 계시된 하나님의 섭리의 오묘함을 파악하려 애써야 할 것이다.

　자유의지가 있기에 인간은 하나님께서 다루시기에 꽤나 까다로운 존재이다. 때로 사람은 하나님의 이끄시는 손길을 뿌리치며 저항하고 달아난다. 고집을 세우고 완강하게 버티기도 한다. 이로 인해서 간혹 하나님의 매를 맞아 부수어진다. 하나님께서 그 선하시고 의로우신 목적에 따라 완고한 인간성과 패역한 사회적 기풍을 헐어버리고 다시 짓지 않으면, 인간과 사회는 더 이상 세상에 존속할 수 없다. 각 개인에게 좌절과 절망이 오고, 파멸적인 사태가 빈발하며, 사회가 혼란의 와중으로 말려든다.

　간혹 교회조차도 분열되고, 나라에 전쟁이나 혁명이 일어나 현존 질서가 송두리째 붕괴되어버리기도 한다. 이런 일련의 사태들은 하나님의 부수시고 헐어버리시는 역사라 해석할 수 있다. 하나님은 그분의 심판을 통하여 인간과 사회로 하여금 각성하고 돌아서게 하시며 마침내 당신의 크신 목적을 이루시고 그분의 참된 은총을 보증하신다.

우리는 주변에서 많은 사람들이 불의의 재난을 당하는 모습을 본다. 한편 역경과 어려움을 딛고 일어서서 새로운 삶의 지평을 열어가는 사례도 심심치 않게 듣는다. 우리의 사회와 국가가 여러 가지 정치·사회적 분란에 시달리고 흔들리는 양상도 경험한다. 그리스도인의 관점에서 보면 세상의 모든 일들, 심지어 각 사람이 얽혀드는 여러 가지 사건들조차도 모두 하나님의 섭리의 손길에 의하여 전개되는 것이다. 인간과 사회와 국가의 운명은 토기장이가 진흙을 제 마음대로 다루고 주물러 여러 모양의 그릇들을 만들어내듯 하나님의 의롭고 선하신 뜻이 성취되는 방향으로 열려진다. 우리를 세우고 만드는 것도, 헐고 부수는 것도 죄다 하나님의 작업이다. 우리가 분명히 명심할 일은 우리 스스로에 대한, 타인에 대한, 그리고 하나님에 대한 우리의 생각과 말과 행위가 분명히 하나님의 섭리에 반영된다는 사실이다. 성서에 계시된 하나님의 말씀과 뜻에 순종하여 제대로 응답하는 사람은 세워질 것이요, 이에 거슬려 사는 사람은 무너질 것이고 돌이킬 때까지 연단을 받을 것이다.

분열과 해체의 막장으로 내달리던 한국기독교총연합회(한기총)가 물의의 중심인물인 길자연, 이광선 두 목사가 만나 화해하고 공동 합의안을 발표함으로 일단 위기를 봉합한 것처럼 보인다. 그러나 화해의 제스처보다 더 중요한 것이 있다. 지난날의 탐욕과 부정의 작태를 진심으로 뉘우치고 기독교 윤리, 목회 윤리의 기본으로 돌아오는 일이며 하나님의 흥망성쇠의 섭리에 자신들을 온전히 위탁하는 일이다.

2011.07.09. 제주기독신문 사설

복음과 다른 '복음'

성경은 옛 언약과 새로운 언약 등 하나님께서 인간 구원을 위하여 말씀하신 약속들로 그 근간을 이루고 있다. 이 약속은 시대를 초월하여 인간 개인과 집단 모두에게 주신 것으로서 모든 사람들에게 유효하게 적용된다. 성서의 언약 중에 가장 근본적이고 핵심적인 것은 예수 그리스도의 속죄사업을 통한 인간 구원의 약속이다. 이 약속이 곧 복음이다.

하나님의 약속은 인간의 그것처럼 상대적인 것이거나 취소될 수 있는 성질의 것이 아니다. 하나님은 이처럼 그분의 언약과 성취로 인간을 구원하시고 새로운 생명을 주시는데, 우리 그리스도인들은 이에 대하여 어떻게 응답해야 하는 것인가? 무엇보다도 이 언약의 복음을 의심 없이 받아들이고 확신하여 순종함으로써 그것이 우리 사이에서 완전히 실현될 수 있는 우리 나름대로의 조건을 충족시켜 주어야 할 것이다.

그런데 기독교 역사 2000여 년 동안 하나님의 언약과 복음을 교묘하게 왜곡시킨 다른 '복음', 곧 기독교 이단 사설들이 우후죽순처럼 일어나 사이비 교리로 혹세무민해왔다. 최근에는 제주 땅에 '여호와의 증인', '신천지' 등의 이단이 극성으로 번지고 있다 한다. 날이 갈수록 이단들은 무성하게 발호할 것이다. 그리스도인들은 늘 정신을 바짝 차리고 은밀하게 위장하여 교회 속으로 파고드는 적그리스도적이요 사탄적인 궤휼을 단연코 자르고 물리쳐야 할 것이다.

시야를 넓혀 인류의 역사를 일별해보면, 기독교 이단과 사이비 신흥종교의 경우 말고도 숱한 거짓 약속과 굴절된 희망이 인간과 사회를 헤아릴 수 없는 미망으로 몰아넣은 사례들이 얼마든지 있다. 지난 20세기만 해도 히틀러의 나치즘, 무솔리니의 파시즘, 일본의 군국주의, 동구라파와 아시아의 공산주의, 남미 등 제삼세계의 혁명이론과 군사 독재, 아시아·아프리카 대륙에서의 과격한 민족주의와 인종주의, 알카에다와 같은 회교 과격파 근본주의 등이 차례로 명멸하는 가운데 계속하여 새로운 유토피아니즘이 솟구쳐 나오고 있다.

모든 이념과 조류의 핵심에는 언제나 인간의 구원과 이상 사회에 대한 약속과 희망, 곧 다른 '복음'이 똬리를 틀고 있다. 그렇지만 세월이 지나고 나면 그런 것들은 가짜 약속이요 허황된 희망임이 드러나곤 했다. 아무리 설득력 있고 실현 가능성이 높아 보이던 약속과 희망도 죄악에 오염된 인간성과 부조리에 찌든 사회체제로부터 나온 것인 이상 그 정상성과 진실성은 물론 실현가능성마저 결여하고 있다. 그래서 결국 오류와 허망 속에 스러지거나 증발되고 마는 것이다. 인간의 구원과 속량된 사회에 대한 세상의 그 어떤 약속이나 희망도 믿거나 기댈만한 것이 되질 못한다.

그리스도인들은 삼위일체 하나님이 주신 언약과 복음 외에 인간과 사회의 여하한 약속에도 귀를 기울이지 않는다. 대신 우리는 하나님의 언약, 그분의 복음만을 듣고 믿으며 그 실현을 대망한다. 모든 사람들은 나름대로 무엇인가를 희망하고 기다리는 존재라 할 수 있는데, 그리스도인들은 본질적으로 하나님의 언약의 성취, 복음의 현실

화를 기다리는 백성이다. 이렇게 기다림으로 오늘 우리를 속박하는
모든 것으로부터 자유하고 하나님의 언약의 성취를 미리 앞당겨 맛보
며 사는 것이다.

2011.08.13. 제주기독신문 사설

한국교회의 청년 '실종'

'하의 실종.' 금년 우리 시민사회의 화제 중 하나이다. 한국의 젊은 부녀자들이 핫팬츠와 초극단의 치마로 둔부만을 살짝 가리고 종아리와 허벅지를 온통 드러낸 채 거리를 당당하게 활보하는 현상을 이름이다. 하체의 아름다움(?)을 만천하에 과시하고 싶은 노출증이 유행병처럼 번져간 것이라 할 수 있다. 우리의 전통적 윤리관에 따르면 '하의실종'은 부녀자의 수치일 뿐 아니라 비정상적 작태이다. 그런데 둔부 이하를 거리낌 없이 노출시켜 여봐라 하고 뽐내고 있으니 그 파렴치와 수치심의 증발, 그 철면피가 도를 넘고 있다.

한편, 오늘의 한국교회도 어떤 특이한 '실종'을 겪으면서 당황하고 있다. 이른바 청년들의 '실종'이다. 교회에서 청년들이 빠져나가 다른 종교 내지 세속사회 속으로 잠적하고 있는 것이다. 2005년 한국 통계청 자료에 따르면, 10년(1995-2005) 사이에 교회의 10세-24세 젊은 층들이 60만 명이나 감소되었다. 이것은 전체 기독교인 평균 감소율의 4배를 넘는 수치다. 이렇게 이탈 – 실종된 청년들은 기독교인에 대해 "독선적이고 배타적 비상식적이며 소통이 불가능하고 헌금을 강요한다", "성경이 제시하는 아름다운 말씀들을 실천하는 기독교인들은 찾아 볼 수 없고, 소위 신앙이 좋다고 하는 사람들이 성경의 몇 가지 구절에 얽매어 다른 사람들을 판단하고 정죄하며 협박한다"고 혹평해 마지않는다.

　교회에서 상처받고 이탈 – 실종된 후 반기독교인(Anti-Christian)이 되어버린 청년들 또한 교회와 그리스도인을 매우 부정적으로 평가하고 있다. "기독교인은 위선적이다", "전도에 지나치게 집착한다", "자신들만의 공동체에 머물고 싶어 하며 사람을 비지성적으로 만들어버린다", "지나치게 정치적이다" 등등의 말로 비아냥거린다. 한마디로 한국교회와 그리스도인들의 이런 저런 파행과 일탈이 청년 기독교인의 실종 원인이라는 것이다.

　청년 실종이 증폭되면 한국교회도 서구의 유수한 교회들 신세가 되고 만다. 유럽의 역사가 깊고 웅장한 교회에서 주일예배를 드리는 그리스도인들은 소수의 노년층일 뿐이지 않는가? 청년이 사라지면 교회의 미래는 없다. 그러기에 청년층의 확보와 유지가 오늘 한국교회의 최대 과제이어야 한다. 교회가 어떻게 청년들을 품어야 할까? 경배와 찬양 등 문화적 콘텐츠를 도입하여 청년층 확보에 성공한 교회가 더러 있기는 하다. 그러나 요즘 세속사회의 문화 콘텐츠가 훨씬 다양하고 우월하며 구미를 당기는 바람에 그 방법도 한계에 달하여 시들해지고 있다.

　무엇보다 급선무는 교회의 파행과 일탈을 회개하고 시정하는 일이요, 기독교 신앙과 윤리의 기본으로 돌아서는 전환이다. 그것이 곧 삼위일체 하나님을 진정으로 믿고 경외하며 이웃을 내 몸처럼 사랑하고 섬기는 일이다. 이 믿음과 행위로 청년들을 적극적으로 끌어안을 때 비로소 한국교회의 청년실종 현상은 그칠 것이다. 관건은 청년들을 사랑하고 연민하며 섬길 수 있는 구체적인 방법이 무엇인지 깊이 고민하고 추구하며 실천하는 데 있다 하겠다.

2011.10.15. 제주기독신문 사설

생명과 평화의 추구

2 0 1 2

• 그리스도인과 다례 및 제사 문제 •복음의 증인 •새 생명, 새 존재
• 가정의 삼위일체 •선교, 어떻게 누구에게? •생명과 평화의 추구
• 누구를 선출해야 하나?

그리스도인과 다례 및 제사 문제

이번 주간에 설 연휴를 보낸다. 일제 강점기는 물론이고 해방이 된 이후에도 한동안 음력으로 설을 맞는 일이 금지되었었다. 그러나 대다수의 국민들이 은밀히 음력 정월 초하루를 진정한 설날로 여기고 지키는 바람에 정부는 어쩔 수 없이 1985년에 이 날을 공휴일인 "민속의 날"로 지정했다. 제6공화국 때에는 신정 대신 구정을 우리 고유의 설로 지정, 선포하기에 이르렀다. 우리의 명절에 행해지는 차례와 조상숭배의 관행, 제사문제를 염두에 두면서 장차 그리스도인들이 명절 차례와 제사 문제를 어떻게 다루어야 할지 정리해볼 필요가 있다. 한국교회와 그리스도인들은 아직도 차례와 제사문제에 대하여 매우 부정적인 입장인 경우가 많고 또 어떤 이들은 이러지도 저러지도 못한 어정쩡한 태도로 고민한다. 이번 기회에 민속 문화와 세시 풍속, 조상 추모의 미풍양속에 대한 나름대로의 고정관념을 수정해야 할 것이다.

한국에 개신교가 들어오던 초기에 교회는 작고한 부모, 조상에 대한 제사행위가 우상숭배라 여기고 거부하였다. 살아계실 때 웃어른들을 잘 공경하는 것이 돌아가신 다음에 진수성찬을 차려놓고 제사 드리는 것보다 더 효도하는 일이라 강조하였다. 뿐만 아니라 추석이나 설날 같은 명절에 조상의 영전에 음식을 진설하여 차례를 올리는 것도 우상숭배 행위이기는 마찬가지라 하였다. 이런 주장은 교리적·성서적 근거에 의한 것임을 천명하였지만, 실은 당시의 개화사상의 관점에서 제사가 개화를 저해하는 요소로서의 의식에 치우친 것을 거부한 것이었다.

한편 가톨릭은 1920년대 이후 제사행위를 긍정적으로 보기 시작했다. 효도라는 도덕적 차원에서 행해지는 제사의식을 굳이 우상숭배라고 배척할 필요가 없다는 것이다. 따라서 한국 개신교회도 제사와 차례를 조상숭배의 개념이 아니고 추모의 개념으로 파악해야 한다. 기일과 명절에 행해지는 추모예식은 앞서 가신 부모와 조상들을 사모하는 정으로 온 가족이 모여서 저들을 추념하고 작고한 조상과 부모를 맞아주신 하나님께 감사하는 것이다. 추모의 예식은 하나님께 드리는 것이지 고인의 영혼께 드리는 것이 아니다. 추모식에서는 고인의 생애를 그려보고 그분의 사랑과 수고를 기억함은 물론 후손들이 고인이 살아생전에 보여주신 선하고 의로우며 뜻깊은 삶을 살았는지 반성하고 이제부터는 그러한 삶의 모범을 따라 살리라 다짐하는 시간이 되어야 할 것이다.

이제부터는 긴가민가 하는 태도를 버리고 명절과 기일에 행해지는 우리의 전통적 제사와 차례를 이렇게 기독교적으로 수용해야 한다. 명절차례와 기일 제사를 재해석하여 부모와 조상의 얼과 그들의 다정스럽고 의로웠던 언행을 회상하며, 가족적 친교와 끈끈한 정을 나누는 기회로 삼아야 한다. 명절은 가족과 친지가 한 자리에 모여 음식을 나누고 즐거운 놀이판을 벌이며 새로운 각오로 새 출발을 다짐하는 즐겁고 좋은 날이 되어야 할 것이다. 앞으로는 명절을 하나님 앞에서 종적으로는 부모 조상들과 횡적으로는 일가친척과 더불어 한 믿음의 공동체, 축복의 공동체임을 다지는 날로 삼아야 한다.

2012.01.28. 제주기독신문 사설

복음의 증인

평양신학교 제1회 졸업생이요 한국 장로교 최초의 7인 목사 중 한 사람인 이기풍 목사가 제주도에 파송되어 처음으로 이 섬에 복음을 전파하기 시작한 때는 1908년 2월 달이다. 그러니까 제주선교는 이 달에 104주년을 맞는다. 최초의 그리스도인들이 교회를 이루고 기적적으로 발전하고 성숙하게 된 것은 알고 보면 그들 모두가 복음의 증인으로 파송되었고 목숨을 걸고 사명과 역할을 충실히 이행했기 때문이다. 그때의 그리스도인들은 오늘 대부분의 신자들처럼 일주일에 겨우 한번 예배드리려고 성전에 모이는 것으로 끝나지 않았다. 모두가 자기의 가정과 일터에서, 동네와 여행지에서 그리스도의 증인으로서 열심히 선교사역을 감당하였다.

하나님은 오늘도 그리스도인을 부르신다. 부르신 것은 그리스도인의 전 존재가 하나님의 뜻의 성취를 위하여 사용되도록 하기 위함이다. 하나님은 그리스도인을 부르시되 부름 받은 자의 지금까지의 선행이나 업적, 능력이나 자질 등 어떤 장점을 기준으로 해서가 아니고, 그분의 선하고 의로우신 목적과 필요에 합당한지 여부에 따라서 부르신다. 그러기에 하나님의 부르심을 받았을 때, 그리스도인은 이스라엘의 예언자 이사야처럼 "예, 제가 여기 있습니다. 나를 보내주소서" 하고 응답할 뿐이다. 부르심에 응답하여 순종하고 헌신할 것을 다짐하면 하나님은 당신의 뜻과 목적을 분명히 알려 주신다.

그리스도인에게 최고의 지식은 무엇인가? 그것은 하나님의 뜻을 아는 일이다. 가장 큰 발견은 무엇인가? 하나님의 목적을 바르게 파악하는 것이다. 최상의 성취는 무엇인가? 이 땅 위에서 하나님의 뜻과 목적을 이루는 것이라 할 수 있다. 그러기 때문에 그리스도인은 하나님의 부르심과 위임에 따라 내가 가고 싶지 않은 곳, 아무리 어렵고 위험이 중첩된 상황 속에라도 마다하지 않고 기꺼이 가리라는 각오가 서있어야 한다. 역사상 많은 그리스도인들이 사도들과 순교자들의 뒤를 이어 자기들의 입장이나 사정을 무릅쓰고 우선적으로 선교의 현장으로 나섰다. 고난, 반대, 핍박을 받아도 복음전파를 위해 인내하고 십자가조차 회피하지 않았다. 부르심은 그리스도인에게 발부된 소집영장이기 때문이다.

어떻게 부르심에 합당하게 살 수 있을까? 복음증거의 사명은 소명에 의해 수행되는 것이기에 책임과 의무의식에서 출발한다. 그러나 의무로서의 사명은 그 대상에 대한 진정한 관심과 연민, 그리고 사랑이 없으면 지속될 수 없다. 하나님께서 몸소 예수 그리스도를 통하여 우리에게 보여주시고 또 우리에게 요청하는 것은 바로 우리의 이웃, 인간과 세상에 대한 사랑이다. 이웃 사랑은 하나님에 대한 우리의 사랑의 증거가 되기 때문이다. 이 사랑의 특이한 성격은 이웃을 위하여 나를 과감히 버릴 수도 있다는 점이다. 나의 요구보다 남의 요구를 충족시켜 주는 것이요, 누군가를 진정으로 심령 깊이에서 만나고 사귀며 그와 하나가 되기 위하여 탐욕과 이기주의, 자기 사랑으로 세워진 나의 아성을 허무는 것이다.

사랑은 나를 잊고 남을 위하여 내 행위의 우선순위를 결정하는 일이요, 심지어 그를 위해서라면 목숨까지도 내어놓을 수 있겠다는 마음가짐이다. 선교적 사명의 원천은 재론의 여지없이 하나님의 부르심이다. 이 사명은 하나님의 아가페적 사랑으로 이웃에게 복음을 증거하고 전하며 그들을 섬기는 것이다. 그리스도인이 복음의 증인으로서의 사명을 다할 수 있는 힘과 능력은 그리스도의 영이신 성령으로부터 온다. 그리스도인은 누구인가? 부르심을 받고 성령의 능력을 힘입어 선교에 나선 복음의 증인이요 그리스도의 제자다.

2012.02.14. 제주기독신문 사설

새 생명, 새 존재

예수 그리스도의 부활로 그리스도인들은 새 생명을 부여받아 새로운 피조물, 새 존재가 되었다. 20세기 독일이 낳은 큰 신학자 디트리히 본회퍼 목사는 독재자 히틀러를 암살하려는 계획에 관여했다가 발각되어 옥에 갇히는 몸이 되었다. 어느 날 아침, 같은 감방의 죄수들을 대상으로 예배를 인도하고 있었는데 간수들이 들이닥쳤다. 그에게 언도된 사형을 집행하기 위해서였다. 본회퍼 목사는 간수와 투옥자들 앞에서 태연한 모습으로 이렇게 말했다. "이제 마지막이 다가 왔습니다. 그러나 나에게는 이것이 새로운 삶의 시작입니다." 그는 그리스도 안에서 자신이 이미 새로운 존재가 되었고 죽음은 단지 새 존재로서 누리게 될 또 하나의 삶에 들어가는 통과의례일 뿐임을 확신하고 있었다. 그는 이렇게 죽음으로 시작되는 새 삶을 말한 것이다. 그러나 사실상 그리스도인은 주 안에서 진작 새로워진 존재로서 지금 한창 새로운 삶을 열어가고 있노라고 감히 말할 수 있을 것이다.

새 생명, 새로운 존재가 된다는 것은 회개하고 예수 그리스도를 믿음으로 죄악과 죽음이 청산되고 소외되었던 하나님과의 관계가 회복되었음을 뜻한다. 또한 그리스도인이 삼위일체이신 하나님과 깊고도 단단히 맺어짐으로써 지금껏 보지 못했던 것을 확연히 보는 것이요 경험하지 못했던 것을 비로소 체험하여 알게 되는 것이다. 사고와 언어의 변화, 행위와 삶의 전환 즉, 거듭남의 결과가 곧 새로운 피조물 됨이다. 하나님 앞에서 그리스도와 함께 죽고 그와 더불어 동반 부활하는 엄청난 변화를 통하여 그리스도인들이 여태까지와는 전혀 다른 인간이 되는 것이다. 그런데 새로운 존재란 색다른 질료로 만들어진, 이미 있는 것과는 전혀 같지 아니한 새 창조물이란 의미는 아니다. 인간은 여전히 육의 몸을 입고, 그동안 살아온 동일한 세계에 살고 있기 때문에 육신의 욕망과 죄악에 다시 매일 가능성이 상존한다. 그렇지만 결정적으로 중요한 것은 그가 이제 그리스도와 이 세계에 대하여 기왕의 것과는 전혀 다르고 새로운 관계를 갖게 되었다는 사실이다. 그래서 전과는 아주 다른 성품과 태도, 행위와 삶의 방식을 취한다. 그리스도와 영적인 교제를 나눔으로 새로운 존재로서의 창조 행위에 나서게 된다. 그러니까 새로운 존재라 함은 구원사건을 일으키시는 예수 그리스도와 그 제자요 백성 사이의 연합으로 인하여 생겨난 인간, 그리스도인을 가리킴이다. 그리스도인들은 부활의 주님이 성령으로 그들 가운데 내주하심으로 그리스도의 지체로서 존재한다. 이것은 물론 하나님의 은혜와 그리스도인의 믿음의 결과라 할 수 있을 것이다. 이러한 새 창조, 새 존재됨의 주역은 역시 하나님이시다. 그리스도인들의 믿음까지도 하나님이 주신 은혜의 선물이기 때문이다.

이처럼 그리스도로 말미암아 새 생명, 새 존재, 새로운 피조물이 된 인간은 주님을 향한 사랑과 충성, 이웃을 위한 봉사와 헌신에로 나아간다. 그리스도처럼 고난과 죽음까지도 겸손과 순종으로 받아드릴 수 있게 되는 것이다. 이 부활의 계절에 그리스도인들은 모든 부질없는 인간적·세속적 탐욕을 불살라버리고 그리스도와 동행하며 하나님께 영광 돌리기 위한 삶을 성심으로 추구할 일이다.   2012.04.21. 제주기독신문 사설

가정의 삼위일체

5월은 가정의 달이다. 그래서 5일은 우리의 국경일인 어린이날, 6일은 교회력상으로 어린이주일, 8일은 어버이날, 13일은 어버이주일, 21일은 부부의 날 및 성년의 날 등으로 지켜지고 있다. 이런 날들을 맞으면서 우리는 아버지와 어머니 그리고 자녀들로 이루어진 가정의 의미와 역할이 무엇인지 다시금 진지하게 살펴볼 필요가 있다. 날이 갈수록 남편과 아내, 부모와 자식 간의 관계가 심각하게 왜곡, 훼손되고 있기 때문이다.

그리스도인들은 가정이야말로 하나님의 창조질서요 인간들의 온갖 제도 중에 가장 중요하고 근본적인 단위라 믿는다. 성과 가정은 하나님의 선물이요 은혜로서 신학자 에밀 부르너가 언급한 바대로 거기에서 정치, 경제, 사회, 교육, 문화 그리고 교회 등 여러 가지 창조의 질서가 파생되어 나왔다. 그러기에 가정으로부터 여타의 질서들의 원천적인 에너지가 공급된다. 안식, 치유, 회복, 창조 및 재창조의 전방 기지가 곧 가정이다. 이렇게 가정은 사회의 제 질서에 적극적인 영향을 주지만 동시에 사회로부터 크게 영향을 받기도 한다. 이때 가정은 물밀듯이 쇄도하는 사회로부터의 도전과 충격을 완충하고 걸러내며 적정선에서 그것을 수렴, 흡수하는 역할도 하는 것이다. 가정에서 부모가

이 같은 역할을 잘 해낼 경우 그 자녀들은 정상적이고도 올곧게 성장, 성숙할 수 있다.

한 가정에서 부친인 남편과 모친인 아내가 한 몸이듯이 부모와 자식도 한 몸이다. 부·모·자 삼위가 일체인 것이다. 그래서 사회적 관점으로 볼 때 부모는 무엇보다 먼저 자녀들을 적절히 사회화시켜야 할 의무가 있다. 자녀는 부모를 그가 최초로 갖게 되는 사회적 경험의 전범 내지 동일화의 대상으로 삼는다. 교육·문화적 관점에서 보면 부모는 자녀의 창조적 성숙의 모범이요 모델이다. 아이들은 부모의 눈으로 세계와 문화, 사회를 보는 것이다.

신앙적 차원에서 부모는 자녀를 그리스도적 인격으로 양육할 사명이 있고 자녀들은 부모의 훈계와 교육을 받아드리고 순종함으로 하나님을 경외하는 신앙인이 되어야 한다. 이처럼 부모와 자녀들은 삶의 여러 지평에서 서로 얽혀 긴밀한 관계를 갖는 유기체적인 한 몸이다. 한 몸으로서의 부모와 자녀는 어떤 경우에든지 사랑과 신뢰와 존중의 선한 경험을 쌓음으로 분리될 수 없는 한 몸으로 단단히 결속되어야 한다. 부모와 자녀들 간에 진실한 사랑이 있는 곳에 상호수용, 따뜻함, 평화, 안정 등이 선순환한다. 언행의 일치, 거짓 없는 행위, 약속의 이행 등을 통하여 부·모·자 사이의 신뢰가 굳어진다. 부모와 자녀는 이렇게 서로 사랑하고 신뢰하며 존중하는 가운데 그리스도 안에서 한 몸으로서 함께 성숙의 자리로 나아간다.

인류 역사 수만 년을 이어 온 가족제도는 오늘 그 밑뿌리로부터 흔들려 머지않아 붕괴될 위기에 처해있다. 부모들은 자녀에 대하여 점점 덜 책임적이 되어가고 있으며 자녀들은 부모를 존경하지 않을 뿐 아니라 오히려 경멸하고 귀찮게 여기는 경우가 허다하다. 가정은 이제 해체의 차원으로 추락하고 있다. 이 같은 상황 아래서 오늘의 그리스도인

가정은 그것이 생겨난 본래의 목적과 의미를 분명히 재인식하는 가운데 단순한 생식 공동체가 아니라 인격과 신앙의 공동체임을 끝까지 지켜 나가야 한다. 부·모·자녀 삼위가 일체되어 하나의 생명체로서, 하나님의 자녀들로서 인간이 생성되고 성숙하는 요지부동의 모판이 되어야 할 것이다.

2012.05.12. 제주기독신문 사설

선교, 어떻게 누구에게?

　　최근 한국 교회에 일고 있는 특이한 현상 가운데 하나는 방학기간을 이용하여 청·장년 신자들을 중심으로 단기 해외선교 차 외국으로 나가는 일이다. 이 같은 유행적·과시적·일과적 선교 활동에 나서기 전에 우리의 선교 자체를 면밀히 검토해볼 필요가 있다.

　　선교, 즉 복음을 전하는 일은 두 가지 경로를 통하여 수행된다. 하나는 성서와 복음의 진리를 구두로 전하는 것이다. 즉 언어 행위를 통하여 복음을 받아드리고 믿도록 요청하고 설득하는 일이다. 다른 하나는 하나님 말씀대로 그리스도의 삶과 교훈대로 살고 행동하는 것이다. 섬김의 실천을 통하여 진리를 드러냄으로써 선교대상이 복음을 믿도록 작용하는 것을 말함이다. 그런데 이 같은 선교의 두 차원은 구별은 될 수 있을지 모르나 나누어질 수는 없다.

　　복음을 전하는 사람은 그가 말로써 전하는 내용대로 살고 움직여야 한다. 초대교회 그리스도인들은 예수를 증거 하면서 그의 삶과 말씀대로 살고 행동함으로써 선교의 대상에게 그리스도의 제자로서의 본을 보여주었다. 2세기의 교부요 신학자였던 터툴리안은 당시의 사람들이 그리스도인을 가리켜 "보아라, 그들이 얼마나 사랑하는가?" 하고 감탄하였다고 말했다. 복음은 초대 그리스도인들의 그러한 사람의 삶을 통하여 급속도로 세상에 널리 전파되었다.

한편 선교의 대상에 대하여 말하자면, 우리의 감정적인 선호나 편견이 없이 성서적인 원리에 따라 그들의 정체와 성격을 정확히 파악하여 접근해야 할 것이다. 초대교회의 빌립은 그가 이상적이라 생각하는 동족 희랍인들만 선교의 대상이라는 편견에 사로잡히지 않았다. 피부 빛깔이 다른 이방인들에게 복음을 전하라는 성령의 지시에 따라 모든 선입관을 버리고 에티오피아 내시에게 다가갔던 것이다. 우리는 어떤 과격한 신학자들이 주장하는 것처럼, 심각하게 조악한 상황 가운데서 허우적거리는 사람들에 대한 선교에만 전적으로 매달려서는 아니 된다. 물론 그러한 사람과 계층, 집단에 초미의 관심을 두어야 옳지만 그렇다고 그 밖의 사람들에 대한 선교를 제한하거나 포기할 수는 없다. 복음은 온갖 구분과 장벽을 넘어서 모든 죄인들에게 전파되어야 하는 것이다.

그렇다 하더라도 선교의 대상에는 우선순위가 있음을 인정하지 않을 수 없다. 하나님의 사랑과 구원의 손길을 누구보다도 갈구하고 바라며 필요로 하는 사람에게 먼저 복음을 전해야 한다. 그러기에 예수께서 선교하신 우선적인 주요 대상은 가난한 자와 병든 자, 눌린 자와 소외된 자, 고통당하는 사람들이었다. 요즈음의 북한 동포들은 억압과 기아의 고통 속에 있다. 그렇기에 한국 그리스도인에게 있어서 우선적인 선교와 봉사, 도움 줌의 대상은 그들일 수밖에 없다. 외국인 노동자와 다문화 가정, 그리고 장애인들 역시 우리 선교의 첫째 대상이다. 그들에게 복음을 전할 뿐 아니라 선한 행위, 구체적인 봉사와 삶과 행동을 통한 선교가 요청된다.

오늘의 우리 사회는 광야나 별 다음이 없다. 짐승들 간의 약육강식이 그치지 않고, 사탄의 온갖 유혹과 위협이 시도 때도 없이 사람들을 괴롭힌다. 인간은 오늘의 광야에서 영육간에 여러 모양으로 시달리고 굶주리며, 고통당하고 절망한다. 사랑과 관심, 희망과 구원을 기다리는 상처 입은 생명들이 내팽개쳐져 있다. 하나님은 오늘도 우리 그리스도인들에게 성령으로 광야로 나아가라 명하신다. 그리스도의 사랑을 그토록 짙게 받은 우리가 어떻게 이 명령을 못들은 체하거나 거부할 수 있겠는가? 우리는 말씀 증거를 통해서든 삶과 행동을 통해서든 예수 그리스도 안에 드러난 하나님의 사랑과 그 복음을 전하는 우리의 최선의 선교적 과제를 충실히 수행하기 위하여 이 세상 광야 속으로 주저 없이 나아가야 할 것이다.

2012.08.11. 제주기독신문 사설

생명과 평화의 추구

지금 시리아에서는 정부군과 반군이 치열한 접전을 벌이고 있다. 비단 시리아뿐 아니다. 세상의 여러 나라에서 독재와 폭력, 불의와 부패, 불평등과 억압 등 온갖 반인륜적 범죄와 사회악이 요원의 불길처럼 번지는 가운데 수많은 사람들이 생명을 잃고, 인권을 유린당하며, 안전과 평화를 잃고 있다. 피차 소외되고 여러 갈래로 찢기어 서로의 사정을 잘 알지도 못하고 알려고도 하지 않으면서 다른 부류의 사람들을 무작정 배척하고 본능적으로 증오한다.

오늘의 도시에서 인간들은 밀림의 법칙, 약육강식의 원리에 지배받는다. 사회는 점점 더 공동체적 성격을 잃고 있으며 타인에 대한 연민과 관심이나 서로를 용납하는 개방성도 수용성도 모두 증발되어 가고 있기 때문에 세상이 더욱 어둡고 짙은 밀림으로 화해가고 있는 형국이다. 강도와 절도는 단순히 유흥비를 마련하기 위해서, 아니면 남들이 잘 사는 것이 탐나고 샘이 나서 남의 집에 침입하여 도둑질과 살인도 불사한다. 이들은 제 뜻에 거슬린다 해서, 혹은 고발에 의한 추적을 막기 위하여 연약한 부녀자들을 폭행, 강간, 살해까지 하면서도 하등의 양심상 가책을 느끼지도 못하는 포악한 짐승들이 되어버렸다. 거대 기업들은 중소기업이야 쓰러지든 넘어지든 제 이익을 높이는 데

만 관심하여 중소기업에 매우 불리한 조건으로 하청을 주거나 그들의 영역을 무자비하게 밀고 들어간다. 서로 도우며 함께 살려는 공동체 의식은 진작부터 죽느냐 사느냐 하는 경쟁과 대결의 의식으로 대치되고 말았다. 정치권은 단지 권력쟁취의 유리한 고지를 점하기 위하여 이합집산을 손바닥 뒤집듯 하고 배신과 모반, 불의와 부정을 다반사로 저지른다. 이 같은 우리의 사회는 추락의 위험한 단애로 한 발 자국씩 더 다가가고 있는 것이 아닐까?

오늘의 세계에서 그리스도인들이 이처럼 생명과 평화를 위협하는 모든 세력과 요소들을 앞에 놓고, 이를 극복하려 할 때 먼저 해야 할 일은 예수 그리스도가 생명의 주이심과 동시에 평화의 왕이심을 분명히 고백하고 확신하는 일이다. 우리가 왜 생명과 평화에 대하여 집중적이고 지속적인 관심을 가지고 추구해야 하는가? 대답은 자명하다. 세상이 생명이 아니라 죽음을 향하여 내달리고 있으며 평화가 아니라 갈등, 대립, 전쟁을 향하여 치닫고 있다는 뼈아픈 현실 인식 때문이다. 오늘의 구원은 오직 생명과 평화의 주이신 예수 그리스도에 의해서만 이룩될 수 있다. 그가 친히 가르치고 몸으로 보여주신 사랑과 생명, 화해와 평화의 복음이야말로 인류를 구원에로 이끌어줄 수 있기 때문이다.

기독교 신앙은 세계의 부조리와 인간의 죄와 악에도 불구하고 예수 그리스도를 통하여 인류가 하나님의 사랑을 이미 받았고 그리스도 공동체에로 초청되었음을 고백한다. 그러기에 죄악이 들끓고 고난 고통이 그칠 줄 모르는 역사의 한 가운데에서도 그리스도인들은 사랑과 생명, 화해와 평화의 불씨를 키워간다. 절망 중에 희망을 증오 속에서 사랑을 일궈낸다. 이 일이 가능한 것은 그리스도인들이 끊임없이 성서를 통하여 성령의 가르침에 귀를 기울이고 그에 순종하기 때문이다.

오늘의 교회와 그리스도인들은 그러기에 언제나 스스로에게 물어야 한다. 우리는 과연 이 세계, 한국 사회, 우리의 이웃들을 진심으로 사랑하고 있는가? 우리의 어떤 언어와 언표, 그리고 행위로 그들을 향한 연민과 사랑을 구체화하고 있는가? 이 땅의 생명과 그 평화를 위하여 우리는 지금 여기서 무엇을 하고 있는가? 이 모든 일을 위하여 그리스도인들은 어느 정도로 성령의 가르침과 도움을 받고 있는가? 이러한 질문에 긍정적인 대답을 할 수 있을 때, 우리는 이 땅을 새로운 세계로 변화시키는 데 한 몫을 담당할 수 있을 것이다.

2012.08.25. 제주기독신문 사설

누구를 선출해야 하나?

요즈음 우리 사회에서는 서서히 대선 열기가 일고 있다. 금년 12월에 우리 국민들은 이 난국을 극복하고 새로운 비전으로 국가와 사회를 지혜롭게 이끌 대한민국 최고 정치 지도자인 대통령을 선출해야 하는 어려운 과제를 안고 있다. 한국국민 특히 그리스도인들은 어떤 사람을 대통령으로 세워야 하는가? 우리 국민 중 어떤 부류에 인기가 높은 사람인가? 포퓰리즘에 편승하여 이득을 얻으려는 사람인가? 통합과 소통에 능하며 정치력이 있는 사람이어야 하는가? 어떤 자질을 가졌던 중요한 것은 정직과 성실로 최선을 다하여 봉사할 사람이어야 한다는 점이다.

옛 이스라엘의 소년 다윗은 목동으로서도 악기를 연주하는 사울 왕의 종으로서도 성실하게 일했다. 하찮은 일로 여기지 않고 남들이 신임할 수 있으리만큼 최선을 다하였다. 그러다가 훗날 그는 한낱 사동에서 일약 이스라엘의 왕으로 등극하였다. 예수님의 달란트 비유에서 주인은 다섯 달란트와 두 달란트를 받은 종이 성실하게 장사하여 두 배의 이익을 남긴 것을 보고 크게 기뻐하며 이렇게 말한다. "착하고 신실한 종아, 네가 적은 일에 신실하였으니 이제 내가 많은 일을 네게 맡기겠다. 와서 주인과 함께 기쁨을 누려라." 여기서 주인은 종들이 맡은 일을 얼마나 성실하게 수행했는가를 보아서 그들의 능력과 신뢰성을 검증하였다.

요즈음 대통령이 되겠노라고 여·야 후보들이 여럿 나와서 소위 대권주자로서 경합을 벌이고 있다. 대명천하 민주사회에서 피선거권이 있고 크게 결격사항이 없는 한 어느 누구도 일정한 절차를 밟아 입후보 할 수는 있을 것이다. 그러나 한 나라를 다스리겠다고 나서는 사람들은 국민으로부터 그럴 만한 자질과 자격, 신뢰성을 검증 받아야 한다. 국민들은 미사여구로 장식되었으나 실현 가능성이 희박한 포퓰리즘적 공약에 신물이 났다. 드높은 정치이념, 그럴싸한 정책 등을 쏟아놓는 대중연설이나 토론회, SNS 등 언론 플레이를 통해서가 아니라 평소의 그의 성품, 행동, 행태를 통하여 그를 판단해야 한다.

그런데 역대 대통령 입후보자들의 행태는 가관이었다. 상황에 따라 말을 쉽게 바꾸고 식언을 밥 먹듯 하는 사람, 부당한 권력에 편승하여 치부하고 중책을 맡았던 인사, 정치 이념과 비전으로서가 아니라, 권모술수, 음모, 합종연횡의 변칙으로 유리한 고지를 점하려는 정상배, 내가 앞서기 위하여 남의 하찮은 약점이나 물고 늘어지는 한편, 허위사실로 남을 모략하는 자들인 경우가 비일비재하였다. 시정잡배와 하나도 다름없는 모습이었다. 오히려 평균적 시민보다 양식이 없고 훨씬 저질이요, 성실성도 신뢰성도 없는 사람이 어쭙잖은 자신감과 정치력, 패거리 세력을 믿고 후보자 대열에 끼어들었었다. 하나를 보면 열을 안다. 평상시의 그들에게서 정상배적 술수 외에는 아무것도 엿볼 수 없는데 어떻게 이들이 국가 통치라는 대임을 성실하게 수행할 수 있겠는가?

지난 2002년 총선 무렵 동아일보에 실린 충북대학교 교수 임보 시인의 "긴급동의" 제하의 시에 이런 대목이 나온다.

백성을 주인으로 섬긴다는 / 양심적인 정치인들의 우국충정을 위해서 / 불의와 타협하지 않고 / 사리사욕에 눈멀지 않은 / 의로운 정치인들의 결백을 위해서 / 여기 긴급히 하나의 제안을 하노니 / 무릇 선거를 통해서 선택을 받는 / 모든 정치인들의 입후보 자격을 / 다음과 같이 규정키로 한다 / 첫째, 자신이 가진 재산의 절반을 국가에 헌납키로 공탁하는 자 / 둘째, 어떠한 명목의 후원금은 물론 / 세비까지도 받기를 거부하는 자 / 셋째, 국민을 고의로 기만할 경우 / 기꺼이 단두대에 설 용의가 있는 자(이하 생략).

임보 교수의 시는 우리가 바라는 대통령은 사심 없이 국가와 민족을 위하여 성실하고 정직하게 봉사하고 희생할 수 있어야 함을 강조하고 있다. 대선에 임하여 우리는 대통령 입후보자들의 행태를 다른 무엇보다도 우선 성실성과 정직성의 잣대로 면밀히 재어보아야 한다.

2012. 10. 20. 제주기독신문 사설

영성과 경건 훈련

2 0 1 3

새 존재로서의 몫

2013년을 맞은 오늘의 세계는 뭔가 새로워지려고 발버둥을 치고 있다. 다각적 차원에서 새 것이 되려고 용틀임을 친다. 새로워지는 일, 변화와 혁신이 없으면 정체와 부패로 주저앉게 될 터이기 때문이다. 급변하는 세계와 사회 속에서 교회와 그리스도인의 자세와 위상 역시 새로워져야 될 것임은 재론의 여지가 없다. 하나님은 그리스도를 통하여 우리를 새 존재로 재형성하신다. 그런데도 우리 그리스도인들은 그 새롭게 하시는 역사에 거슬려 살 경우가 많다.

하나님은 주전 8세기의 예언자 이사야를 통하여 이스라엘에게, 그리고 온 인류에게 그간의 깨어진 관계를 회복하고 새 이름을 주리라 약속하셨다. 이 약속은 예수 그리스도의 오심으로 성취되었다. 그리스도는 우리와 만나시고 우리를 변화시켜 새 사람으로 만들어주셨다. 뿐만 아니라 보혜사 성령을 보내시어 우리 가운데 역사하게 하심으로 우리를 날로 새롭게 하신다. 우리들에게 각종 풍성한 은사를 주시어 그리스도인이라는 새 이름에 합당한 새 사람으로서의 역할을 하도록 이끄신다. 그러기에 우리는 "썩어져가는 구습을 좇는 옛 사람을 벗어 버리고" 새로 난 사람에게 맡겨진 일들을 잘 해나가야 할 것이다. 구체적으로 무엇을 해야 하는가?

무엇보다 정의와 자유, 해방의 복음을 선포하는 일이다. 우리 그리스 도인에게 맡겨진 역할은 예수 그리스도의 구원의 기쁜 소식을 전하는 것 이다. 오늘의 세계와 사회는 불의 부정, 억압, 강탈 등 온갖 죄악으로 한치 앞을 내다 볼 수 없으리만큼 혼탁하고 어둡다. 여기에 그리스도의 구원의 햇불을 높이 쳐드는 것이다. 이 세계와 사회에 먹구름처럼 드리운 증오가 사랑으로 변화되고, 불의가 정의로 바꾸이며, 억압이 자유와 해방으로 대 체될 때까지 하나님의 사랑과 용서 ,자비와 정의를 외쳐야 할 것이다. 때 와 장소를 가리지 말고, 게으름을 피우거나 핑계를 대지 말고, 최선을 다 해 선포할 사명이 그리스도인에게 있는 것이다.

다음, 말씀의 선포와 함께 이웃 및 세상과 친교의 관계를 열고 그들 을 새로운 존재로 변화시키기 위한 실제적 활동과 프로그램을 추진하 는 일이다. 비록 작고 보잘 것 없는 일이라도 좋다. 하나님은 그리스도 인들의 작음을 통하여 큰 구원의 사건을 일으키시는 분이기 때문이다. 무관심을 뜨거운 관심으로 바꾸는 일, 원수가 친구로 변하도록 하는 노 력, 오해를 해소시켜 이해의 지평을 넓히는 과정, 수동적이고 정태적 자세에서 능동적·역동적 몸짓으로 환골탈태 시키는 일 등을 통하여 우리의 이웃, 사회, 세계가 모두 하나님의 자녀요 그리스도의 신부이 며, 새로운 사람, 새로운 존재가 되도록 애써 섬길 일이다.

그리고 성령께서 우리에게 주신 여러 가지 능력과 은사를 우리의 소임 을 다하는 데 아낌없이 활용해야 할 것이다. 성령의 은사는 우리에게 값없 이 주어졌다. 하지만 이 은사를 받은 우리는 두 가지 조건에 우리 스스로 를 묶어 놓아야 한다. 하나는 그 은사를 결코 묻어 버리거나 썩혀서는 안 된다는 것이다. 또 하나는 주어진 은사와 달란트를 인간의 한낱 부질없는 욕망을 만족시키기 위하여 남용, 오용할 수 없다는 것이다. 오직 교회와 세상을 섬기기 위해서 유감없이 활용해야 한다. 오늘의 그리스도인은 새로 지음 받은 존재로서 각자가 지닌 나름대로의 은사와 달란트를 적극 발휘하여 위에서 명시한 그리스도인의 몫을 온전히 감당하도록 최선을 다해야 할 것이다.

2013.01.26. 제주기독신문 사설

명상 - 예수 수난의 역설

내일은 종려주일이자 고난주간이 시작되는 고난주일이기도 하다. 예수께서 그 생애의 마지막으로 나귀를 타고 예루살렘에 입성하실 때 도성의 주민들이 길거리로 쏟아져 나와 열렬히 그를 환영하였다. 그들은 종려나무 가지를 꺾어 손에 들고 흔들며 "호산나" 환호성으로 그를 맞았다. 하지만 이 환호는 그의 십자가 고난의 전주곡이 되었다. 평화의 왕 메시아로 입성하여 살해당한 하나님의 아들이 되기까지의 파노라마가 고난주간 동안 펼쳐진다.

그리스도의 수난, 낮아짐, 순종은 그가 죄 없이 십자가에 달렸을 때 그 절정에 이르렀다. 사실상 예수께서 십자가에 달린 사건은 인간이 쉽게 이해할 수 없는 놀라움 자체이다. 전지전능하신 하나님의 아들이 왜 이토록 무력하게 고난 고통을 당해야 했던가? 역설은 여기서부터 시작된다. 하나님은 예수의 고난을 통하여 오직 그 고난을 통해서만 인간의 속죄와 구원을 이루려 하셨다. 하나님 아니시면 어느 누구도 그처럼 어리석게 자신을 죽음에 내어주는 방식으로 인간을 사랑하고 구원해내지 못한다. 우리는 다른 어떤 사람의 이름이나 이것과는 다른 수단이나 방편이 아니라 오직 예수 그리스도란 이름을 가지신 분의 고난과 죽음으로 인해서 구원과 새 생명을 얻는다.

예수의 십자가 고난을 어떻게 이해해야 할까? 그의 수난은 무슨 횡액도 우연도 숙명도 아니다. 매우 역설적인 논리가 되겠지만 예수는 참 하나님이요 참 사람으로서 하나님의 사랑을 죄악과 죽음의 덫에 걸려 결박당한 인간에게 불어넣어 그를 해방하고 구원하려 했기 때문에 십자가에 죽으신 것이다. 그의 죽음은 허위와 기만, 불신과 위선, 허세와 허상이 들끓는 이 세상에 역사의 진실과 하나님의 진리를 선포했기 때문이다. 죄와 악을 물마시듯 하는 사람들 가운데서 그분 홀로 의와 선을 가르치고 실천했기 때문이다. 이기심, 탐욕, 증오가 도처에서 불 일듯 솟구치는 세계 속에서 오히려 그만이 남을 위해 자신을 내어주고 남을 나처럼 사랑하고 섬겼기 때문이다. 죄와 악의 원천인 사탄의 세력이 난무하는 사회 구조 속에서 정의와 평화로 다스려지는 하나님 나라를 선포했기 때문이다. 이 모든 그의 행위가 하나님의 뜻을 따른 것이라 할 때 그의 죽음은 하나님께 철저하고도 온전히 순종하였기 때문이다.

예수께서 십자가의 고난과 죽음의 모든 과정을 겪으심으로써 어떤 결과를 가져왔는가? 인간을 향한 하나님의 사랑이 구체적으로 실현되었고 인류를 구원하시려는 하나님의 뜻이 온전히 성취되었다. 우리는 우리의 죄를 대속하시려고 고난 받고 죽으신 예수 그리스도를 받아드리고 믿음으로 죄와 사망에서 해방되고 영원한 생명을 얻을 수 있게 되었다. 무엇보다도 예수 자신은 죽음의 권세를 깨뜨리고 부활하셨으며, 하나님에 의해 높이심을 받아 우주 만물의 주로서 만유를 다스리시게 되었다.

예수님에게 있어서 십자가의 고난과 죽음은 그의 삶의 가장 장엄한 정점이었다. 그는 죽으심으로 패배하거나 멸망하지 않으셨다. 오히려 죽어서 승리하시고 영원히 사신 것이다. 이것이 예수 고난의 역설이요, 불가능의 가능이었다. 십자가란 물적 차원으로는 고대 로마인들이 중죄인을 처형하는 악랄한 도구였다. 그것이 의미하는 것은 수치, 고통, 슬픔, 패배, 절망, 죽음 등으로 드러나는 고난이다. 하지만 그 십자가가 그리스도인에게는 구원과 해방, 참 생명에 이르는 길이라는 패러독스로 다가선다. 그리스도처럼 우리도 비움, 낮아짐, 고난, 심지어 죽음을 거쳐야 부활의 영원한 생명에 들어갈 수 있음을 확실히 깨닫고 알아야 할 것이다.

2013.03.23. 제주기독신문 사설

예수의 부활, 어떤 사건인가?

세계의 그리스도인들은 지금 부활절을 맞아 지키고 있다. 그리스도의 부활은 하나님의 아들이요 인류의 메시아로 알려진 한 인간 예수가 2,000여 년 전에 십자가에 못 박혀 죽었다가 사흘 만에 다시 살아났다는, 순전히 제삼자적이요 불가사의한 사건에 지나지 않는 것일까? 그렇지 아니하다. 그것은 오늘을 사는 인간의 구원과 생명에 직접 관련된, 인간 자신의 사건이기도 하다. 예수의 부활은 일차적으로 하나님의 존재와 그리스도의 신성을 증거할 뿐 아니라 인간의 운명을 가름한다. 그것은 인간의 죄에 대한 심판이요 저주이지만, 한편으로 그리스도인에게는 사죄와 구원, 의인과 성화, 영생과 영광을 보증해준다. 그러기에 그의 부활은 기독교 신앙의 근거가 된다. 이 사건은 기독교가 증거 하는 모든 것들을 지켜주는 튼튼한 보루요 방벽이라 할 수 있다. 기독교의 모든 교리와 교훈은 예수 부활의 사건에 의해 지탱된다는 말이다.

그리스도인들은 예수께서 인간의 모든 죄를 사하고 구원해주시기 위하여 당신의 생명으로 값을 치루셨으나, 그 자신이 파산하고 사멸해버리지 않으셨다는 것, 세상의 악과 격돌했지만 결코 그것에 삼킴을 당하지 않았다는 사실을 확신한다. 그의 부활을 통하여 우리는 오직 한 분 예수께서 사탄과 죽음과 악의 세력을 온전히 정복하셨다는 것과 그 분이 새 인류의 머리가 되신다는 것, 그리스도인들은 그의 몸이요 지체로서 그리스도의 미래에 동참하게 될 것을 믿고 소망한다. 그 사건을 통하여 우리는 구속받은 인류의 운명을 예시할 수 있기에 예수의 부활은 기독교적 낙관론의 움직일 수 없는 근거라 하겠다.

부활은 예수 자신에게 있어서 육신과 영혼이 통합적으로 되살아난 사건이다. 개혁자들은 그의 몸의 부활을 증거하고 있는 성서의 증언들을 그대로 믿고 받아들였다. 현대인에게 가장 믿기지 않는 것은 예수의 몸의 부활이다. 그런데 초대교회는 예수의 몸이 죽었다가 다시 살아났음을 확신하고 증거하였다. 직접적이든 에둘러서든 성서가 부활에 대하여 언급하는 모든 말씀은 부활 이후 계속적으로 세상에 나타나 활동하신 예수의 육체적 실체를 인정하고 있다. 결국 다시 사신 예수의 출현은 사망에서 생명으로 옮겨진 몸의 모습으로 나타나신 것이다.

주목해야 할 것은 부활 이후의 예수의 몸은 그 전의 몸과 똑같은 몸이라 할 수 없다는 사실이다. 그 육신은 몸과 영의 새로운 관계 속에 있는 변화된 몸이라 할 것이다. 이렇게 변화된 몸으로 다시 사신 그리스도는 그를 믿는 자들의 주요 죽은 자들과 산 자들의 주가 되셨다. 기독교 신앙은 이러한 주 예수 그리스도에 대한 믿음이란 점에서 부활신앙이다. 그래서 십자가에 못 박혀 죽으신 예수가 변화된 몸으로 부활하셨다는 사실을 기독교 신앙의 전제요 동기며 근거라고 말하는 것이다.

예수의 제자들과 초대 그리스도인들은 부활의 주와 만난 후 예수 그리스도를 그들의 진정한 주님으로 받아들였다. 오늘의 그리스도인에게도 예수는 나의 주님이라는 신중하고 신실한 고백이 계속 되어야 한다. 예수의 부활을 말하고 선교의 현장에서 그가 우리의 주되심을 삶과 행위로 고백해야 하는 것이다. 예수의 부활을 체험한 그의 제자들은 확고한 태도로 그의 부활을 증거하였다. 두려움과 절망에 움츠러들었던 그들은 부활의 주님을 본 다음부터 그의 부활을 선포하고 증거하는 자들로 변모하였다. 그들은 예수의 부활로 거짓과 폭력과 죽음의 권세가 폭로되고 추방될 것을 확신하게 되었다. 그래서 그들은 예수의 부활을 두려움 없이 만천하에 알릴 수 있었다. 이 선포의 사명은 오늘의 그리스도인에게도 이어져야 한다. 예수 그리스도의 부활은 교회 공동체 안에서만 고백될 것이 아니라 온 세상에 공개되고 알려져야 한다.

2013.04.13. 제주기독신문 사설

부부 사랑, 어버이 사랑

내일은 어버이주일이다. 하나의 가정은 적령기의 일남 일녀가 결합하여 부부가 되고 그들이 자식을 낳아 부모, 즉 어버이가 됨으로 이루어진다. 물론 자식이 없는 가정도 있으나 그것을 온전한 가정이라 말할 수는 없을 것이다. 가정은 하나님의 창조 질서 중에 가장 원초적인 것이요 모든 인간관계의 근원이며 삶의 터전이라 할 수 있다. 그런데 현대의 가정은 심각하게 병이 들어 고사 내지 해체의 위기를 맞고 있다. 특히 우리 한국의 가정은 지금 세계의 첨예한 관심과 우려의 대상이 되고 있다.

우리의 가정을 이루고 있는 부부의 경우, 여러 가지 측면의 문제들이 터져 나오고 있다. 우선 부부간의 대화 문제인데 한국인 부부간의 대화는 턱없이 부족하고 조금 대화의 문이 열린다 하더라도 자녀 문제, 경제문제 등 부부 외적 관심사에 치중되어 있다. 부부 사이의 개인적인 고민, 희구와 꿈, 고통과 좌절 등 가슴 속의 문제들을 툭 터놓고 얘기하지 않는다. 남편과 아내 제가끔 나름대로의 심적 갈등을 주체치 못한다.

취업한 주부는 직장과 가정에서의 이중적 역할의 어려움 때문에 마음고생, 몸 고생이 이루 말할 수 없고, 전업주부는 자녀의 성장과 성숙, 남편의 사회적 출세에 비하여 상대적으로 초라한 자신의 모습을 돌아보며 우울증에 빠지는 경우가 허다하다. 남편은 남편대로 직장과 사회생활에서 받는 스트레스로 신경이 극도로 날카로워지고 피곤하며, 주눅이 들어 있다.

여기서 자칫 삐끗하면 엉뚱한 데로 문제가 터진다. 배우자의 부정, 주벽, 폭행, 성적학대 등으로 인해 가정이 흔들리고 위태로워지는 것이다. 이 같은 문제들로 인한 부부 갈등은 어떻게 해소 되어야 하는가? 무엇보다도 서로간의 사랑과 연민, 그리고 신뢰성을 바탕으로 한 솔직한 대화와 의사소통 및 상대방에 대한 깊은 이해와 배려로 풀어나가야 한다. 부부사랑은 믿고 속을 열어 놓으며 서로의 입장을 감안하여 대응함으로 원만히 꽃피어 나게 된다.

한편, 오늘의 노인이 되어버린 어버이들은 가정이나 사회의 한가운데로부터 주변으로 몰려 소외되고 있다. 과거에 지니고 있던 한 가정의 어른이요 가부장으로서의 권위는 사라지고 이제는 있으나 마나 한 존재, 나아가서는 거추장스럽고 보기 역겨운 대상으로 전락한다. 국민건강보험 공단이 2007-2011년 건강보험 진료비 지급 자료를 분석하였다. 그 결과 우리나라 노인들의 우울증이 매우 심각한 수준에 이르렀음이 판명되었다. 특히 70,80대 노인들의 우울증과 자살률이 크게 증가하였는데, 그 이유는 자녀들과의 갈등, 소통 차단으로 인한 스트레스 때문이라 한다.

연로한 어버이들에 대한 사랑과 배려는 어떻게 표현되어야 하는가? 그 분들의 의식주 문제를 해결해드리는 것만 으로는 부족하다. 외롭고 소외된 상태로 방치하지 말고 어떤 형식으로든 가족들이 자주 만나 위로하고 대화를 나누어야 한다. 그리고 되도록 연로한 사람들이 감당할 수 있고 보람도 느낄 수 있는 일감을 마련해드려야 할 것이다. 인생의 황혼녘에 각종 노인성 질환과 우울증에 고통당하며 무기력하게 여생을 보내는 것이 아니라, 보다 여유 있고 알뜰한 삶을 장식하고 있다는 기쁨과 만족, 자신감을 가질 수 있도록 도와야 한다. 사랑과 연민, 배려는 감정이나 관념에 머무는 것이 아니라 행위로 드러나야 한다. 하나님께서 인간을 사랑하신 방법은 세상에 몸을 입고 오시고 인간을 섬기며, 인류를 구원하기 위하여 죽으신 것이다. 어버이의 날에 즈음하여, 가정의 부모요 어버이인 부부끼리의 사랑과 연로한 어버이에 대한 배려를 좀 더 심도 있게 숙고하고 구체적으로 실행해야 할 것이다.

2013.05.09. 제주기독신문 사설

삼위일체 하나님

내일은 교회력으로 삼위일체 주일이다. 우리는 교회에서 "삼위일체 되신 하나님"이란 용어를 심심치 않게 듣는다. 그러면서도 이 말이 과연 무엇을 뜻하는지를 분명히 아는 사람은 그리 많지 않을 것이다. 한국기독교장로회의 교리와 신앙교리 문답서를 펼쳐 보면 "삼위일체란 무슨 뜻인가?"라는 질문 항목이 있다. 그에 대한 대답은 이러하다. "한 분이신 하나님께서 자신을 계시하시는 방도가 셋이 있다는 말이다. 그것은 성부와 성자와 성령이시다. 이들은 한 분 하나님의 세 위로서 본질과 영광과 목적에 있어서 같으시다", "삼위일체란 기독교 신앙내용의 본질과 의미를 신학적으로 해명한 것으로 하나님에 관한 교리의 체계적 진술이다. 즉 하나님은 세 인격인 아버지 하나님, 아들 하나님, 성령 하나님으로 역사하심으로 그의 구원사역을 완성해 가신다. 이 하나님의 세 인격은 서로 혼합 또는 혼동되지 않고, 또 서로 분리되지 않으며, 같은 신성, 같은 능력, 같은 목표를 가지고 활동하신다."

이렇게 삼위일체론의 신학적 설명을 들어도 이 용어를 쉽고도 확실하게 이해할 수는 없을 것 같다. 인간의 논리는 여전히 이 말의 애매하고 모순적으로 보이는 측면을 만족 하리만큼 표현해내지 못하고 있는 것이 사실이다. 더욱이 성서에도 "삼위일체"라는 용어가 없고 이 말에 대한 정확하고 분명한 자료와 정보도 쉽게 찾을 수 없다. 관련된 성서 구절들이 있기는 하지만 그것들이 삼위일체라는 주제를 직접 다루고 있다 할 수 없다.

그렇지만 성서는 전체적으로 창조주 아버지 하나님, 구속주 아들 예수 그리스도, 두 위의 영이신 성령께서 어떻게 창조와 구속, 섭리와 보호 인도의 전 사역에 서로 깊이 연관 되고 일체가 되어 역사하시나 하는 것을 보여준다. 창조주요 성부이신 하나님이 주역을 담당하여 천지만물을 지으실 때, 성자 예수 그리스도는 지혜로, 성령은 하나님의 영 '루아하"로 그 창조 사역에 참여하셨다. 구속주이신 성자 예수께서 인간의 속죄와 구원을 위한 희생의 활동을 펼치실 때 성부 하나님은 그리스도의 본체시요 파송자로, 성령은 능력으로 그와 함께 하셨다. 그리스도 예수의 부활 승천 이후에는 성령이 교회와 그리스도인을 통하여 인간의 구속과 해방, 구원의 완성을 위해 주도적으로 활동하신다. 그 성령은 곧 하나님의 영이시요 그리스도의 보혜사이시다. 따라서 오늘도 성 삼위는 하나로 역사하신다.

결국 우리는 인간의 구원이라는 주제를 중심으로 삼위일체 하나님의 사역을 이렇게 정리해볼 수 있을 것이다. 성부 하나님은 인간과 세상의 구원을 뜻하고 계획하셨으며, 성자 예수 그리스도는 당신의 몸과 생명을 희생하여 인간구원을 성취하셨고, 보혜사 성령은 인간 속에서 그 구원을 적용하시고 완성해나가신다. 삼위일체 하나님은 오늘도 우리에게 하나님을 아는 지식과 지혜 그리고 이에 근거한 굳건한 믿음을 창조하신다. 그래서 당신과 인간인 우리 사이에, 또 우리와 우리의 이웃 사이에 화해와 평화를 가져오신다. 그의 자녀 된 자들에게 꺼지지 않는 사랑과 소망을 심어 주시어 그것으로 교회와 세상을 섬기며 살게 하신다.

그리스도인들은 삼위일체 하나님으로부터 이토록 큰 은혜를 받은 믿음과 사랑과 소망에 찬 존재들이다. 그러기에 우리는 세 인격, 한 분이신 삼위일체 하나님께서 이 종말을 향하여 치닫는 이 세계와 역사 속에서 우리의 구원과 영원한 생명을 위하여 오늘도 쉬지 않고 일하심을 확실히 믿으며 이 하나님의 선교에 동참해야 할 것이다.

2013.05.25. 제주기독신문 사설

소외의 극복

사도 바울은 인간을 소외, 분열시키는 깊은 요인을 다름 아닌 죄라고 간파하였다. 그는 죄란 하나님께서 본래부터 인간의 마음 밭에 심어 놓으신 것이 아니라 인간이 하나님의 명을 어기고 타락함으로 말미암아 생겨난 부산물로 본다. 하나님의 명을 어기는 순간 인간의 마음 어느 구석에 죄가 틀어 앉을 수 있는 자리가 마련된 셈이다. 결국 인간의 마음에 죄의 본성이 형성되었고 이것이 인간으로 하여금 무엇이 선이고 어떤 것이 악인지를 잘 알면서도 선이 아니라 오히려 악을 행하도록 작용한다는 것이다. 그래서 바울은 "내가 해야 하겠다고 생각하는 일은 하지 아니하고 도리어 해서는 아니 되겠다고 생각하는 일은 하고 있다. 그와 같은 일을 하는 것은 내가 아니라 내 속에 자리 잡고 있는 죄이다"(롬 7:19-20)라고 지적하였다. 인간의 본성은 하나님의 뜻을 따르는 선한 성향과 죄의 지배를 받는 악한 성향, 이렇게 양분되어 갈등을 일으키는데 이 같은 소외와 갈등은 죄의 결과라고 바울은 분석하고 있는 것이다.

여기서 바울은 두 가지 사실을 우리에게 확인시킨다. 먼저, 인간의 양심이나 지식은 그 사람의 행위를 전적으로 지배하지 못한다는 것이다. 더러 양심과 지식에 따라 행동하는 경우가 있으나 그나마도 완전한 것이 못된다. 대부분의 경우 양심과 지식이 가르치는 데로 살지 않는다. 선한 것이 무엇인지 아는 지식이 선한 행동으로 이어진다면, 인생에는 별 문제가 없을 것이다. 하지만 선의 내용을 잘 알고 있다 해서 인간이 선해지는 것은 아니다. 오히려 지식이 인간에게 더 지능적으로 죄를 범하도록 작용할 수 있다. 세상에는 배워 알지 못하는 사람들보다, 많이 배우고 많이 아는 사람들 가운데서 흉악한 지능범이 속출하고 있다. 양심적이고 선하며, 지적이고 정의로운 인물로 정평이 나있는 사람이 때로 엄청난 범죄 사건에 휘말려 들기도 한다.

다음으로, 인간이 아무리 이처럼 소외된 인간성을 극복하려 노력하고 무진 애를 써 보아도 별로 효과가 없다는 것이다. 우리는 양심에 따라 무엇이 잘못되고 그릇된 일인지를 분명히 판별하고 인식하여 그 일을 그만 두고 옳고 선한 것을 이루려고 노력한다. 하지만 애를 쓰면 쓸수록 더 나쁜 방향으로 나가고 있음을 뒤늦게 알고 그만 당황하게 된다. 인간의 양심, 의지, 지식 자체가 이토록 약하고 불완전한 것이기에 우리가 그것으로 스스로의 분열, 소외, 자기모순을 극복할 수 없다.

기독교 신앙은 인간 스스로는 할 수 없지만, 예수 그리스도의 구속 사역을 통하여 인간의 죄를 사하고 무효화시켜버리시는 하나님의 능력과 은혜에 힘입어 우리 인격의 소외는 극복되고 잃어버렸던 하나님의 형상으로 통전된다고 믿어 마지않는다. 따라서 우리의 행위가 우리의 마음이 원하는 선 대신 악하고 그릇된 쪽으로 치닫고 있을 경우 우리는 우리의 믿음이 부족하다는 것을 재빨리 간파해야 한다. 그래서 지금보다 더 큰 믿음을 갖도록 기도해야 할 것이다.

우리가 예수 그리스도의 구속 사역과 인간성의 원상회복을 의심의 여지없이 확신하고 그의 말씀과 행위에 따라 살면, 우리의 마음속의 소외와 분열은 사라지고 하나님의 뜻을 이 땅위에 실현하는 통전된 인격으로 변화를 입게 될 것이다. 현대 사회에서 인간들이 소외와 분열의 난제를 스스로 해결할 수 있다고 장담할 수도 있을 것이다. 하지만 그 같은 마음가짐은 자신을 파멸과 죽음으로 내모는 첩경이다. 그리스도인들은 소외를 극복하는 신앙의 길로 불신 세계를 안내할 의무와 책임이 있다.

2013.07.27. 제주기독신문 사설

영성과 경건 훈련

한국 그리스도인에게 있어서 8월은 방학과 바캉스의 계절일 뿐 아니라 신앙 훈련의 기회이다. 그래서 수련회, 봉사활동, 단기 해외선교 등 각종 행사를 개최한다. 교회는 이 같은 행사를 통하여 신자들의 영성과 경건을 한 차원 더 높일 수 있을 것이다.

영성이란 무엇인가? 사전적인 의미로는 인간이 가진 어떤 거룩한 품성을 두고 하는 말이다. 그것을 기독교적으로 풀어보면, 본시 창조의 때에 첫 사람 아담에게 주어졌으나 그의 죄와 타락으로 깨어져버린 하나님의 형상이 예수 그리스도의 구속 사역과 성령의 감동 감화 이끄심으로 원래의 모습을 찾아 성숙하여 가는 것인 바, 구원 받은 그리스도인들이 가진 기본적이요 핵심적인 기질 내지 성품을 이르는 말이다.

성령은 그리스도로 말미암아 구속함을 받아 하나님의 형상을 되찾은 그리스도인들에게 윤리적 통찰과 도덕적 각성을 일으키시고 하나님의 깊은 신비를 헤아리는 지혜와 지식을 심어놓으시며 하나님과 인간, 자연을 사랑하는 마음을 심화시킴으로써 우리의 영성을 성숙케 하신다. 그리스도인들의 영성이 그들의 말과 태도와 행위로 적절히 표현되고 표출될 때에 우리는 그것을 경건이라 부를 수 있을 것이다.

즉 기독교의 경건이란 삼위일체 하나님을 믿고 경외하는 풍부한 영성으로 마음을 가다듬고 태도를 신중히 하며 행동을 삼가는 것을 뜻한다. 경건이란 용어는 본래 "좋다, 선하다, 신실하다, 친절하다" 등을 의미하는 히브리어 동사 "하사드"에서 온 말이다. 따라서 경건은 하나님 앞에서 선하고 신실하며 친근한 상태 혹은 태도와 행위인 것이다.

기독교는 경건한 공동체요 그리스도인들이 바라는 성품 역시 경건한 인격이라 할 것이다. 교회와 신자들이 만일 경건함을 잃어버린다면, 그 때는 짠맛을 잃어버린 소금과 같은 존재가 될 수밖에 없을 것이다. 그리스도인에게 경건성은 그만큼 필요불가결한 요소이다. 그런데 오늘의 신자들 가운데는 경건의 개념을 잘 모르거나 잘못 파악하는 이들이 많다. 심지어 경건의 자세를 외식이나 허례로 치부해버리기까지 한다. 따라서 경건해지려는 노력도 훈련도 거의 잊고 산다. 그러기에 오늘의 그리스도인은 특히 요즈음 같은 바캉스 계절에 그들을 얽매는 잡다한 생각과 계획, 과제와 일들을 잠시 한쪽으로 제쳐놓고, 경건의 훈련에 전심할 수 있어야 한다. 그래야 우리의 영성과 신앙이 더욱 높은 단계로 함양될 것이다.

경건의 훈련은 마음가짐으로부터 시작해야 한다. 죄를 지어 타락한 인간의 마음에는 영성과 경건의 씨앗과 함께 악과 거짓의 뿌리가 뒤엉켜 있다. 우리는 늘 하나님 앞에 회개함으로 죄와 악의 뿌리를 자르고 캐내어 영성과 경건이 더욱 막힘없이 자라날 수 있도록 해야 한다. 사람 앞에서는 물론이요 하나님 앞에서도 크게 부끄럽지 않은 마음자리를 가져야 할 것이다. 경건의 훈련은 우리의 말과 행동의 차원에서도 수행되어야 함은 재론의 여지가 없다. 평소에 말이 너무 많은 사람은 되도록 말수를 줄이거나 침묵하는 습관을 길러야 한다. 나오는 대로 기분 내키는 대로 말을 쏟아놓는 사람은 발언하기 전에 먼저 신중히 생각하고 정리하여 말할 수 있도록 노력할 일이다.

그리스도인들은 특히 이웃을 대하는 경건한 행동을 훈련할 필요가 있다. 객관적 비평이란 미명 아래 남을 중상 모략하는 일도 좀 불편하고 제 뜻대로 안된다고 해서 원망하고 투덜거리는 습관도 버려야 한다. 인간은 약하고 겁 많은 존재여서 다른 사람의 거칠고 비위 거슬리는 한 마디 말, 한 몸짓의 행동 때문에 상처받고 무너지기 쉬운 것이다. 교만한 사람은 겸손한 태도와 행위를, 냉정한 사람은 따뜻한 표현을, 이기적인 사람은 관용적이요 이타적인 실천을 훈련해야 할 것이다. 8월을 영성을 심화시키고 경건을 훈련하는 좋은 기회로 활용할 수 있게 되기를 바란다.

2013.08.10. 제주기독신문 사설

압제로부터의 해방과 자유

우리 한민족에게 8월은 희비가 교차되는 계절이다. 1910년 8월 29일은 대한제국이 억압과 술수에 의해 일본과 합방되어 일제의 노예가 된 국치일이요, 1945년 8월 15일은 군국 일본의 압제에서 해방이 된 광복절이다. 그러니까 8월은 압제와 해방의 담론을 펼치기 알맞은 달이라 하겠다. 인류에게 있어서 진정한 자유와 해방은 그리 쉽사리 성취되지 못해온 것이 사실이다. 부분적인 해방은 더러 있었으나 전체적이요 항구적인 해방의 길은 요원하다는 것이 인류의 경험이요 우리의 깨달음이다.

이스라엘 민족의 경우를 보자. 그들은 모세에 의해 이집트 파라오의 억압에서 해방되었으나, 후일 바빌로니아의 포로가 되었다. 거기에서 일시적인 자유를 얻었으나 얼마 가지 못하여 페르시아와 그리스·로마에 이어지는 대제국들의 지배를 받았다. 20세기에 들어와서 독일 제삼제국의 히틀러에게 잡혀 얼마나 많은 유대인들이 자유와 생명을 잃었던가? 우리나라의 경우는 어떠한가? 한마디로 한국의 역사는 외세에 의한 압제와 그것으로부터의 해방과 자유가 반복되어온 과정이다.

비단 정치·사회적인 의미에서만이 아니라 여러 가지 차원에서 우리들은 옛 이스라엘과 우리의 왕조들처럼 압제와 억압 아래 살고 있다. 우리는 지금 비인간화된 역사, 체제, 여건 풍토 속에서 우리를 에워싸 옥죄어오는 제반 심리적, 정신적 억압과 부자유를 경험한다.

인류에게 왜 압제와 억압이 상존하고 해방과 자유가 만족스로우리 만큼 성취되지 못하고 있는 것일까? 따지고 보면 억누르는 자도 사람이요, 압제를 받고 자유를 잃어버리는 이도 사람이다. 다시 말해서 억압과 수욕의 원인이 인간이란 말이다. 압제하는 사람은 욕심과 오만으로, 눌림 받는 사람은 힘과 능력, 지혜와 용기의 부족으로 압제의 상황을 연출한다. 이처럼 인간 존재의 깊숙한 곳에 사람들을 폭군과 노예로 만드는 원인과 요소가 있다. 성서는 그것을 죄라고 이름 짓는다. 따라서 죄의 문제가 해결되지 않으면 진정한 자유와 해방은 오지 않는다.

억압으로부터의 해방의 기쁜 소식은 어디서 들려오는가? 위에서 들려온다. 인간들이 압제와 노예로 몰아가는 역사를 하나님이 직접 오시어 방향 전환을 일으키신다. 자유와 해방을 향하여 돌려놓으신다. 그 일이 예수 그리스도의 성육신 사건으로 시작되었다. 인류의 진정한 해방은 하나님 자신이 예수 그리스도의 몸을 입고 직접 세상에 오셔서 죄와 죽음에로 운명 지워진 인간의 영과 육을 포함하여 모든 차원의 노예상태에서 우리를 자유하게 하심으로 성취된다. 예수의 제자들도, 사도 바울도, 초대교회 이래 모든 그리스도인들도 이 사실을 믿고 받아들였다.

주님은 오늘도 교회 공동체를 통하여 압제로부터의 해방의 역사를 이루신다. 이 땅 위의 교회와 그리스도인들은 그러기에 자유와 해방의 담지자라 할 수 있다. 그래서 오늘의 교회는 비록 여러 가지 형태의 억압과 압제를 당할 수 있음에도 불구하고, 좌절하지 아니하고 믿음과 용기로 억압과 압제의 세상을 향하여 자유와 해방의 복음을 선포한다. 그리스도인들은 믿음으로 하나님의 말씀, 구원의 복음을 바로 듣고 깨달음으로 하나님께 감사 찬양하고 신앙을 고백하며, 나아가서 해방과 구원의 복된 소식을 만방에 전하게 된다. 그러기에 교회는 해방 공동체로서의 정체성을 지키기 위해서라도 끊임없이 스스로를 성찰하고 갱신되어야 한다.

오늘의 그리스도인들은 압제와 억압에서의 자유와 해방을 추구하며 성취하는 책임적인 존재들이다. 그들은 자신들이 지닌 달란트와 기능, 은사와 직분을 가지고 이 책임과 사명을 완수하는 자들이다. 그들은 해방 공동체의 역군이다. 그리스도인은 인간의 온갖 족쇄를 깨뜨리는 전사임을 잊지 말아야 할 것이다.

2013.08.24. 제주기독신문 사설

하나님의 은혜

오늘의 그리스도인들은 하나님의 은혜라는 말을 많이 한다. 이 말을 때로 너무 헤프게 쓰거나 남발하고 잘못 쓰는 일조차 있다. 일상의 행운, 물질적 축복, 사업상의 이득, 질병의 치유와 건강, 어려운 문제의 해결 등을 은혜라고 생각한다. 은혜에 대한 이 같은 생각은 별로 잘못된 것이 없으면서도 매우 표피적이어서 그 깊은 뜻에 아직 이르지 못하고 있다. 하나님의 은혜란 이처럼 물질적·육체적·감상적·표피적인 것을 훨씬 넘어서는 깊은 뜻이 있는 말이다. 은혜는 비극적 운명에 대한 영혼의 고뇌와 아픔, 죄와 죽음에 대한 자각에서 우러나오는 인간 존재의 근본적인 물음에 하나의 답으로 주어지는 용어다. 인간은 끊임없이 의식적·무의식적으로 자기의 존재의 의미, 그 미래와 운명, 사고와 언어 및 행위의 타당성에 대하여 의문을 갖는다. 어느 순간 인간이 살기 위한 모든 활동과 인간관계 등이 하나의 거대한 의문부호의 갈고리가 되어 그를 낚아챈다. "이 모든 것에 무슨 의미가 있는가?" 하고 자문하며 망연자실에 빠진다.

사도 바울은 하나님의 은혜라는 말을 가장 적절하게 설명해주기 위하여 먼저 인간은 누구나 죄인이라는 사실을 강조한다. 죄인이란 인간이 하나님께 큰 죄를 지은 결과 그의 어긋난 운명 앞에서, 자기의 양심

앞에서, 하나님의 의 앞에서, 그분의 말씀과 계명 앞에서, 무의미성과 죽음 앞에서, 그를 위협하는 고난과 사망의 악한 세력 앞에서 아무런 저항할 힘도 대책도 없이 주저앉아 있는 상태를 지칭한다.

그런데 이러한 진퇴양난의 막다른 골목에 처한 인간에게 하나님께서 먼저 손을 내밀어 화해의 악수를 청하셨다. 인간의 죄로 말미암은 하나님과의 적대관계를 이제 그만 끝장내고 평화를 회복하자고 선취적인 행동을 취하셨다. 세상 사람들의 관례처럼 양쪽에서 어떤 조건을 내걸고 타협 절충한 나머지 화해에 이른 것이 아니라, 하나님께서 조건 없이 일방적으로 우리를 찾아오셔서 붙드셨다.

그것은 우리가 유대인처럼 율법을 잘 지켜서도 아니요, 힌두교나 불교에서처럼 각성과 고행으로 윤회전생의 업을 벗어났기 때문도 아니다. 유교에서처럼 우리가 무슨 "수신제가치국평천하" 해서도 아니요, 선행을 많이 하고 큰 공적을 쌓아서도 아니다. 우리 인간의 죄와 잘못, 허물과 사악함에도 불구하고 하나님께서는 인간을 용서하시고 받아들이셨다.

어떤 방법으로 그리하셨는가? 그 사랑하시는 외아들 예수 그리스도를 우리에게 보내시어 그의 가르치심과 선교, 고난과 십자가에 죽으심, 그리고 부활을 통하여 우리를 하나님과 화해하게 하시고 구원해내셨다. 죄 때문에 우리가 영원한 죽음의 판결, 영혼의 멸망 상태, 풀 수 없는 저주 아래 있는 것을 그리스도께서 우리 대신 죽으심으로써 그 사망언도를 무효로 해주신 것이다. 바로 이것이 하나님의 은혜의 본질이다.

하나님은 우리를 그리스도인으로 선택하여 부르시고, 믿음을 심으시어 의롭다 하시며 구원과 영원한 생명을 주신다. 인간들에게 각자 나름대로의 지식과 지혜, 달란트와 직능을 주시어 그것으로 생업을 이루고 사회와 나라와 이웃을 위해 섬기며 살게 하신다. 그리스도인으로 하여금 갖가지 직분을 주시어 하나님께 예배하게 하시고 선교와 교육, 친교와 봉사를 통하여 하나님과 사람들을 섬기게 하신다. 고난과 역경이 왔을 때 큰 믿음과 소망으로 당당히 헤쳐 나가게 하시고, 낙심 중에 있을 때 인간이 줄 수 없는 위로를 베푸시어 다시 일어서게 하신다. 우리는 비록 혼자 있어도 혼자 있는 것이 아니다. 신앙 공동체 안에서 그리스도와 믿음의 형제자매와 함께 사는 것이다. 이 모든 것이 하나님의 은혜이다. 우리는 이 크신 하나님의 은혜를 결코 값싼 물질적·육체적 이득으로만 파악해서는 아니 될 것이다.

2013.09.14. 제주기독신문 사설

"하나님의 선교"에 참여하는 일

　"하나님의 선교"(Missio Dei)라는 용어는 1950년대 국제선교협의회(IMC)에 속한 성공회와 개신교가 선교협력을 하는 과정에서 선교의 신학적 근거를 공고히 하기 위하여 창안해낸 개념이다. 이 말의 함의는 이러하다. 선교는 본질적으로 하나님의 행위요 삼위일체 하나님께 그 기원을 두는 활동이다. 성부 하나님은 인간을 부르시고 세상으로 파송하는 일을 통하여 선교하신다. 성자 예수 그리스도는 하나님이 인간과 세상을 구원하시고자 그를 보내시어 일으키신 선교활동의 표현이요 구체화이다. 성령은 하나님의 선교를 가능케 하는 능력이다. 초대교회의 선교는 오순절 성령 강림으로 시작되었다. 하나님은 그 아들을 보내심으로 선교를 시작하셨고 그 이후의 모든 교회 안에서 성령을 통하여 선교의 역사를 일으키셨다. 복음은 모든 사람들에게 전파되어야 하며 세상은 하나님의 선교의 영역이다. 하나님은 오늘도 교회와 그리스도인을 부르시어 그의 선교에 참여할 것을 명하신다. 그러니까 우리의 선교는 하나님의 선교의 연장선 위에 있다는 것이다.

　그렇다면 우리는 어떻게 하나님의 선교를 수행할 수 있겠는가? 무엇보다 먼저 언어, 즉 인간이 사용하는 말로 복음을 전하는 작업이다. 언어의 선교는 불신의 세계에 다가가 그리스도인과 불신자가 함께 지닌 인간성을 공통분모로 하여 그리스도 안에 있는 삶의 진정한 의미를 제시하고 그것을 깨닫고 받아들이도록 설득, 증거하는 것을 말한다. 언어를 통한 선교에 있어서 각별히 중요한 사항은 예수 그리스도 안에서 자신을 계시하신 하나님을 인간들이 이해할 수 있는 용어로 해석 풀이하는 일이라 하겠다. 그 전형적인 예가 설교와 간증이라 할 수 있다. 복음의 풀이는 듣는 사람들의 언어, 문화, 사고방식에 대한 이해에 바탕을 두어야 한다. 여기서 복음의 토착화 원리가 중시되는 것이다.

다음으로, 행위를 통하여 그리스도를 증거 하는 일이다. 여기서 행위란 인간과 사회를 실제적으로 돕고 섬기며 봉사하는 활동을 이름이다. 하나님의 선교는 원래 하나님과 동등한 분이셨으나 스스로 낮아져 사람이 되시고 섬기는 종이 되신 예수 그리스도에 의하여 구체화되었다. 그리스도는 사람들이 그에 대하여 어떤 반응을 보이든 상관없이 사람과 세상을 사랑하고 섬기셨다. 굶주린 사람을 먹이시고 병든 자들을 고치시는 등 구체적인 행위로 섬기신 것이다. 그래서 교회와 그리스도인들의 봉사 활동은 그리스도의 섬김에 참여하여 그리스도를 증거하는 행위인 것이다. 복음은 그리스도의 몸으로서의 교회에서 언어로써 뿐 아니라 실천 즉 행위와 섬김을 통하여 표현될 때 보다 구체적이고 신뢰받을 만한 것이 된다.

끝으로, 교회의 현존과 삶을 통하여 복음을 선포하는 일이다. 교회는 그 안에 삼위일체 하나님이 임재하시는 공동체이다. 선교는 한편으로 이렇게 임재하신 하나님을 교회가 그 존재와 삶으로 드러내는 활동이다. 선교의 과제는 교회가 단순히 무엇을 말하고 선포하며 어떤 섬김 어떤 봉사를 하느냐에 따라서만 규명되는 것이 아니다. 선교는 교회의 존재 자체와 삶으로 그리스도를 증거함으로써 마침내 온전한 것이 된다. 교회의 선교적 현존은 말과 행위를 넘어선다. 그것은 교회가 그리스도적 존재가 되고 그리스도의 삶을 재현하는 것이다. 이 무슨 말인가? 그리스도는 하나님처럼 사랑이시고 그 삶 역시 사랑의 삶이었다. 이처럼 교회의 존재도 삶도 인간과 세상에 대한 사랑을 실현하는 것이 되어야 한다는 뜻이다. 교회가 진정 사랑의 공동체가 될 때 비로소 그리스도와 복음을 궁극적으로 증거 한다. 교회의 모든 기능과 과제와 관계가 사랑에서 출발하고 사랑으로 완결될 수 있다면 그 때 교회는 하나님의 선교의 최절정에 서게 됨을 유념해야 할 것이다.

2013.09.28. 제주기독신문 사설

그리스도인의 정체성

　한국의 개신교 교회는 지금 내우외환에 시달리고 있다. 내우라 함
은 부산 WCC총회에 즈음하여 교회내 보수혁신 갈등이 첨예화되고 있
음을 말함이요, 외환이란 네티즌을 중심으로 적그리스도(Antichrist)
의 교회에 대한 공격이 날로 드세어지고 있음을 일컬음이다. 오늘의
방주인 한국교회는 일렁이는 세파 위를 항해하는 동안 왼쪽에 적그리
스도의 암초, 오른쪽에 보·혁 간의 갈등과 대결의 소용돌이 사이를 아
슬아슬하게 빠져나가려 한다. 자칫 암초에 부딪혀 난파당하거나 소용
돌이에 휘말려 와해될 수도 있다.

　어떻게 이 위기를 타고 넘을 수 있을까? 무엇보다 먼저 한국교회
는 자신의 정체성과 사명을 바로 깨닫고 확실히 다져야 할 것이다. 그
리스도인은 하나님의 거룩한 백성이요 왕 같은 제사장으로서의 자격
과 정체성 그리고 사명을 갖는다. 그들은 무엇보다도 예수 그리스도
를 통하여 주어진 하나님의 말씀을 듣고, 복음에 나타난 언약을 믿으
며 그 말씀과 언약대로 살고 실천하려고 애쓰는 무리들이다. 그들이
깊이 의식했든지 아니든지 그리스도에 대한 믿음으로 인해서 그들에
게는 만민을 위한 제사장이요 중보자로서의 역할이 위임되었다. 그뿐
만 아니라 그 신분으로서의 권위와 그 역할을 수행할 수 있는 힘과 지

혜와 능력이 주어졌다. 그리스도인들은 이 사실을 의심의 여지없이 믿어야 할 것이다.

그런데 오늘의 한국 그리스도인의 자화상은 어떠한가? 예수 그리스도를 믿노라 하면서도 우리 중에는 하나님의 말씀과 그리스도의 복음이 공허한 약속이요, 열등한 논리이며 신화적인 주장이라 해서 부끄러워하는 사람이 있다. 우리의 이성적 판단과 경험적 사실에 비추어 볼 때 복음은 불합리하고 검증되지 아니하여 믿을 수 없고 갈수록 의심과 회의를 일으킨다고 생각하는 사람도 있다. 복음은 우리에게 혹 어떤 의미가 있을지 모르나 우리의 일상적인 삶과 제반 관심사에 비하여 그 중요성에 있어서 순위도가 매우 낮다고 여기는 이도 있다.

복음을 부끄러워하고 의심하며 무의미하고 대수롭지 않다고 생각하는 사람이 진정으로 복음을 믿고 받아들이며 그에 순종하여 살 수는 없는 노릇이다. 그런데도 그런 사람들이 스스로를 그리스도인이라 한다면 이것은 모순이요 자기분열 현상이 아닐 수 없다.

한국 그리스도인들의 삶이 왜 그토록 당당하지도 분명하지도 아니한가? 적그리스도의 무차별적 훼방과 공격에 왜 그토록 위축되고 마는가? 어찌하여 교회가 연합과 통전을 이루지 못하고 대결과 갈등으로 내파되어 가고 있는가? 복음의 깊은 의미를 깨닫지 못하고 그 중요성에 대한 확신의 부족 때문이 아니겠는가? 하나님의 말씀과 복음이야말로 우리의 운명을 가름하고 우리의 생명과 미래를 보장하는 것이기에 우선순위 첫째가 되는 관심사라고 믿는다면 아무리 내우외환의 시련이 파상적으로 몰려와도 그 말씀에 순종하여 적극적으로 살지 아니할 수 없을 것이다. 따라서 중보자요 제사장, 예언자로서의 역할에 주저함이나 부끄러움 없이 나설 수 있게 된다.

참 제사장이시오 중보자이며 구세주이신 우리 주 예수 그리스도는 하나님과 인간의 화해를 위하여 인간과 만물의 통전을 위하여 당신 스스로를 버려 제물로 삼으셨다. 그리스도인들이 하나님의 제사장이요 예언자이며 중보자로서의 역할을 제대로 하려면 삼위일체 하나님과 그 말씀, 복음을 확신하며 예수님의 경우처럼 자신을 희생할 각오가 되어 있어야한다. 희생까지도 감수하는 마음자리는 그분과 그분의 말씀에 대한 확신과 순종을 통하여 마련되는 것이다. 그리스도인으로서의 정체성과 사명을 공고히 할 때 교회의 위기를 극복할 수 있는 지혜와 용기가 샘솟을 것이다.

2013.11.09. 제주기독신문 사설

오시는 주님을 대망하며

　교회력으로 지난 12월 1일은 2013년의 대림절 첫째 주일이다. 그리스도인들은 12월 22일까지 4주간에 걸친 대림절, 주님의 오심을 기다리고 준비하는 계절로 접어들었다. 이 기간 동안 우리는 예수님의 처음 오심을 회상할 뿐 아니라, 그리스도의 재림, 파루시아에 대해서도 신중히 내다보고 대비하는 자세를 가다듬어야 할 것이다. 재림을 내다본다 함은 세상의 끝날에 그리스도께서 심판주로 오시어 죄악에 오염된 옛 세계를 정리하고 의롭고 새로운 세계와 질서를 이룩하시기를 고대하는 것이다.

　이처럼 그리스도인들은 심령적으로 2,000년을 거슬러 올라가 첫 번째 크리스마스에 오신 예수를 회상하고 기림과 동시에 현재의 시점에서 다가오는 종말 심판 때에 오실 그리스도를 대망한다. 무엇보다 우리는 주님 오실 날이 그 어느 때보다 가까워졌음을 분명히 인식해야 한다. 우리들은 그 징조들을 오늘날의 여러 가지 현상에서 읽을 수 있다. 복음서에 기록된 예수의 종말예언과 부합되는 일들이 현대에 와서 더욱 빈번하게 벌어지고 있다. 예수님의 예언에 의하면 세상의 종말이 다가올 때 전쟁, 내란, 지진, 기근, 적그리스도와 거짓 예언자 등이 동시다발적으로 일어나 많은 사람들이 미혹되고 고통에 빠지게 된다 하셨다.

지난 세기에 이 같은 인재와 천재, 전쟁 등으로 수천만 명의 인명이 희생되었다. 몇 해 전 아이티 대지진으로 50여 만 명이 불귀의 객이 되었고, 이 가을에 불어 닥친 초특급 태풍 하이난에 의해 필리핀의 중부 도시 타클로반이 전반적으로 무너져 폐허가 되고 말았다. 12,000명의 인명이 희생되었고 수만 명의 이재민들이 삶의 터전을 잃고 유랑하고 있다. 오늘날 인간을 죽음에로 몰아넣는 독한 질병들이 전에 없이 기승을 부리고 있다. 현대병, 문명병도 그렇거니와 이미 퇴치되었다고 여겨지던 병균과 정체불명의 전염성 질병들이 우후죽순처럼 일어나 현대인들을 무자비하게 공격하고 있는 것이다. 사실상 재래적인 미생물과 신종 병균이 일으키는 질환으로 희생된 사람들은 인류 역사상 일어났던 모든 전쟁에서 죽어간 사람들보다 훨씬 더 많다고 한다.

인간이 온갖 질병을 완전히 정복할 수 있다는 생각은 주제넘은 환상이요 착각일 뿐이다. 병원균인 미생물은 오랜 세월에 걸쳐 진화하면서 새로운 환경과 여건에 적응할 수 있는 최고의 메커니즘을 구비하게 되었다. 그 어떤 항생물질도 백신도 현재로선 이같이 강한 내성을 지닌 병원균들을 완전히 정복할 수 없게 되어버렸다. 세상에서 완전히 사라졌던 폐결핵, 디프테리아, 페스트 홍역 같은 전염 병원균이 더욱 강한 내성으로 무장하여 되돌아와 요즈음 연간 1,800만 명의 목숨을 앗아가고 있다. 게다가 불과 30여 년 전만 해도 알려지지 않았던 에볼라 바이러스와 에이즈가 지금 한창 위세를 떨치고 있어 인간은 이 미생물들에게 속수무책으로 당하고 있다.

이 같은 종말의 전조들을 예의 주시하는 그리스도인들은 신앙인으로서의 내적 신병 정리를 철저히 해야 할 것이다. 죄로 오염된 본성대로 살지 말고, 주님의 오심과 심판에 대비하여 믿음으로 새롭고 깨끗한 존재가 되어야 한다. 성결과 진리로 거듭나서 때를 얻든지 못 얻든지 하나님의 말씀과 그리스도의 복음을 그 언어와 행위와 삶을 통하여 성심껏 전함으로 불신의 이웃들이 회개하고 주님을 믿으며 오시는 주님을 기쁘게 맞이할 수 있도록 이끌어야 할 것이다.

2013.12.04. 제주기독신문 사설

종교개혁과 자유

2014

• 적극적 신앙 • 사순절에 되새기는 회개와 기도 • 어린이, 청소년 기르기 • 이단에의 경각심 • 성령의 능력 • 휴가와 휴식 • 그리스도 인의 궁지 대응 • 내 백성을 위로하라 • 주일 바로 지키기 • 종교개 혁과 자유 • 창조주 하나님의 주권 • 창조 질서의 보존 • 왜, 대림절 인가?

적극적 신앙

우리 그리스도인들은 하나님의 말씀을 듣고 믿어 순종하고 따르려 하면서도, 거기서 위로나 삶의 의미를 별로 발견하지 못한 나머지, 은 연중에 의심과 두려움 속으로 빠져 드는 경우가 있다. 그리스도 안에서 평화와 안정을 바래서 기도는 드리고 있지만 그 응답을 확신하지 못하는 이들도 있다. 믿음과 소망과 사랑이 그리스도인의 삶의 가장 중요한 원리임을 잘 알면서도 일상생활에서 그 원리를 제대로 적용하여 살지 못하는 신자들도 많을 것이다. 그래서 그리스도인도 언제나 영적으로 불안을 안고 산다.

이러한 불안과 두려움의 이유는 다름 아닌 삼위일체 하나님에 대한 절대적 신뢰와 굳건한 신앙의 부족이라 할 수 있다. 그리고 한편으로는 인간의 능력이나 노력에 대한 검증받지 못한 자신감 때문일 것이다. 하나님의 도움 없이도 어쩌면 내 나름대로 능력껏 모든 문제를 해결할 수 있으리라는 오만이 우리에게 있을 수 있다. 우리를 받쳐준다고 생각하는 인간의 능력, 재물, 권력에 대한 한편으로 오만하고 또 한편으로 불안한 신뢰가 꺾일 때 비로소 하나님을 철저히 믿고 그 말씀에 순복하여 살 수 있을 것이다.

그런데 겨자씨만큼이나 작은 우리의 믿음으로 우리 속의 인간적인 것들에 대한 신뢰와 오만을 이기려 할 때마다, 그리고 하나님의 뜻과 말씀에 순종하여 살려고 결단할 때마다 우리의 마음속에 큰 긴장과 갈등이 일고 녹록치 않는 시련이 몰려온다. 그렇지만 하나님을 의지하는 신앙과 자신의 능력에 기대는 오만 사이에 벌어지는 심령의 싸움을 끝까지 견디어 마침내 신앙이 오만을 몰아내는 그 시간 우리는 하나님의 은혜로운 응답을 받게 된다.

하나님은 진지하고도 적극적으로 이 심령의 씨름을 거는 사람에게 당신 스스로를 드러내 보이신다. 믿음의 맹렬한 씨름판을 벌이는 사람에게 하나님께서는 지혜와 용기와 능력을 주시고 그의 성품을 변화시켜 구원과 영생을 보장받은 새로운 존재로 만드신다. 이것이 하나님의 새 창조의 역사이다.

그리스도인은 늘 씨름하는 사람들이다. 영의 씨름을 회피하면 하나님의 새로운 창조를 맞을 수 없다. 그러니까 그리스도인들은 되도록 조용한 자기만의 시간을 갖고 말씀 명상과 기도로 헛된 것에 기대는 불안하면서도 오만한 옛 자아를 청산하고 전적인 구원과 영원한 생명을 위하여 심령의 전투를 치열하게 계속해야 하는 것이다. 그리스도인들은 세속적, 물질적 소망을 추구하기보다 영적 축복, 구원과 영생을 위하여 하나님을 굳게 믿고 신뢰하여 그 말씀대로 살아감으로써 하나님의 응답을 받을 수 있다. 하나님의 새 창조와 구원의 활동은 정태적이거나 소극적이 아니다. 그분은 인간의 심령과 이 세계 속에서 지금 적극적이고 공세적으로 역사하고 계신다.

하나님의 사역의 매체는 부르심을 받은 그리스도인들이다. 하나님은 오늘 우리 그리스도인을 도구로 쓰시어 구원과 새 창조의 역사를 펴시고 이 땅 위에 하나님의 나라를 세우신다. 하나님께서 그분의 사역에 적극적이시니, 우리 그리스도인도 적극적이 되지 아니할 수 없다. 오늘의 한국 그리스도인은 적극적인 신앙으로 7,500만 우리 민족의 구원을 위하여 지금까지 그랬던 것보다 더 적극적이요 공세적으로 선교에 나서야 될 것이다.

2014.02.08. 제주기독신문 사설

사순절에 되새기는 회개와 기도

예수께서 갈릴리에서 하신 최초의 선포는, "때가 되어 하나님의 나라가 다가왔다. 회개하고 이 복음을 믿어라"는 외침이었다. 오시는 하나님에 대한 우리의 적절한 응답은 회개와 믿음임을 드러내고 있다. 우리의 신앙적 응답이 하나님과의 화해의 필수 조건임을 암시하는 말씀이다. 우리는 이 사순절 절기에 하나님의 은총과 그리스도를 통한 구원의 행위를 보다 철저한 회개와 깊은 믿음으로 명상하고 되새겨야 할 것이다.

우리가 회개할 때 베드로에게 주신 예수님의 꾸짖으심을 주의 깊게 성찰해 보아야 한다. 베드로는 "사람의 일"을 생각하다가 주님께로부터 사탄이라 지칭되었다. "사람의 일"이란 인간의 사악한 심성에서 나오는 모든 것들이다. 그것은 사탄이 예수님을 시험할 때 노골적으로 드러낸 물질적, 경제적 소유욕이요, 대중적 인기와 종교적 카리스마를 탐하는 명예욕이다. 또 그것은 세상 사람들 위에 군림하려는 권력과 지위에 대한 그칠 줄 모르는 욕망이다. 오늘 우리는 이 같은 죄악, 만족을 모르는 욕심에 불을 지르는 온갖 유혹 앞에 발갛게 노출되어 있다. 우리는 도처에서 사탄의 설득력 있는 유혹의 소리를 듣고 있으며, 거기에 너무나도 쉽게 넘어가고 만다. 일신상의 안정 ,평안, 이익 때문에 사탄의 꼬임에 솔깃하기도 한다.

예를 들자. 우리는 어느 때 하나님의 뜻을 이루는 선하고 정의로운 일을 수행하려고 결단한다. 그런데 실은 이 일이 무척 어렵고 힘들 뿐 아니라 그 수행과정에서 막심한 물적, 심적 피해를 입을 수 있으며 어쩌면 생명의 위험을 감수해야만 한다. 그럴 경우 솔직히 우리는 겁을 집어 먹고 옴짝달싹 하지 못한다. 주저하며 수행을 멈추고 찔끔해서 생각을 바꾸며 물러서게 된다. 이것이 "사람의 일"만을 생각하는 우리의 모습이요 자화상이다. 우리가 회개해야 할 것은 하나님의 일보다 소유와 이권을, 권력과 명예를, 이념과 사상을, 안정과 안일을 우선적으로 중시하고 거기에 한사코 매달리는 우리의 우상숭배, 우리의 죄악이다.

회개란 무엇인가? 이 같은 우상숭배로부터 정반대의 방향으로 회전하여 오직 하나님께로 향하여 나아가는 마음이요 행위이다. 오직 하나님만을 우리의 믿음과 신뢰, 충성과 순종의 대상으로 삼는 인격적, 총체적 일대 전환이 곧 회개이다. 이렇게 회개한 사람만이 예수 그리스도를 통하여 일어난 하나님의 화해와 구원의 사건을 의심의 여지없이 받아드리고 그 은혜에 감사하며 대응하는 삶을 살 수 있게 되는 것이다. 우리가 진정으로 회개하고 바른 믿음 위에 서 있음을 증거 하는 일은 오직 그리스도의 고난에 참여함으로써만 가능하다. 하나님께서 인간의 죄를 사하시고 구원하시며 그와 화해하신 것은 예수 그리스도의 고난과 십자가를 통해서이다.

예수님은 오직 고난과 자기희생만이 하나님의 뜻에 순종하는 길이며 그것만이 하나님과 인간을 화해케 하는 유일한 방법임을 간파하고 계셨다. 예수님의 순종적 수난과 죽음은 그의 구속적 행위의 핵심이요 총괄이며 그의 사명의 최절정이다. 예수의 제자인 그리스도인들은 주님과 같이 고난의 십자가를 짐으로써 이 세상의 모든 갈라지고 대립하며 죄업을 쌓아가는 사람들과 힘들을 화해케 하고 세상을 하나님께로 방향전환하게 하는 선교와 봉사의 사명을 다하게 된다. 예수께서는 하나님과 소외되어 버린 인류를 하나님과 화해시키시려고 고난받으셨다. 그분은 오늘 우리에게 화해를 위한 사랑의 고난을 회피하지 말라 하신다. 그리스도인들은 갈라진 세계, 분열된 민족, 나누어진 사회, 반목하는 인간들을 하나로 묶고, 하나님께 향하게 하는 사명에 동반되는 고난과 희생을 마다하지 말아야 할 것이다.

2014.03.22. 제주기독신문 사설

어린이, 청소년 기르기

가정의 달 5월에 날이 갈수록 복잡 다양해가는 사회상 속에서 어린이, 청소년들의 입지와 상황을 점검해보는 한편, 그들을 대하는 성인들의 자세는 어떤 것이어야 하는지 성찰해볼 필요가 있다. 오늘 한국 사회에서 어린이, 청소년들은 어떤 대우를 받고 있는가? 날이 갈수록 비관적인 현상들이 돌출되고 있다. 그들을 사랑하고 보호 인도해야 할 어른들이 오히려 그들의 생명을 위협하고 있다. 지난 몇 주 사이에도 계모와 친모가 자기의 영아들을 해친 사건, 친부가 자기 아기를 굶겨 죽인 엽기적인 사건 등이 연이어 일어나 우리의 가슴을 찢어놓았다.

근년에 들어와 우리의 경제적, 사회적 여건이 악화되어서인지 우리의 어린이, 청소년들이 전에 없이 크게 고난, 고통을 당하고 있다. 자기의 불우한 처지에 절망한 부모들은 척하면 자녀들을 폭행하고 심지어 자녀들과 동반 자살한다. 가족이 해체되면서 자녀들을 고아원이나 보호소에 유기해버리는 부모도 있다. 게다가 어린이를 유인하거나 납치하여 그 부모로부터 금품을 갈취하려는 자, 세상 물정 모르는 청소년들을 꾀어 수상한 곳으로 팔아넘기는 고약한 어른들도 있다. 어른들의 잘못과 실수로 수학여행을 떠났던 단원고 2학년생 300여명은 세월호의 전복, 침몰로 인해 남해바다의 수중고혼이 되고 말았다. 결국 어린 자녀들의 불행은 일차적으로 부모, 성인들에게 그 책임이 있음은 재론의 여지가 없다. 성인들의 어린이, 청소년에 대한 인식과 양육에 엄청난 오류가 있다는 말이다.

최근 미국의 교육심리학자인 헤럴드 스티븐슨과 제임스 스티거는 『학습의 갭』이란 책을 공동집필하여 동양의 교육에 장점이 많다는 사실을 지적하였다. 이 저서에 의하면 동양의 부모들의 자녀들에 대한 교육적 관심이 학업의 성취에 결정적인 영향을 준다는 것이다. 미국의 부모가 자녀교육에 크게 관심을 두지 않는 데 반하여 아시아의 부모들은 지나치다 싶으리만큼 큰 관심을 쏟고 있는데 이것이 동양교육의 장점이라 하였다. 그런데 우리나라에서 이 관심이 정상적·합리적으로 표명되지 못하고 있는 것이 문제다.

요즈음 학교 교육의 3대 저해 요인은 과외, 촌지, 폭력이라 한다. 자녀의 성적을 올리기 위해 한국의 부모들은 엄청난 액수의 과외비를 지출하며 이 돈을 충당하기 위해 어떤 주부들은 매춘행위까지 나서는 사례가 있어 우리를 놀라게 한다. 한편 학부모들은 자기 아이들의 성적향상을 바래서 촌지라는 이름의 뇌물을 교사들에게 건네준다. 어떤 여론 조사에 의하면 학부모의 67%가 촌지를 주었더니 효과가 있었다고 대답했다 한다. 교사와 학부모들은 학생간의 폭력행위가 다반사로 일어나는 데도 이 문제를 어떻게 대처해야 할지 당황하고 있다. 오늘의 부모들은 내 자녀가 폭력을 휘두르는 장본인인지 그 폭력에 어이없게 당하는 희생자인지를 평소에는 거의 알지 못할 정도로 자녀들의 심성과 행동에는 무관심한 것 같다. 이 같은 사실들이 오늘 우리 자녀교육의 맹점이라 하겠다.

인류 역사 수만 년을 이어 온 가족제도는 오늘 그 밑뿌리부터 흔들려 머지않아 붕괴될 위기에 처해 있다. 이 같은 상황 아래서 그리스도인의 가정은 그것이 있게 된 본래의 목적과 의미를 분명히 인식하는 가운데 단순한 생식 공동체가 아니라 인격과 신앙의 공동체임을 끝까지 지켜 나가야 한다. 자녀는 부정모혈로 태어나 그 부모의 소유가 되기 이전에 하나님께서 은총으로 위탁하신 하나님의 자녀이다. 그러기에 깊은 사랑과 큰 책임감으로 길러야 하는 것이다. 그리스도인의 가정은 부모와 자녀 간에 서로 사랑하고 인정해 주며 존경과 신뢰로써 그리스도의 평화를 실현해가는 그런 가정이다. 어버이는 자녀들에게 본이 되고 부끄러움이 없는 언행, 적절한 사랑과 관심의 표명과 교훈으로 자녀들의 성장, 성숙을 도와야 하는 것이다.

2014.05.17. 제주기독신문 사설

이단에의 경각심

수많은 사람들이 재물과 권력의 덫에 걸려있다. 이것이 한국 사회 문제의 주요 요인이요 핵심사항이다. 세계의 참 주권자요 권위의 원천과는 등을 돌리고 거짓되고 부당한 권위와 폭력적 권력에 절하고 있다는 사실이 문제인 것이다. 권력지상주의, 물질주의, 쾌락주의, 편의주의 등 온갖 우상숭배가 들끓고 있다. 이런 것들보다 더 위험스러운 증상은 종교의 이름으로 혹세무민 하는 이단 종파들의 난무이다. 이단들 중에 그리스도인들이 크게 경각심을 높여야 할 대상은 스스로를 기독교라 주장하면서도 기독교와는 전혀 다른 교리와 행태를 내세우는 이단 집단이다.

오늘의 이단들은 성경을 제 취향이나 목적에 맞게 왜곡 해석하여 사이비 교리를 만들고 그 교리에 따라 살고 행동한다. 그들의 교주를 그리스도 내지 하나님으로까지 높여 숭배한다. 윤리·도덕적 시각으로 볼 때, 그들은 범죄와 폐륜을 일삼으면서도 교묘하고 비정상적인 논리로 그 추종자들을 세뇌시킨다. 신도들의 돈과 재물을 교주에 대한 충성과 신뢰의 명분으로 갈취하고, 그것으로 거대한 기업을 일으키며 거기서 얻은 엄청난 수익으로 교주와 그 친위집단들은 옛 왕족과 귀족에 버금가는 호사스런 생활을 한다. 통일교, 신천지도 그러하고 요즈음 여객선 세월호의 전복, 침몰로 300여 청소년이 수장된 참극에 관련되어 물의를 빚고 있는 속칭 구원파, 기독교 복음 침례회의 경우도 예외가 아니다. 그들 중에 몇몇은 조직적 세뇌, 착취, 폭력, 살인 등 일반범죄 집단보다 더 흉악한 악행을 저지른다.

종말의 징조에 대하여 예수께서는 이렇게 말씀하셨다. "거짓 그리스도들과 거짓 선지자들이 일어나서 이적과 기사를 행하여 할 수만 있으면 택하신 자들을 미혹하려 하리라"(막 13:22). 통일교의 "원리강론"을 통한 세뇌 작업, 여호와의 증인의 가정 방문을 통한 집요한 설득 작전 등은 이미 정평이 나있다. 구원파는 "(구원파 신도가 되어) 일단 구원을 받으면 아무리 중한 죄를 지어도 정죄되지 않는다"라고 주장한다.

그러므로 오늘의 한국 그리스도인들은 이 같은 이단사설들에 대하여 크게 경각심을 불러 일으켜야 할 것이다. 성서의 가르침을 바르게 이해하고 성령의 능력으로 무장하여 이러한 이단 종파의 궤휼에 넘어가지 아니해야 한다. 이를 위해서는 삼위일체 하나님에 대한 정통 신앙을 굳게 지키고, 오직 예수 그리스도를 믿음으로 구원 얻는다는 사실을 확신해야 한다.

그리스도는 우리의 존재가 근거해 있는 생명의 원천이 되신다. 그리스도는 단순히 영적 세계의 주님만이 아니시고 현실세계의 모든 존재의 주님도 되신다. 세상의 모든 능력과 원리도 모두 그리스도가 지니신 전체적이고 우주적인 권위에 종속된다. 그리스도인은 예수의 능력과 권위의 영역 안에 있기 때문에, 세상의 그 어떤 권위와 능력에도 궁극적으로 매이지 않는다. 모든 정사와 권세의 머리되신 예수 그리스도를 우리의 주님으로 모시기 때문이다. 우리가 가끔 세상의 풍조와 세속주의에 유혹 받고 때로 이단 종파의 궤휼에 넘어지기도 하는 것은 주께서 우리의 생명의 원천이요 모든 주권과 권위, 정사와 권세의 머리되심을 확실하고 굳게 믿지 못하기 때문이다.

예수 그리스도는 그의 안에 있는 그리스도인으로 하여금 그분 자신에 대하여 그리고 세계에 대하여 올바른 관계를 맺게 하심으로 우리의 삶을 더욱 풍요롭게 하신다. 예수는 사람의 몸을 입으시고 세상에 오셔서 구원 사역을 완수하심으로 인간에 대한 하나님의 사랑을 충분히 드러내 보이셨다. 그분은 오늘도 성령으로 그리스도인 심령에 임재하시어 사랑으로 하나님을 섬기고 이웃을 돕도록 역사하신다. 이 사실을 의심의 여지없이 믿고 신뢰할 때, 어떤 이단 사설도 물리쳐 버리고 긍정적인 삶을 엮어가며 영적인 의미로 영원한 생명을 소유하게 될 것이다.

2014.05.31. 제주기독신문 사설

성령의 능력

교회력으로 지금은 성령강림절 기간이다. 그리스도인들은 삼위일체 하나님을 믿고 세례를 받음으로써 교회 공동체의 일원이 되고 성령의 역사하심에 따라 새로운 힘과 능력을 가진 새 존재가 된다. 성령은 그리스도인을 통하여 이 세상 여기저기에 그리스도의 몸 된 교회를 세우신다. 성령은 그의 능력 안에 있는 교회를 통하여 이 땅에 하나님의 나라를 세우기 시작하였다.

성령의 능력으로 하나님의 나라는 우선 교회 안에서 지금도 자라나고 있다. 성령은 세상 나라들이 마침내 하나님의 나라가 되도록 오늘도 역사하고 있다. 성령의 활동은 여기에 멈추지 않는다. 하나님은 성령을 통하여 그리스도인들을 축복하신다. 그 축복이란 예수를 더욱 굳게 믿고 의지하게 하고 성도끼리 서로 뜨겁게 사랑하게 하며, 영적 지혜와 통찰력을 얻게 하여 주는 것이다.

성령은 우리의 소망의 내용이 무엇이 되어야 할 것인지를 분명히 가르쳐주신다. 그러기에 그리스도인들은 세상 끝 날이 올 때까지 버림받거나 방치되고 소외된 존재도 아니요 고독과 절망에 함몰된 자도 아니다. 그들은 위로자요 보호자며 지지자인 성령의 돌보심과 인도하심을 언제나 받는 무리이다. 성령의 돌보심으로 그들은 진리의 길로 나아가며, 자기들의 달란트를 따라 교회와 세상을 섬기고 그리스도를 증거한다. 그리스도인들은 세례를 받고 교회의 일원이 되었을 때 이미 성령을 맞아 심령의 성전에 모신 사람들이다. 그들에게 성령이 내려오심은 예수의 부활을 통한 그들의 구원의 표징이며 담보이다.

성서가 증언하는 이 같은 사실에 비추어볼 때, 한국교회 일각의 성령이해는 상당히 잘못된 부분이 있다. 어떤 사람은 신자에게 "당신은 진정으로 성령을 받았는가?" 하고 정색을 하며 물어온다. 그들에게 있어서 성령 받은 증거는 방언과 예언을 하며 병을 고치는 능력이 있으며, 오묘한 향내를 맡거나 이상한 빛이나 환상을 보는 것이다. 이런 체험이 없으면 성령을 받아도 헛 받았다고 비아냥거린다.

또 어떤 이들은 부흥회, 특별기도회, 기도원집회 등 유난스러운 모임을 마련하여 "성령운동" 혹은 "영성운동"을 벌이며 이를 통하여 성령을 받는다 한다. 과연 성령께서 사람들이 모여 집회와 운동을 해야만 내려오실지 모를 일이지만, 적어도 그들은 자기들의 열성과 적극적 활동으로 인해서 성령이 임하여 오실 것이라 믿는 것 같다.

또 다른 사람들은 노동자, 농민, 가난하고 억압 받는 민중을 위해 저항하고 투쟁하는 것이 교회의 우선적인 사명이고 성령은 이러한 교회의 활동 속에 역사 하신다고 주장한다. 물론 그른 말은 아니다. 하지만 민중과 인권을 위해 일하지 않는 교회는 성령이 없는 교회요 그러기에 세상에서 없어져야 마땅하다는 그들의 극언은 성령의 다양한 역사를 오직 과격한 사회운동에만 결부시키는 오류를 범하고 있는 것이다.

이처럼 왜곡된 성령 이해는 부활 승천 하시어 하나님 우편에 계신 그분, 성령으로 교회와 그리스도인에게 오신 분, 오늘도 세계와 역사의 한 가운데서 새로운 창조를 위해 애쓰시는 예수 그리스도를 자기들의 이념과 욕구의 틀 속에 가두어 버리는 불경이 아닐 수 없다. 그리스

도의 영이신 성령을 제 멋대로 조종 조작 하려는 이 모든 접근과 시도
에 대하여 성령은 심판주로 오시어 엄하게 꾸짖으실 것이다.

2014. 06.28. 제주기독신문 사설

휴가와 휴식

바캉스와 여름휴가의 계절이 다가왔다. 이 계절에 우리는 휴식과 휴양, 여흥과 관광 등으로 여유 있는 시간을 보내게 된다. 한국의 교회들은 이 휴가기간을 활용하여 여름성경학교, 수양회, 단기 외지선교 같은 하기 프로그램을 펼친다. 헌데 현대 한국인들은 일을 할 때에도 그렇지만 휴가를 즐기고 나서도 오히려 더 피로에 시달린다. 왜 그럴까? 먼저 노동을 할 때, 그들은 쉴 틈 없이 일을 하기 때문이다.

요즈음엔 일중독에 걸린 사람들이 점점 더 늘고 있다. 마치 마약이나 술에 빠져 들듯이 일에 몰두되어 한 주간 내내 일을 그치지 않고, 피곤에 흐느적거리면서도 죽어라 일을 하며, 잠시라도 쉬면 안절부절 못하는 사람이 많다. 이것은 어찌 보면 정신질환일 수 있다. 다음, 휴가에 쉬노라 하는 것이 사실은 심신을 더욱더 고달프게 만드는 경우도 있다. 예를 들면, 밤새 낚시질을 하거나 도박판을 벌이는 사람은 몸도 마음도 쉴 수 없다. 쉬는 방법이 잘못된 것이다. 쉬려고 하는 여행인데 복잡한 교통에 짜증이 나고, 관광지 상인들이 씌우는 바가지에 분통을 터트리고 나면, 쉬기는커녕 온갖 피로가 한꺼번에 몰려 올 것이다. 또 설령 여가를 얻었다 해도 어떤 심각한 문제로 마음고생을 하게 되면 심신의 피로가 태산처럼 누적될 뿐, 산뜻한 쉼은 물 건너 가버린다. 문제에 신경과 에너지가 많이 소모되어 물 먹은 솜처럼 피로에 잠길 것이다.

그 어떤 이유에서건 피로에 허우적거리는 것이 사실인 이상, 우리에게는 그것을 해소할 정규적인 휴가, 휴식의 시간과 계절이 필요하며, 그 때에 제대로 쉴 수 있어야 한다. 그렇게 하기 위해서 우리는 무엇보다도 휴식의 의미를 분명히 알 필요가 있다. 휴식이란 노동을 그치고, 단순히 아무것도 하지 않으며, 게으름을 피우는 것을 의미하지 않는다. 그것은 인간의 생명을 건강하게 지키고 삶에 새로운 에너지를 공급하기 위한 심신의 여유를 갖는다는 말이다. 참다운 휴식은 일상의 노동에서의 해방뿐 아니라, 인간을 묶고 억압하는 모든 조건과 요인으로부터의 자유라 할 수 있다. 그런데 옛날의 휴식과 오늘의 그것은 내용이 다르다.

고대와 중세에 걸쳐 인간의 생업을 위한 활동이란 거의 육체노동이었다. 당시의 인간은 한 주간이 끝날 즈음 고된 노동으로 그 육신이 너무 지치고 굳어지며 때로 탈진상태에 빠지곤 하였다. 그들에게 휴식이란 이런 육체노동을 중단하고 지쳐 늘어진 몸을 쉬게 하는 일이었다. 그런데 농경사회에서 산업사회로, 후기 산업사회로, 그리고 정보사회로의 변천에 따라 순전히 육체적인 노동은 점점 줄고, 몸 대신 머리와 신경을 써야 할 일들이 늘어간다. 몸은 별로 움직이지 않고 두뇌만 혹사하고 있으니 스트레스, 신경 정신 질환 등 현대병이 기승을 부리게 되었다. 그러므로 휴식이란 옛날에는 육체적 활동을 최소화 하여 몸을 쉬게 하는 것이었지만, 현대인들에게는 오히려 몸 대신 머리를 쉬게 하는 일일 수밖에 없다.

이런 의미에서 휴일과 휴가의 계절에 가벼운 스포츠, 게임, 산책, 등산, 관광여행 등 재미와 여유가 있는 노동 외 활동을 벌이는 한편, 머리를 쉬게 하기 위하여 음악, 영화, 연극 등의 감상, 미술, 조각 전시회

관람 같은 문화 활동에 시간을 투자하는 것이 좋을 것이다. 나아가서 휴가 ,휴일에 가족, 친구들, 그리고 이웃과의 사랑의 교제를 여는 것도 제대로 쉬는 방법일 수 있다. 현대의 가족은 평상시에는 제 나름대로의 생업이나 스케줄 때문에 온 가족이 오붓이 함께 앉아 대화하고 음식을 나눌 틈조차 없다. 이래저래 가족들이 사방으로 뿔뿔이 흩어져 얼굴조차 보기 힘든 처지에, 휴가 때만큼은 구성원들이 한 몸으로서의 사랑과 돌봄과 사귐을 갖는 것이 바람직하다.

2014.07.26 제주기독신문 사설

그리스도인의 궁지 대응

어려움과 위기가 몰려와 궁지에 부딪혔을 때, 우리는 그것이 우리에게 주는 충격과 의미를 심도 있게 성찰하고 객관적으로 분석하며, 이를 극복할 수 있는 방안을 모색하는 한편, 최선을 다해 이에 대처해야 함은 재론의 여지가 없을 것이다. 말하자면 그 위기와 궁지의 성격을 통찰하고 거기서 탈출하기 위한 끈질긴 노력과 과감한 행동이 요청된다. 하지만 우리가 당하는 위기나 궁지가 우리의 노력이나 능력의 경주로도 더 이상 어찌해 볼 도리가 없을 때는 어떻게 해야 되겠는가? 여기서 그리스도인의 비상조치가 필요하다. 신앙적인 대응 자세가 갖추어져야 한다는 말이다. 그리스도인의 궁지 대응 자세는 어떤 것인가?

먼저, 과거에 경험한 하나님의 구원의 은혜를 회상하며 감사하는 일이다. 그리스도인이라면 누구나 크든 작든 어떤 곤경과 궁지에서 헤어 나온 경험을 갖고 있을 것이다. 믿음 깊은 사람이면 자기의 노력이나 우연, 다른 사람의 도움으로 그 어려움을 극복했다 하더라도 오직 하나님의 은혜와 능력으로 말미암은 일이라고 고백한다. 하나님께서 그의 노력이나 타인의 협조 과정에서 능력으로 작용하셨기에 그렇게 되었다고 확신하는 것이다. 하나님의 구원의 역사를 체험한 사람은 그분께 진심으로 감사하지 않을 수 없다. 더욱이 지금 당하는 곤경이 크면 클수록 더욱 더 과거의 은혜를 기억하며 감사하게 된다. 큰 믿음이 있는 사람에게는 오늘의 곤경과 궁지도 감사의 이유가 되는 것이다. 그리스도인은 하나님께 드리는 감사를 통하여 궁지에 흔들리는 마음을 가라앉힐 수 있고 불신을 확신으로 바꾸어 놓을 수 있다. 지난날의 은혜를 기억하고 감사함으로 확신을 얻은 사람은 앞에 놓인 난관을 넘어설 수 있는 용기와 지혜와 힘을 얻는다. 하나님께서 과거처럼 지금도 그와 함께 계시며 도움의 손길을 내미시리라고 굳고도 분명히 믿는 사람은 오늘의 곤경을 오히려 감사할 수 있게 되는 것이다.

다음으로, 그간 지은 죄와 허물을 통각하고 철저히 회개 자복하는 일이다. 지금 당하고 있는 어려움은 우리 자신의 어리석음, 실수, 오판 혹은 잘못과 죄악과 연유되는 경우가 허다하다. 그러기에 지금의 곤경에 바로 대응하려면 거기에 관련된 우리 나름의 허물과 죄를 직시하고 깨달으며, 반성하고 돌아서야 한다. 그래서 하나님께 진정한 참회의 기도를 드려야 마땅하다. 하나님은 회개하는 자를 용서하시고 맞아 주신다. 우리가 하나님의 사죄를 확인하고 믿는 그 순간 궁지로 인하여 불안과 두려움에 짓눌린 우리의 심령은 평안과 여유를 되찾을 수 있게 되는 것이다. 그때 비로소 고난, 고통, 곤경을 견디어내는 인내와 탈출구를 찾아낼 수 있는 지혜가 솟아난다.

끝으로, 오늘의 궁지에서의 구원과 도우심을 하나님께 충심으로 간구하는 일이다. 하나님은 의인의 기도를 들으신다. 하나님은 또 죄인이 회개할 때 크게 기뻐하시고 그의 간구를 들어주신다. 그리스도인은 주님을 믿고 회개하여 용납 받음으로 의로운 자라 인정받은 존재이다. 아직 죄인임에도 불구하고 하나님은 우리의 믿음을 보시고 의롭다고 인정해주신다. 그리스도인은 이렇게 회개한 죄인이요 동시에 의로운 자라 인정받았기에 하나님은 그의 간절한 기도에 응답하신다. 그러기에 그리스도인은 평안할 때도 그렇지만 고난, 역경, 궁지에 몰렸을 때 더욱 하나님의 구원의 은총을 바라는 목마른 심령으로 기도를 드려 만족스런 응답을 받게 되는 것이다.

2014.08.23. 제주기독신문 사설

내 백성을 위로하라

　오늘의 대한민국 국민들은 집단적 우울증 속으로 빠져들고 있다. 정치·경제·사회 각 분야의 혼란과 난맥상, 세월호 침몰로 인한 300여 생명의 희생과 여기에 얽힌 유병언과 구원파의 여러 가지 의혹, 이것을 제대로 풀어내지 못한 검찰과 경찰의 무능, 군대에서 발생하는 폭력과 살해·자살 같은 참극, 공무원들의 부정·부패, 그리고 여야의 첨예한 대립과 갈등, 이 모든 한국적 정황이 국민들의 무력감과 우울증을 심화시키고 있다. 어느 누구도 어떤 집단도 이렇게 희생된 사람들과 그 가족들의 슬픔과 고통을 제대로 풀어주지 못하고, 우울증 속으로 곤두박질하는 국민들의 심령을 위로하지 못하고 있는 것이 사실이다.

　지난 20여 년간 한국인의 자살률이 해마다 높아졌다. 예를 들면 1993년의 자살자는 7,600명이었는데 12년 후인 2005년에는 거의 세 배나 늘어나 2만1,000명이었다고 한다. 자살을 많이 하는 연령층은 65세 이상의 노년층과 10대 청소년층이다. 노인 자살의 가장 큰 이유는 빈곤과 고독으로 인한 우울증이다. 청소년층은 성적부진, 학교폭력, 따돌림 등으로 인한 소외감과 우울증 때문에 자살한다고 분석 되었다. 최근 군인들의 자살은 관심 병사들에 대한 선임병의 폭언,

폭력, 괴롭힘 때문인 것으로 알려졌다. 이렇게 고통을 당하고 우울증에 시달리다 못해 자살하려는 사람들에게 긴급히 요청되는 것은 적절하고 진정한 위로와 격려이다.

하나님은 예언자 이사야에게 바빌론 제국의 포로로 잡혀 억압받고 신음하는 이스라엘을 향해 "내 백성을 위로하라!"(사 40:1)고 명하셨다. 여기서 '위로'(히브리어 '나함')는 고통, 슬픔 중에 있는 사람을 절망하지 않도록 격려하고, 질곡에서 해방 받을 수 있도록 구체적인 도움을 주며, 탈출과 자유의 계기를 마련함을 의미한다. 위로하라고 명하신 하나님은 이사야를 통하여 위로의 메시지를 전했을 뿐 아니라, 바빌론 포로 상태의 이스라엘을 해방함으로써 그들에게 준 위로를 현실화시키셨다. 예수 그리스도는 세상에 오셔서 평화와 위로의 복음을 전하는 것으로 그치지 않고 굶은 자를 먹이시고 병든 자를 고치시며 죄인을 용서하고 죽은 자를 다시 살려내심으로 자신의 위로의 메시지를 구체화하셨다.

지난 8월에 가톨릭교회의 수장 프란시스코 교황이 방한하여 광화문광장을 메운 100여 만 명 한국인에게 열렬한 환영을 받았다. 한국인들은 교황의 지위와 권위, 명예와 명성 때문에 그에게 "비바 파파"(교황 만세)를 외치며 열광했던가? 아니다. 그는 한국 민중 가운데로 내려와 겸손한 자세로 애통하며 우울증에 시달리는 무리들을 따뜻이 위로하고 쓰다듬어주었기 때문이다.

한국 개신교회들을 위로라는 관점에서 점검해보자. 오늘의 한국 교회가 과연 고통당하고 애통해하는 무리들을 적극적으로, 진정으로 위로하는 목회와 선교를 펴왔던가? 대부분의 한국 중·대형 교회에 있어서 그 목회 성공의 척도를 중산층 이상의 신도들에게 어떤 은혜와 축복의 메시지를 전하여 어느 만큼의 교인수를 확보했느냐에 두고 있다. 가난하고 상처 받고 병들고 우울증에 시달려 죽어가는 저소득층, 밑바닥 인생에 대한 위로와 격려의 선교는 지극히 소규모의 상징적 자선행위에 멈추고 있다. 그 정도는 불신사회에서도 얼마든지 베풀어진다. 이래서 한국의 개신교는 서민들의 신뢰를 얻기는커녕, 오히려 불필요하고 해악스런 집단으로 치부되고 능멸을 당한다.

　최근 개신교의 이단 유병언과 구원파가 세월호 참극의 원인을 제공했다는 사실은 불붙는 데 기름을 끼얹은 격으로 한국 교회에 대한 불신과 증오를 맹렬히 타 오르게 하지는 않을까 염려된다. 이제 한국 교회는 예수님처럼 사회적 약자에게 시선을 집중하여 그들을 진정으로 위로할 길을 찾아야 한다. 그들에게 참 위로를 주지 못하는 종교는 맛 잃은 소금처럼 길 위에 버려져 행인들의 발굽에 밟힐 뿐이다.

2014.09.13. 제주기독신문 사설

주일 바로 지키기

세계의 수많은 교회들은 지금 교회력상의 창조절을 지키고 있다. 창조절은, 6월~11월말(대략 24주간)에 걸친 장기간의 성령강림절을 반분하여, 9월 첫째 주일부터 11월말에 걸쳐 하나님의 창조와 섭리를 기리는 절기로 삼은 것이다. 유대교의 안식일이 하나님의 창조사역과 이스라엘의 구원을 회상하며 지키는 날이라면, 기독교의 주일은 예수 그리스도의 부활로 말미암은 인류 구원을 감사하는 한편 새 창조의 완결을 희망하며 예배드리는 날이다. 안식일에 하나님의 창조가 완성되었고, 주일에 그리스도를 통한 하나님의 새 창조가 시작되었다. 그러기에 안식일은 주일을 향하여 개방되었고, 주일은 안식일을 디딤돌로 하여 일어선 것이라 할 수 있다. 이런 의미에서 그리스도인들은 안식일의 의미를 내포한 주일을 지키는 것이다. 그렇다면 우리가 어떻게 주일을 지켜야 하는 것일까?

그리스도인에게 있어서 주일은 무엇보다도 신령과 진정으로 삼위일체 하나님께 예배하기 위한 시간이다. 주일날 우리는 하나님의 창조의 기쁨을 함께 나누며 그분께 감사 찬양을 드린다. 그러니까 주일은 하나님의 창조의 완성을 기리고 기뻐하는 만물의 축제일이 되는 것이다. 주일은 단순히 노동을 그치고 휴식을 취하는 날에 그치는 것이 아니라 인간을 포함한 모든 피조물이 그 지음 받음을 감사하며 영광과 찬양, 경배로 하나님을 기리고 그분과 영적 교제를 갖는 날이다. 또 우리는 주일예배를 통하여 하나님의 구원을 회상하며 감사드린다.

하나님은 죄로 인하여 죽을 수밖에 없게 된 인간을 구원하기 위하여 우주 창조에 필적한 새로운 창조를 시작하셨다. 바로 예수 그리스도를 통한 구속의 사역이다. 예수는 그의 고난과 죽으심으로 우리 대신 죄 값을 치루시고 우리의 죄를 지워주셨다. 그는 안식 후 첫날에 부활하시어 우리에게 새 생명을 주셨고 하나님의 새 창조, 대속과 구원의 활동은 그 정점에 이르렀다. 이 새 창조의 날이 곧 "주의 날", 주일이다.

다음으로 주일은 진정한 휴식과 사귐의 날이 되어야 한다. 하나님은 엿새 동안의 창조활동을 끝내시고 피조물들을 바라보며 "참 좋다"고 기뻐하셨다. 그리고 제칠일에 휴식을 취하셨다. 그러니 피조물인 우리도 하나님과 함께 주일날에 쉬는 것이 마땅하다. 그것이 하나님의 명령이기도 하다. 쉼은 모든 육체적·정신적 피로와 긴장을 완화시킴을 의미한다. 나아가서 주일은 피로한 심신에 주어진 휴식과 해방, 완화와 안정의 기회일 뿐 아니라 가족은 물론 이웃과 사랑의 교제를 여는 날이다.

성서는 가정을 하나님의 창조 질서 중에 가장 기본적인 것으로 여기고 가족끼리의 사랑과 돌봄을 중시한다. 그런데 오늘의 상황은 가족이 서로 얼굴을 대하고 만나며 식사를 나누고 대화할 수 있는 기회를 별로 허락하지 않는다. 이래저래 가족들이 사방으로 뿔뿔이 흩어져 종일토록 얼굴 한번 보기가 힘든데, 주일만큼은 가족 구성원들이 한 몸으로서의 사랑과 돌봄을 위하여 일부로라도 만날 수 있는 기회가 되어야 한다.

주일에 만나야 할 특별한 사람들은 바로 그리스도인들이다. 주일은 신자들이 모이고 만나며, 함께 예배드리고 사귀는 날이다. 초대 교회 때부터 오늘에 이르기까지 그리스도인들은 교회에서 모여 여러 가지 형식으로 교제를 해왔다. 더불어 예배드리고 성경공부를 하며 이웃 섬김의 활동을 통하여 깊이 사귀어 온 것이다. 주일은 하나님과의 교제뿐 아니라, 이웃과의 참된 친교가 열리는 날이 되도록 해야 할 것이다. 그리스도인은 주일날 예배와 친교 그리고 적절한 휴양으로 하나님의 창조의 완성과 구속의 성취에 기쁨으로 참여하는 것이다.

2014.09.27. 제주기독신문 사설

종교개혁과 자유

    오는 10월 31일은 종교개혁 497주년이 되는 날이요, 프로테스탄트의 탄생일이다. "종교개혁"이라면 우리는 여러 가지 상념과 함께 자유라는 개념을 떠올린다. 초대교회의 경우처럼 기독교가 한 작은 무리에 지나지 않았을 때는 순수함과 거룩함으로 차있었다. 그러나 주후 4세기 로마의 콘스탄티누스 황제가 기독교를 국교로 선포한 이후 중세기를 거치면서 로마 가톨릭교회는 거대한 조직으로 탈바꿈하고 부와 권력을 쌓게 되자 애초의 본질과 현상을 많이 잃어버리게 되었다. 비대해진 조직, 거머쥔 재산과 권력을 지키려고 안간힘을 다하게 되면서 교회는 인간을 참 진리와 자유에로 이끌지 못하고 오히려 허위와 비리, 속박과 노예의 질곡 속으로 몰아넣었다.

    종교개혁은 처음부터 잘 훈련되고 조직된 저항세력이 있고, 그들이 지닌 어떤 통일적 목적과 목표가 있어서 일사불란하게 전개된 운동은 아니었다. 개혁자들 사이에도 의견과 입장의 차이가 상당히 있었던 것도 사실이다. 하지만 "오직 은총, 오직 믿음, 오직 성서"를 개혁의 원리로 삼고, 신앙 양심의 자유, 모든 형태의 속박으로부터의 해방을 내세우는 데 있어서는 같은 뜻을 가지고 있었다.

    개혁자 루터나 칼빈이 말한 자유란 무엇을 의미했던가? 루터는 하나님의 은총 없이는 자유란 인간에게 있어서 범죄의 기회로 전락하고 말지만, 그 은총의 터전 위에 굳게 서 있을 때 비로소 그것은 하나님의 뜻에 따라 의와 선을 이룰 수 있는 기회요 동력이 된다고 보았다. 장로교회의 창시자 존 칼빈에 의하면 그리스도인의 자유는 세 가지 요소를 갖는다. 첫째로 율법의 올무에서 벗어나 그리스도를 지향하고 선택할 수 있는 자유, 둘째로 하나님의 뜻에 순종하는 양심의 자유, 셋째로 어떤 강압이나 속박에 구애됨 없이 하나님 앞에서 바로 결단하고 행동하는 자유 등이다. 따라서 칼빈이 말하는 자유는 일정한 방향과 목적을 갖는다.

즉 하나님의 은총의 수용체라 할 수 있는 심령의 자유를 얻은 후에는 그것에 준하여 그리스도를 믿는 선택의 자유, 하나님의 뜻에 복종하는 양심의 자유, 방종과 무질서가 아니라 하나님의 의롭고 선하신 뜻을 이 땅에 이루기 위한 행위의 자유에로 나아가는 것이다. 한마디로 개혁자들에게 있어서 자유란 신앙의 자유, 양심의 자유, 섬김과 행위의 자유이다.

종교개혁은 교회의 갱신과 진정한 신앙, 하나님이 주시는 참 자유를 쟁취하기 위한 싸움이었다. 종교개혁이 성공했다면 그것은 믿음의 승리이다. 이 승리로 우리는 그 어떤 강압이나 유혹으로도 쓰러뜨릴 수 없는 값진 자유를 얻게 되었다. 우리가 누리는 이 자유는 우리 각자의 것만이 아니다. 그것은 남과 공유해야 하는 것이며 그러기 위해서 우리는 남을 섬긴다.

마르틴 루터는 1530년 11월 20일에 쓴 그의 논문 "그리스도인의 자유"에서 이렇게 말했다. "그리스도인은 이 세상 어느 누구에게도 속박 받지 않는 자유인이지만, 모든 사람들에게 봉사하는 종이다." 하나님의 은총으로 믿음을 통하여 얻은 우리의 자유는 사랑과 연민으로 우리의 이웃과 타자를 섬기는 데 그 목적이 있다는 말이다. 따라서 그리스도인은 참 자유의 선포자요, 그 자유를 지향하는 인도자이며, 그것을 쟁취하려는 자들의 협력자요 위로자가 되어야 할 것이다.

　자유의 실현은 실제적 섬김의 행위를 통하여 가능케 된다. 이 행위
는 자유를 박탈당한 자들에 대한 연민과 배려, 자유하게 하시는 삼위일체
하나님에 대한 믿음과 신뢰로부터 나와야 한다. 우리가 진정으로 그리스
도를 따르는 제자라면 우리의 이웃의 자유를 위하여 믿음과 사랑에 바탕
을 둔 섬김의 행동에 발 벗고 나설 수 있어야 할 것이다.

2014.10.25. 제주기독신문 사설

창조주 하나님의 주권

세상 사람들은 주어진 생명을 유지·보전할 뿐 아니라 어떤 형태로
건 그것을 성장·성숙시키기 위하여 여러 가지 시도와 계획을 그치지
않는다. 그러나 인간의 계획과 시도는 어느 정도 성취되기도 하지만,
많은 부분 엉뚱하게 빗나가기도 한다. 우리의 삶 자체도 우리가 원하
는 대로만 열려지지 아니한다. 전혀 뜻하지 않았던 기회가 오고, 의외
의 사건에 부딪혀 삶의 내용과 질이 바뀌어지기도 하는 것이다. 어쩌
면 인간이란 자기의 뜻과 능력대로 사는 것이 아니라 그를 지배하는
필연적이고 초월적인 힘의 작용에 따라 사는 것이 아닐까? 이러한 힘
이나 지배력을 사람들은 숙명 혹은 운명이라 부르는 것 같다.

고대 희랍인들은 인간의 운명을 지배하는 세 여신이 있다고 믿었
다. 첫째는 사람의 탄생을 관장하며 생명을 이어 주는 "클로톤"이고,
둘째는 인간의 행위와 생애를 조정하는 "라케시스"이며, 셋째는 사람
의 생명을 앗아가는 "아트로포스" 여신이다. 희랍인들은 인간이 태어
나고 살고 죽는 것이 이 세 여신의 주권에 달린 것이라 생각했던 것이
다. 힌두교, 불교 등에 반영된 인도의 사상에 의하면 사람의 운명을 지
배하는 것은 "카르마"(업보)이다. 사람은 까마득히 먼 과거로부터 시
작된 그의 생각과 행위의 결과로 오늘을 이렇게 혹은 저렇게 사는 것

이라 하니, 인간 운명의 주권은 그의 업보에 있을 수밖에 없다.

오늘의 휴머니즘은 이성과 인격을 지닌 존재로서의 인간은 그 자신이 모든 가치의 근거요 주체로서 자기의 삶과 운명은 물론이요 역사의 주인이라 주장한다. 그런데 성서와 기독교 신앙에 따르면, 인간의 생명과 운명은 창조주 하나님의 주권적 의지에 달려 있다. 하나님은 만물과 인간을 창조하셨고 그 선하신 뜻으로 피조물을 섭리하신다. 그분의 주권과 섭리의 손 안에 인간의 생명과 미래가 있다. 그리스도인은 창조주 하나님과 마찬가지의 비중으로 섭리의 주 하나님을 믿는다.

우리의 생명과 운명의 주인은 오직 하나님이시다. 하나님 외에 그 어떤 존재도 우리에 대하여 주권을 행사할 수 없다. 자연이건 사람이건 사상이건 그밖의 어떤 존재건 인간에 대해 궁극적 주권과 지배력을 행사한다면, 그것은 하나님의 주권 찬탈이요 신성모독이 아닐 수 없다. 우리의 주님은 오직 인간을 구원하기 위해 예수 그리스도의 몸으로 세상에 오신 하나님이시다. 그리스도 안에서 사람들 사이에 형제자매요 친구로서의 횡적·인격적·신앙적 관계가 열리는 것이다.

그리스도로 말미암아 한 몸 된 그리스도인들은 다만 주님만을 바라보고 그 어떤 희생을 각오하고서라도 그분만을 섬기고 따른다. 하나님의 주권과 섭리에 의하여 그리스도께서 당신의 피와 생명을 대가로 하여 우리의 생명과 운명을 재창조하셨기 때문에 우리에 대한 주권은 그에게 있고 그러기에 예수 그리스도는 우리의 주님이시다. 오늘의 그리스도인은 인간을 사로잡아 그에 대한 주권과 지배력을 행사하려는 그 어떤 힘과 세력에도 당당히 맞서서, 창조와 구원과 섭리의 주 삼위일체 하나님에 대한 신앙을 담대히 고백해야 할 것이다.

2014.11.08. 제주기독신문 사설

창조 질서의 보존

창조절 마지막 주간에 우리 그리스도인들은 하나님의 창조질서 보존과 섭리의 사업에 동참할 것을 다짐해야 할 것이다. 구약 창세기 1장의 창조설화를 보면, 하나님이 당신의 형상대로 사람을 지으시어 그에게 모든 생명체를 다스리고, 자연 즉 땅을 정복하라고 명하셨다. 여기서 "다스리라"는 돌보고 가꾸는 것을 의미하고 "정복하라"는 창조질서를 위협하는 해악스런 조건과 환경을 바꾸고 개선하는 것을 말한다. 두 단어 모두 자연계와 생태계를 적절히 관리할 것을 가리킨다. 하나님께서 창조하신 만물을 보존하고 보다 높은 단계로 성숙하도록 돕는 역할을 인간에게 맡기신 것이다.

그런데 인류는 지난 수천 년 동안, 특히 산업혁명 이후 200~300여 년 동안 자연을 돌보고 가꾸는 대신 오히려 그것을 철저히 착취하고 파괴해왔다. 그 결과가 오늘의 환경 위기, 자원고갈, 공해와 오염이다. 다행이랄까, 요즈음은 점차로 환경 문제에 대한 관심이 높아가고 있으며 반공해운동이 세계적으로 확산되고 있다. 세계교회협의회(WCC)는 여러 해 전 서울에서 "JPIC" 즉 "정의와 평화, 창조질서 보존" 대회를 열어 사회정의, 세계평화와 함께 자연보호, 반공해 문제를 심도 있게 다루고 전 세계 그리스도인들이 "JPIC"운동에 적극 참여할 것을 촉구한 바 있다.

환경보존과 반공해 운동은 어떤 호사가 그룹이나 몇몇 각성된 운동단체만 벌여야 할 활동일 수 없다. 우리 모두의 생명과 미래에 관련된 일이기에 모두가 나서야 한다. 특히 교회와 그리스도인들은 누구나 창조질서의 보존을 위하여 사명감을 가지고 지금 당장 아무리 보잘 것 없는 일이라도 시작하여야 한다. 수돗물과 전기를 절약하는 일, 음식을 적당량으로 먹고 남기지 아니할 일, 되도록 쓰레기를 줄여가는 생활, 폐품 활용, 세제·프레온 가스·비닐 등의 사용을 감소시키기 등으로부터 시작해서 공해산업 고발, 공해상품 불매, 반공해 캠페인 전개, 시민 일반에 대한 환경교육, 환경보호와 반공해단체에 대한 지원에 이르기까지 뜻을 모은다면 얼마든지 할일이 산적해 있다.

자연뿐 아니라 세계와 역사 자체도 그리스도인들의 관리의 대상이다. 이 분야의 관리를 위해 오늘의 그리스도인은 그리스도의 구속 사건을 통하여 드러난 하나님의 뜻, 즉 화해와 평화, 통일의 사명을 철저히 이행해야 한다. 창조 질서가 보존되는 땅, 속량 받은 새 세계, 정의·평화의 민주 공동체를 이루기 위해서는 이웃 사랑의 원리를 우리의 삶 속에서 실천해야 할 것이다. 우리의 자연과 생태계, 나아가서 인간 사회와 세계의 궁극적 이상을 말하자면, 형제·자매·친구로서 더불어 사는 세계 공동체의 실현이다. 이 같은 공동체가 형성되기 위해서는 세상의 상식인 보상과 보복의 철칙을 뛰어넘어야 한다. 실정법의 한계를 허물어버리는 새로운 윤리가 필요하다. 그것이 예수께서 말씀하신 "이웃 사랑, 원수까지 사랑"의 원리이다.

미국의 신학자이며 사회윤리 학자였던 라인홀드 니버는 그의 저서 『기독교 윤리의 한 해석』에서 이 사랑의 윤리를 "불가능의 가능성" (Impossible Possibility)이라는 모순적인 언어로 표현하였다. 그에 의하면 그리스도인들은 무조건적인 사랑의 원리와 그것을 실행에 옮길 수 있는 순수한 가능성 위에서 행동하는 사람이다. 그리스도인은 사회악과 불의, 폭력 등을 외면하거나 세상의 악에 대하여 절망하지 않는다. 오직 사랑의 명령에 따라 선한 것들 중에 더 낳은 선을, 또 그럴 수밖에 없을 때, 악한 것 중에 덜 악한 것을 선택하며 그 사랑을 실천하는 삶을 엮어간다. 따라서 사랑은 단순한 가능성도, 불가능성도 아니다. 그것은 불가능을 가능케 하는 힘이다. 우리가 이 사랑의 힘을 믿는다면, 그 사랑으로 "JPIC"운동에 적극 참여해야 할 것이다.

2014.11.22. 제주기독신문 사설

왜, 대림절인가?

　교회와 그리스도인들은 지난 11월 30일(주일)부터 시작된 대림절을 맞아 4주간 동안 이 절기를 지키게 된다. 그리스도인들은 2,000여 년 동안 그리스도의 오심으로 말미암은 새로운 생명과 새 창조의 세계를 대망해왔다. 그래서 교회의 중요한 절기 중에 대림절이 있다. 대림절은 구세주 메시아가 예수의 몸으로 이 땅에 오셨던 것을 회상하고, 장차 그분의 다시 오심을 기다리며 오늘의 시점에서 맞을 준비를 하는 계절이다. 그러니까 그리스도인들은 2,000년 전 크리스마스에 한 번 오셨던 그리스도가 다시 오신다는 사실을 시인하고 회개와 기도로 심령을 새롭게 하며, 하나님 말씀을 중심으로 하는 의로운 삶과 모든 것을 참으며 믿음을 지키는 인내로써 대림절을 지키는 것이다.

　대림절이 오늘을 사는 우리에게 크게 상관이 되는 것은 우선 예수 초림 시대의 상황이 오늘의 그것과 매우 유사하기 때문이다. 그 시대처럼 오늘도 여러 차원에서 인간들이 고난과 불안, 절망과 허무의식에 사로잡히는 한편, 의식적으로 무의식적으로도 해방과 구원의 새로운 세계를 갈구하고 있다. 구약시대에는 바빌론의 포로로 예수의 시대에는 로마의 지배 아래 이스라엘 백성과 그리스도인들은 엄청난 억압과 고통을 감내해야 하였다. 그들은 자신들의 힘과 지혜, 능력과 역량 가지

고는 그 같은 고난의 광야를 도저히 탈출할 수 없었다. 그래서 그들은 전능하신 분 메시아, 재림하실 주님이 속히 오시어 그들을 구원하고 해방시켜 참된 평화와 기쁨을 안겨주기를 기다렸다.

새로운 세기를 맞은 인류도 전의 그 어떤 시대와는 비교할 수 없을 정도로 크게 고통당하고 있다. 과학과 기술공학, 경제력과 교육·문화 영역이 크게 발달 확장, 성숙하여 인간의 삶의 질을 어느 정도 개선하고 고양시킨 것은 사실이다. 그리고 다양한 능력이나 권력과 금력을 거머쥔 소수의 사람들에게 어떤 의미의 행복과 만족, 안전과 평화를 안겨주었다고 말할 수 있다. 그러나 그 같은 힘, 능력이 없는 대부분의 사람들에게는 문화 문명의 발달이 오히려 그들의 고난과 절망을 한층 더 증대시키는 요인으로 작용한다.

하나님은 고통과 절망의 울부짖는 소리가 높은 그 곳, 그 때에 구원의 손길을 뻗치신다. 하나님은 포로로 신음하는 이스라엘 백성에게 해방과 수복의 기쁨을 주셨고, 로마의 정치·사회적 억압으로 고통 받는 유대인과, 죄와 악에 짓눌린 인류에게 예수 그리스도를 통하여 구원의 길을 열어주셨다. 그처럼 고난과 죽음의 위협 아래서 더욱 간절히 구원과 생명을 바래서 신음하고 허우적거리는 오늘의 인류에게 하나님은 반드시 그 모든 고통을 끝장내시고 새로운 생명세계를 열어주실 것이다. "파루시아", 그리스도께서 재림 주로 다시 오실 날이 바로 그 날이다. 인류는 예수 다시 오심의 때를 향하여 급속도로 다가가고 있다. 지금껏 주님 오심이 지연된 것은 하나님의 오래 참으심의 결과로서 인간이 하나님의 참되고 궁극적인 구원을 맞아드릴 준비를 하도록 유예기간을 두신 것이라고 알아야 한다. 적어도 그리스도인들은 성서에 근거하여 그렇게 믿고 있다. 그렇다면 필연코 오실 주님을 맞을 준비가 되어 있어야 한다.

오실 메시야를 기다리는 인간은 죄와 악으로 광야처럼 거칠고 황량하며, 높은 산처럼 오만하고 소외되며, 깊은 골짜기처럼 음험해진 마음자리를 정리하여, 의로움과 성결로 주께서 오실 마음 길을 닦아야 한다. 그것이 회개, 곧 생각과 태도와 삶의 변화이고 갱신이다. 그리고 그리스도 재림의 믿음과 소망 위에 굳게 서서 끝까지 참으며 깨어있어야 한다. 주의 재림으로 새롭고 거룩한 삶, 평화와 기쁨에 찬 세상이 열린다. 그것은 오직 그리스도 안에서만 이룩되는 것으로 그리스도를 영접한 사람들의 삶 속에 이미 시작 되었고 주님의 오심으로 그 절정에 이르게 될 것이다.

2014.12.06. 제주기독신문 사설

기독교 신앙의 요체

2 0 1 5

주현절의 숙고: 소명과 사명

지난 1월 6일, 성회 수요일부터 2015년의 주현절이 시작되었다. 본래 주현절은 소아시아(지금의 터키)와 이집트에서 주후 2세기부터 지켜온 교회의 절기이다. 주현일을 1월 6일로 정한 것은 그 날이 서양 이교도에 있어서 태양신의 생일을 기리는 축일이었기 때문이다. 당시 그리스도인들은 이교도의 그 축제일을 주현일로 대체하면서 예수 그리스도의 요단강변에 나타나심을 빛의 출현으로 해석하여 이를 축하하게 되었다. 그 후 희랍 정교회(동방교회)에서는 주현일을 예수의 세례 받으심에 중점을 두어 지키게 되었고, 서방 로마 가톨릭 교회에서는 이 절기를 동방박사의 아기예수 방문에 초점을 두어 기려왔다. 근래 에큐메니칼 교회력에서는 이 두 전통을 절충하여 동방박사의 방문을 주현일 1월 6일로, 예수의 세례 받으심을 주현일 후 첫째 주일로 정하였다. 주현절("에피파니" = "하나님 나타나심"의 절기)은 소명을 받은 예수께서 30년 간의 사생활을 접고 요단강가에 등장하여 먼저 세례 요한에게 세례를 받으신 후 인류구원의 사명을 감당하는 공생애의 첫 발걸음을 옮기신 사실을 기념하는 절기이다. 예수 그리스도의 소명과 사명을 회상하고 기리는 이 절기에 그리스도인들은 자신의 소명과 사명을 돌이켜 숙고해보는 것이 좋을 것이다.

그리스도인들은 하나님의 자녀요 주님의 제자, 성도로 부르심을 받은 존재이다. 물론 부르신 이는 하나님이시요 우리 주 예수 그리스도시다. 그리스도인들이 그분을 부르고 찾은 것이 아니라 그리스도께서 먼저 그들을 부르고 찾으셨다. 그리스도의 부름에 그들이 응답하여 그리스도와 하나 되었고 하나님의 사랑의 인력권에 편입된 것이다. 그리스도인들은 죄인에서 성도로 변화 되었을 뿐, 결코 애초부터 의인이나 성도로 태어났거나 스스로의 의지와 노력으로 그리된 것이 아니다. 부르심을 받은 사람은 그것으로 어떤 특권을 누리는 것은 아니다. 그들은 다른 이들과 함께 언제나 하나님의 은총과 동시에 심판 아래 있다. 그러기에 우리 그리스도인들이 할 일은 그의 부르심에 회개와 믿음으로 응답하는 것이다. 나아가서 그 분이 우리에게 맡기시는 사명이 무엇인지 바로 깨닫고 이것은 충성으로 수행하는 것이 우리의 과제다.

그리스도인들은 소명과 사명을 받았다는 자각을 출발점으로 하여 선교, 교육, 봉사, 친교 등 교회의 여러 가지 기능과 과제를 충실히 수행해왔다고 자부할 수도 있을 것이다. 그러나 가끔 그들은 그들의 사역이 효과도 없고 헛되며 불필요하다고 여겨져 낙심할 경우도 있을 것 같다. 사명에 대한 확신과 일을 추진하는 기력을 잃고 주저앉는 경우도 있다. 그러나 하나님께서 성령을 통하여 그분이 우리와 함께 하신다는 믿음을 우리의 심령 속에 심어주신다. 성령은 우리의 생각과 행위를 살피시고 우리를 도우시며 새로운 힘과 용기와 확신을 주시어 다시 일어나 전진하게 하신다.

그리스도인들 역시 한낱 인간으로서 그 지능도 능력도 제한적인 존재일 수밖에 없다. 사실상 그리스도인들의 노력과 사역이 하나님의 뜻을 모두 이루어드린다고 장담할 수 없다. 그렇게 생각한다면 이는 오만 외에 다른 것이 아니다. 비록 우리가 부족한 것이 많고 조금의 힘과 능력 밖에 없지만, 하나님은 우리를 도구로 쓰시어 세상의 빛이 되게 하시고 그 빛을 받은 사람들이 하나님께로 나아가게 하신다. 하나님은 우리가 받은 사명의 수행에 성공했건 실패했건 어쨌건 우리의 성실한 사역을 통하여 그 뜻하신 목적을 이루신다. 예수님과 사도들의 선교가 인간적인 관점에서 실패로 판단되는 부분이 많았지만 결국 하나님은 이들의 목숨을 건 사명 감당을 통하여 인류구원의 큰 뜻을 이루셨다.

2015.01.10. 제주기독신문 사설

헌신의 능력

사순절은 그리스도의 고난과 아울러 그의 헌신을 명상하고 되새기는 절기이다. 그리스도인들은 가끔 그가 속한 교회에서 어떤 명목을 내세우고 "헌신예배"를 드린다. 이 예배에서 그들은 헌신을 결의하고 다짐할지 모르나 교회 안팎에서 구체적으로 "헌신"하는 일은 그리 많지 않아 보인다. 헌신이란 무엇인가? 사랑이 동기가 되어 자신을 남에게 내어주고 희생마저 마다않는 인간의 마음과 태도, 행위이다. 그러니까 그리스도인이 믿음과 사랑으로 자신을 하나님께 드려 그분이 명하신 일을 감당하는 것이 헌신이라면, 이웃에게 자기를 내어주어 그를 성심껏 도와주고 섬기는 것도 헌신이다. 우리는 이웃을 사랑하지 않으면서도 때로 그에게 무엇인가 주고 도울 수 있다. 그러나 주지 않고 도와주지 않으면서 사랑할 수는 없다. 온전한 헌신 없이 온전한 사랑을 이룰 수 없는 것이다.

예수 그리스도는 오늘도 그의 제자요 일꾼을 찾으시는데, 사랑하는 마음만 있고 관심만 표명하는 아홉 사람보다 기꺼이 헌신하려는 한 사람을 원하신다. 주님의 부르심에 응답하여 하나님의 일을 하려 나설 때 그리스도인은 두 단계를 거친다. 첫째는 마음으로 결정하는 단계이고 둘째는 몸으로 행동하는 단계이다. 첫째 단계만으로는 헌신의 기능이 가동되지 않는다. 둘째 단계에 들어서야 사명과 역할에의 헌신이 기능화 되는 것이다. 대부분의 그리스도인들은 첫 단계에 들어선 다음 둘째 단계로 선뜻 접어들지 못하고 우물쭈물 주저한다. 거기서 머뭇거리다 보면 하나님이 명하신 사명에의 진정한 헌신은 무위로 돌아가고 말 것이다.

주님의 성령은 사랑의 헌신에 나선 그리스도인에게 그의 능력을 채워주신다. 인간은 본래 부서지기 쉬운 질그릇처럼 나약한 존재이다. 그러나 헌신에 나선 그리스도인은 성령의 능력으로 충전되어 강하고 담대한 사람, 하나님의 일을 위해 100% 유용하게 쓰임 받는 존재가 된다. 성서가 말하는 성령의 능력은 보이지 않는 내적 힘, 영력을 말함이다. 그것은 사랑의 힘이요, 자유와 해방의 힘, 죽음을 이기는 생명의 힘이다. 인간은 육체의 힘, 정신의 힘, 그리고 영의 힘을 갖는다. 육체의 힘은 몸에서, 정신의 힘은 마음에서 나오는 것이라 할 수 있다. 그러나 영적인 힘은 하나님의 영으로부터 온다.

우리가 그리스도인으로 부름을 받은 것은 영리하고 지적인 사람, 유능한 사람, 혹은 부자나 권력자가 되기 위함이 아니다. 우리는 성령의 능력 없이도 위와 같은 인물이 될 수 있을지 모른다. 그렇지만 성령의 능력 없이는 하나님의 일꾼으로서 사명을 감당하며 헌신할 수 없다. 헌신하는 사람에게 임하는 성령의 능력은 우리의 일반적인 달란트나 역량, 혹은 무슨 기적적인 일을 행할 수 있는 특별한 힘을 말함이 아니다. 그보다는 고난과 궁지에 몰렸을 때 좌절하여 주저앉지 아니하고 더욱 담대하게 전진하는 힘, 남들이 실패했다고 비아냥거릴 때도 거기에 개의치 않고 꾸준히 추진하는 용기, 세상이 그에게 비판적이고 심지어 적대적일 때도 관용과 아량으로 이를 용납하는 자세, 거부 받고 비웃음을 사도 노여워하거나 상처받지 않고 사명에 충실할 수 있는 배포, 절대 다수가 그릇되고 사악한 길을 가더라도 소수자와 더불어 바르고 좁은

길을 걸을 수 있는 담력, 끝까지 인내함으로 모든 적대자와 악령의 훼방을 물리치고 마침내 승리하는 능력을 말하는 것이다. 2015년의 사순절에 우리 그리스도인들은 이러한 성령의 능력을 받고 우리 주님과 이웃에게 진정으로 헌신하는 삶을 열어가야 할 것이다.

2015.03.14. **제주기독신문 사설**

오직 그리스도의 이름과 권능으로

인간은 오직 부활하신 예수 그리스도 안에서만 하나님과의 본래적인 관계를 회복할 수 있다. 그가 하나님과 인간 사이에 원수 되었던 비틀린 관계를 바로 돌려놓는 중보자요 화해자이시기에 그러하다. 예수의 삶과 교훈 그리고 우리의 죄를 대속하기 위한 수난과 죽음은 하나님과 우리 사이에 버티고 섰던 죄의 장벽을 허물고 서로 교통하게 만들었다. 그 결과 그리스도인들은 예수로 말미암아 새로운 피조물이 되었고 죄와 사망의 권세를 이겨 불멸의 생명을 얻었다. 그리스도인들은 이 새롭고 영원한 생명의 담지자로서 하나님과의 특별한 관계에 들어간다. 그들은 하나님을 위해 있는 존재가 되는 것이다. 그들의 생명은 이제 자기들의 것이거나 세상에 권세 잡은 세력의 것이 아니라 하나님의 것이요 그러기에 하나님을 섬기고 그분께 헌신하도록 새로 지음 받은 것이다. 하나님은 넓은 의미로 만물의 아버지이시다.

그러나 특별한 의미로 그리스도인들은 그리스도로 말미암아 변화되고 속량되어 하나님의 자녀가 되었다. 그들은 하나님께 예배하고 영광 돌릴 뿐 아니라, 하나님의 사랑과 정의, 자유와 평화를 이 땅에 구현하며, 그리스도의 복음을 증거 하는 삶을 열어간다. 그리스도인은 오직 예수 그리스도의 이름과 권위와 능력으로만 이러한 삶을 살 수 있다. 특히 복음을 증거 하는 삶이 그러하다. 부활의 그리스도가 그리스도인에게 위탁한 일은 선교적 사명이다. 선교하지 아니하면 교회가 교회이기를 그친다. 교회의 모든 기능은 선교와 직결된다. 그리하여 교회마다 그리스도인마다 전도와 선교에 관심을 두고 여러 가지 모양으로 선교활동에 나서고 있는 것이다.

그런데 오늘의 교회는 자칫 인간의 이름, 그의 권위와 능력을 내세우고 과시하면서 그의 유·무형의 이익과 권위를 위해 힘쓰고 애쓰는 오류에 빠지기 쉽다. 예를 들어보자. 어떤 목사가 설교를 잘하고 병을 고치는 능력까지 있어 불신자들과 타 교회 교인들마저 그가 시무하는 교회에 모여 오기 시작하였다. 세월이 흐르는 동안 그 교회는 점점 성장하였고 아울러 목사의 권위와 유명도도 높아만 갔다. 그러자 더욱 더 많은 사람들이 자기가 다니던 교회를 떠나 그 교회로 구름처럼 모여들었다. 교회들 간에도 "빈익빈, 부익부" 현상이 생겨난 것이다. 이쯤 되니 아무개 목사, 그 이름만 내세워도 모든 일이 일사천리로 잘 이루어지곤 했다. 예수의 권위와 능력보다 그 목사의 권세로 만사형통이었다. 그러다 보니 교회와 교인들은 절대적으로 그 목사에게 의존하게 되었다. 목사를 위해 교회를 섬기고 그를 위해 선교도 한다는 식이다. 그의 이름과 권능 아래 온갖 교회 활동이 전개되었다. 이 같은 목사와 교회는 한다하는 유명 대형교회에서 얼마든지 찾을 수 있다. 그런데 이 권위 있고 능력 있는 목사를 전적으로 믿고 의지해왔던 교회가 위기를 당했다 하자. 그 목사가 늙거나 병이 나거나 교통사고로 소천하였다 하자. 그 교회는 어떻게 될까? 아무개 목사 이후의 그 교회는 짐작컨대 극도로 약화일로를 걷게 되거나 심지어는 해체되는 경우도 있을 것이다.

교회가 인간의 이름과 권위, 능력에 의지해서는 아니 된다. 교회는 오직 예수 그리스도의 이름과 권능 아래서 선교를 해야 한다. 교회는 오직 예수의 이름과 능력으로 인간을 유혹하는 온갖 교리와 주의와 이념으로부터, 인간의 마음을 끈질기게 노략질하는 악령으로부터, 그를 질병, 고난, 죽음의 골짜기로 내모는 세력들로부터 인간을 해방하고 자유롭게 하기 위하여 과감히 선교의 전쟁터로 나아가야 하는 것이다.

2015.04.25. 제주기독신문 사설

소통의 언어

성령 강림주일인 내일부터 교회와 그리스도인은 성령 강림절을 맞는다. 성령강림은 옛 바벨탑 붕괴사건과는 역순을 걷고 있다. 바벨탑 사건에서 드러난 바, 언어의 다름으로 인한 혼란과 분열, 적대관계와 오해가 극복되고 유대인과 이방인 사이에 의사가 소통되며 흩어졌던 마음이 모아지는 놀라운 일이 벌어진 것이다. 그 시대에 통용되던 아람어밖에 모르던 유대인 중에 나사렛당 혹은 훗날 그리스도인이라 불리던 한줌의 별난 무리들이 성령의 강림으로 불가사의한 능력을 받아 방언을 거침없이 쏟아내며 예수의 복음을 증거하였다.

여기서 방언이라 함은 요즈음 방언 은사를 받았다는 사람들이 중얼거리는, 어느 누구도 알아듣거나 해석할 수 없는 낯선 소리가 아니다. 당시 유럽과 중·근동 일대에서 족속과 민족에 따라 각기 달리 쓰던 외국어인 것이다. 말하자면 어떤 외국인이 말을 할 때 그 나라 말을 쓰고 있는 사람이면 누구나 그 뜻을 알 수 있는 통용어였다는 말이다. 이로써 유대인과 이방인 사이에 막혔던 언어의 장벽이 무너져버린 것이다. 나라와 민족, 언어를 달리하던 사람들 사이에 뜻이 통하고 말이 오고 갔으며 정보와 소식이 유통되었다. 언어의 장벽이 사라지면서 민족과 혈통의 담벼락 역시 붕괴되고 말았다. 서로 백안시하고 갈라섰던 민족들이 그들 자신의 언어로 복음을 전해 듣고 예수 그리스도를 주로 받아들이며 그의 몸 된 교회의 일원이 됨으로써 한 몸 공동체를 이룬 것이다.

이제 오늘 우리의 현실을 보자. 지금 우리 그리스도인들의 언어와 의사소통은 어떠한가? 예수 믿어 한 성령을 받은 그리스도인이라면 초대 교회의 유대인과 이방인처럼 서로 소통되는 언어로 말을 하고 마음과 뜻을 모을 수 있어야 한다. 그런데 현실은 그렇지 못하다는 데 우리의 안타까움과 실망이 있다. 같은 그리스도교 안의 각 교파들 사이에는 교리와 제도, 전통의 다름 때문인지 서로 다르고 통하지 않는 말을 쓰고 있다. 한 교파 안에서도 진보파와 보수파, 성령파와 인권파, 온건파와 과격파 등으로 나누어져 서로 다른 말을 하고, 소통이 아니라 불통일 경우가 허다하다. 같은 기독교인 사이에도 언어가 불통이라면 그리스도인과 세상 사이에는 그 막힘이 몇 배나 더할 것임은 재론의 여지가 없다.

그리스도인에게 복음전파의 사명이 주어졌으나 일치되기는커녕 서로 다른 언어로 제각기 목소리를 높이고 있으니 어떻게 세속사회가 복음을 제대로 알아듣기나 할 것인가? 한쪽에서는 사회전체의 구원을 다른 쪽에서는 개인의 영혼구원을 주장한다. 이쪽에서는 사회참여 정치적 행위에 앞장서고, 저쪽에서는 사회·정치문제에 개입하는 것은 기독교가 할일이 아니라고 열을 올린다. 어떤 무리가 천당, 축복만을 강조하면 또 다른 무리는 인권, 사회정의 실현에 매달린다. 그러면서 서로 상대방이 잘못 나간다고 질타한다. 그러니까 세상은 오히려 그리스도인의 언어에 혼란을 느낀다.

오늘의 그리스도인은 어쩌면 바벨탑 설화의 고대 인류처럼 하나님의 뜻과 말씀대로 살기보다 인간의 욕심과 계획과 소원대로 처신하려 들기에 서로 다른 언어로 말을 하고 달리 행동하며 세상에 혼란을 가중시키는 것이 아닐까? 초대 그리스도인들은 오순절에 성령을 받고 세계 만방에서 온 사람들이 모두 알아들을 수 있는 방언으로 그리스도를 증거하였다. 성령강림절을 맞은 오늘의 그리스도인들도 성령의 능력을 받고 말씀과 행동으로 그리스도의 사랑과 구원의 복음을 증거해야 할 것이다. 성령은 오늘도 그리스도인들에게 소통되는 언어로 복음을 전하라 명하신다. 소통되는 언어란 성령의 언어요 화해와 평화의 말씀이며 한마음 한뜻 되어 몸과 행위와 삶으로 구사되는 언어이다.

2015.05.23. 제주기독신문 사설

마지막 때의 예감

때의 징조를 제대로 읽으면서 마지막 날이 불현듯 다가올 것을 예감 대비할 필요가 있다. 세상의 어느 누구도 언제 종말이 올지 정확히 알지 못한다. 그러나 진정한 그리스도인이라면 마지막 날이 다가오는 시대의 징조를 읽는 일은 그리 어렵지 않을 것이다. 우리는 한 그루의 나무를 보거나 아침과 저녁으로 살갗에 와 닿는 대기의 온도를 감지함으로써 지금이 어느 계절인지 짐작한다. 중병에 걸린 사람의 용태를 살펴 그 임종의 때를 예측한다. 마찬가지로 우리는 이 세계에서 일어나는 각종 사건, 사태, 상황 속에서 종말의 징후를 찾을 수 있다.

어느 날 제자들이 "세상 끝 날에 어떤 징조가 있을 것인지 저희에게 말씀해 주십시오" 하고 간청하자, 예수께서는 몇 가지를 예거해주셨다. 그것은 적그리스도가 도처에서 등장하여 혹세무민하는 일, 연속적·다발적으로 일어나는 각종 대결과 전쟁, 민족과 국가 안에서의 내분과 대립, 그리고 지진·홍수·화산분출 같은 천재지변 등이다. 예수께서 예거하신 사건 사태가 유례없이 오늘의 세계를 휩쓸고 있다. 오늘의 적그리스도는 사이비 신흥종교뿐 아니라 세계를 풍미하는 여러 가지 이념들 속에 숨겨진 왜곡된 메시아니즘의 형태로 수많은 사람들을 미망에 빠뜨리고 있다.

2차 세계대전이 끝난 이후 얼마나 많은 국지전과 전면전이 이 세계를 발칵 뒤집어 놓았던가? 한국의 6.25전쟁, 세 차례의 중동전, 월남전, 아프간내전, 이라크-쿠웨이트전, 유고내전, 아프리카 종족간의 전쟁 등 세계 이곳저곳에서 터지느니 전쟁이요, 소름 끼치느니 대량 살육이다. 한 나라와 민족 안에서도 정변, 쿠데타, 인종 분규로 민족적 통전을 잃어버리고 사분오열 된 예를 얼마든지 찾을 수 있다. 최근에는 엘리뇨 현상 등 기상이변에 따른 지진, 홍수, 쓰나미, 가뭄 등의 인재로 아까운 인명과 재산이 수 없이 사라지고 있다. 이러한 현상들은 분명히 마지막 날이 더 가까이 오고 있다는 징조요 메시지가 아닐 수 없다.

더욱이 종말의 매우 상징적 증거는 세계 곳곳에 비축된 핵무기, 독가스, 화학물질, 생물무기 등 인류 멸절 신무기들이다. 강대국들이 만들어 놓은 핵무기는 한순간 지구를 열 번도 넘어 잿더미로 날려버릴 수 있을 정도이다. 북한 정권은 지금 끊임없이 핵무기, 독가스, 미사일을 개발하여 기회만 있으면 이 땅을 초토화해버리려고 벼르고 있다. 그들은 이미 20여기의 핵무기와 장거리 미사일을 생산 비축한 것으로 추정되며, 최근에는 신형 잠수함 발사 탄도미사일 KN-11을 수중 잠수함에서 발사한 뒤 엔진을 점화하는 발사시험을 실시하여 성공을 거두었다 한다. 세례 요한의 말 그대로 "도끼가 이미 나무뿌리에 놓인" 형국이다.

오늘날이 종말의 징조로 꽉 차있다 하더라도 엄밀한 의미에서 종말은 2,000여 년 전 예수께서 세상에 오신 후부터 그의 재림의 시기까지 이르는 전체의 기간을 뜻하는 것이라 할 수 있다. 그러기에 초대 그리스도인들처럼 오늘 우리도 종말론적 긴장을 늦추지 말고 매순간을 준비하는 자세로 진실하고 거룩하게 살려고 애써야 할 것이다. 다음 순간이 마지막이라는 위기의식으로 팽팽하게 긴장하고 있으면 그리스도인에게 윤리적, 영적 나태와 방종은 있을 수 없게 될 것이다. 더욱이 우리는 마지막 때에 다가갈수록 길이요 진리요 생명이신 예수를 바라보고 그분께 우리의 미래를 의탁해야 한다. 우리의 삶의 목표를 그리스도께 두고, 그의 구원과 영생의 약속을 굳게 믿으며, 세기말적 고난을 믿음과 소망과 사랑으로 극복해 나가야 할 것이다.

2015.06.06. 제주기독신문 사설

기독교 신앙의 요체

기독교 신앙이란 무엇인가? 어떤 성격의 것인가? 그것은 무엇보다 먼저 삼위일체 하나님을 믿고 의지하며 그 분의 뜻과 말씀에 절대적 무조건적으로 순종하는 것이다. 하나님의 말씀은 때로 인간의 이성적 판단을 거부한다. 우리의 감정과 거슬리고 인간의 인식의 한계를 넘어선다. 그러기에 그 말씀을 따르고 순종하는 일은 매우 어렵고 괴로운 일일 수밖에 없다. 인간은 그의 핏줄이나 친척, 동료의 실수나 잘못을 어느 정도 관용하고 인정과 사랑으로 대할 수는 있다. 그러나 우리를 반대하고 적대하는 자, 압제자, 원수들을 용납하고 사랑할 수 없다는 것이 우리의 솔직한 고백이다. 그런데 예수는 우리에게 "원수까지도 사랑하라" 하신다. 이때 우리들은 우리가 바라거나 원하지 않는 것은 고사하고 죽도록 싫은 데도 불구하고 그 말씀에 순종해야 하는 것이다. 어렵고 싫고 괴로워도 인간으로서의 본성을 누르고 죽이며 그 말씀에 따라 사는 것이야말로 성령의 역사로 말미암은 믿음이 아니고서는 불가능하다.

기독교 신앙은 또 하나님의 은혜를 감사함으로 수용하고 그분의 크나 큰 능력을 의심 없이 신뢰하는 일이다. 하나님의 은혜는 하나님의 일방적인 결정으로 주어진다. 알다시피 그것은 인간의 선행이나 공적,

의로움 등에 대한 하나님의 보상이 아니다. 인간의 성품이나 성격, 자질과 자격 같은 것이 하나님의 어떤 기준에 통과되었기 때문에 자동적으로 내리는 것도 아니다. 인간의 선행, 공헌, 장점에 따라 은혜가 내린다면 그것은 일종의 보상일지 모르지만 은혜는 아니다. 하나님을 만족시키는 인간의 어떤 자격이나 조건과는 상관없이 오직 우리에게 베푸시는 하나님의 사랑과 자비에 의해 그분의 특별한 은혜가 우리에게 주어진다. 우리로서는 이 은혜를 오직 기쁨과 감사로 받아드리기만 하면 되는 것이다. 은혜를 받을 자격도 공로도 이유도 없다면서 이를 의심하거나 거부한다면 그것이야말로 하나님께서 역겨워하시는 불신이요 오만이다. 그러기에 믿음이란 우리가 이해할 수 있는 그 어떤 이유나 조건 없이도 우리에게 주어지는 은혜를 하나님의 무조건적인 사랑이라 알고 받아드리는 마음이요 자세이다.

믿음의 조상 아브라함은 100세의 나이에도 하나님의 언약대로 자식이 태어날 것을 믿었다. 예수는 십자가에 못 박혀 죽지만 사흘 만에 부활할 것을 믿었다. 이 믿음은 어디서 온 것인가? 하나님의 생명 창조의 능력에 대한 흔들림 없는 신뢰에서 온 것이 아니던가? 그들은 하나님의 전능하심을 결코 의심하지 않았다. 믿음이란 이처럼 하나님의 엄청난 능력이 인간과 역사에 작용하여 불가능을 가능케 한다는 사실을 확신하는 일이다. 예수님은 제자들에게 믿음은 산을 옮길 수 있다고 말씀하셨다. 물론 신앙의 능력을 유대적 과장법으로 묘사한 말씀이기에 문자적으로 해석할 필요는 없다. 여기서 "믿음"은 자신의 능력에 대한 것이 아니라 하나님의 권능에 대한 것이다. 하나님의 불가능이 없는 능력을 굳게 믿는 사람에게는 그 능력이 거침없이 부어지리라는 말씀이다.

끝으로 기독교 신앙은 그 자체가 시련을 통하여 점점 자라서 마침내 그리스도의 장성한 분량에 이르게 된다. 예수는 그를 믿고 따르는 제자들에게 "자기 십자가를 지고 나를 따르라" 하셨다. 그를 믿는 자는 고난과 시련을 겪을 수밖에 없다는 뜻이다. 믿음에는 반드시 고난과 시련의 과정이 동반된다는 의미이다. 하나님의 은혜에 믿음으로 응답하려면 그 어떤 어려움도 회피해서는 아니 된다. 믿음 때문에 환난, 고통이 오지만 한편 믿음은 시련의 과정을 거쳐 우리의 심령 속에 인내와 품격, 연단과 경험, 소망과 사랑을 더욱 증대시키고 확고히 해준다. 더욱이 고난과 시련은 믿음의 진실성을 시험한다. 진정한 믿음만이 온갖 고난, 고통, 시련을 능히 극복하고 더욱 성숙해지는 것이다.

2015.07.04. 제주기독신문 사설

그리스도인의 애국 애족

2,000여 년 전의 유대인들은 그토록 오래 기다리던 메시아가 정작 그들의 땅에 오시자 그를 기뻐 맞이하기는커녕 오히려 그를 철저하게 부인하고 반대함으로써 그들을 향한 하나님의 사랑을 외면하고 말았다. 이 사실이 사도 바울에게는 너무나도 큰 슬픔과 고통이었다. 하지만 그는 적그리스도가 되어 장차 멸망할 것이 분명한 동족 유대인의 구원을 위해서라면 아무리 어렵고 고된 일이라도 감수하리라 결심한다. 그리스도의 증인이 되어 동포로부터 모진 적대와 핍박을 받고 있음에도 불구하고 바울은 자기의 민족을 극진히 사랑하였다.

그는 그리스도의 사도가 되었다 해서 예수를 십자가에 못 박아 죽인 동족 유대인들을 적대하지 않았을 뿐 아니라 도리어 더욱 깊은 연민의 정을 품고 있었다. 유대인들에 대한 그의 마음은 분노가 아니라 비통이었다. 죄는 미워하지만 죄인은 불쌍히 여기는 심정이었다. 그는 유대인들을 원망하고 비난하기보다 사랑과 연민으로 저들을 섬기려 하였다. 그래서 바울은 "내 동족인 형제를 위하여 나 자신이 저주를 받고 그리스도에게서 끊어질지라도 상관이 없다"고 고백하였다.

여기서 "저주"는 멸망과 같은 뜻이다. 유대 종교는 저주받은 인간이나 생물, 물건 등은 철저히 도말하라고 명하였다. 그러기에 저주 받아도 좋다는 말은 죽어도 상관없다는 의미이다. 바울에게 있어서 그무엇과도 바꿀 수 없으리만큼 중요한 것은 어떤 힘이나 능력으로도 끊어낼 수 없는 그리스도 예수 안에서의 하나님의 사랑이다. 하지만 동족, 유대민족을 구원할 수만 있다면 그리스도와의 사랑의 관계조차도 끝장낼 수 있다고 하였다. 어떤 희생을 무릅쓰고라도 제 민족을 구원하고 싶어 하는 사도 바울의 충정, 그의 애국 애족의 깊이를 가늠케 하는 대목이다.

오늘은 8.15 광복절과 조선이 일본 제국주의에게 영토와 주권을 강탈당한 8.29 국치일 사이의 중간 시점이다. 그러니까 조선 말기와 일제 강점기, 광복과 오늘에 이르는 근·현대 한국사에 부각된 한국 기독교의 애국 애족의 활동, 그 고통과 수고의 역정을 뒤돌아보기에 알맞은 날이다. 서양 선교사들의 의도야 어떠하든 선교 초기의 한국 기독교는 애국애족하는 마음으로 구원의 복음을 이 땅에 토착화하였다. 그 때의 교회와 그리스도인들은 이 나라의 개화를 위한 여러 가지 사업을 통하여 복음의 씨를 뿌렸다. 무엇보다 먼저 병원과 학교를 세웠다. 의료와 교육 분야에 상당한 노력을 기울인 것이다. 다음으로 독립신문, 조선 그리스도인 회보, 협성회보 등의 간행과 성서 및 기독교 서적 출판 등의 언론, 출판 사업, 한글 보급과 문맹퇴치, 여성 교육 등으로 맥맥이 이어지는 의식교육에 매달렸다. 그리고 나서 술, 담배, 아편, 미신, 구습 등을 금지 타파하는 생활 문화 개선 사업, 반봉건, 독립 항일 운동 등으로 연결되는 사회·정치 운동을 줄기차게 전개하였다. 이 모든 과정에서 예수 사랑, 복음 사랑은 곧 나라사랑과 연계되어 불꽃처럼 타올랐다.

우리의 믿음의 선조, 선배들은 이처럼 복음으로 나라를 구하고자 무진 애를 썼고, 희생과 순교까지도 마다하지 아니하였다. 그리스도인들의 예수사랑·나라사랑의 정신은 일제 강점 중간기를 거쳐 광복 후 60년대 중간까지 침체기를 맞았으나, 그 이후 사회참여, 정치 참여의 형식으로 오늘에 이어지고 있다. 이런 의미에서 한국의 기독교는 사도 바울의 민족 사랑의 정신을 계승하고 있다. 하나님은 예수님과 사도들과 같은 소수의 유대인을 통하여 모든 유대인, 나아가서는 온 인류가 구원을 얻을 수 있도록 역사해 오셨다. 그분은 오늘의 한국 교회와 그리스도인들을 통하여 한국인들 모두가 구원 얻게 되기를 바라신다. 한국 그리스도인은 민족의 구원을 위해 애국 애족의 마음으로 민족 선교의 큰 책임을 다하여야 할 것이다.

2015.08.22. 제주기독신문 사설

창조주 하나님 신앙

　지난 9월 6일 주일부터 삼위일체 교회력상의 "창조절"에 들어섰다. 성부 하나님의 창조 사역을 기리는 이 절기는 오는 11월 22일 주일까지 거의 3개월 동안 계속된다. 성서는 하나님이 우주 만물의 창조주시라는 사실을 거듭 분명히 증거한다. 하나님이 창조주시라는 고백은 모든 존재와 생명이 하나님으로부터 비롯되며 그분 안에 있다는 것, 우주의 모든 일들은 그분 안에서 일어나고 전개된다는 것을 말함이다. 따라서 인간의 생명과 삶 역시 전적으로 하나님께 의존되어 있고 하나님과의 관계에서 지속되는 것이라 하겠다.

　하나님은 그분의 말씀과 능력으로 인간을 포함한 모든 만물을 지어내셨다. 하나님은 당신이 창조하신 인간이 죄와 악으로 죽게 되었을 때 성자 예수 그리스도의 고난, 십자가, 부활을 통하여 인간의 죄악을 대속하시고 구원하시며 새롭게 하셨다. 그래서 그리스도인들은 새로운 창조, 새 피조물이 된 것이다. 그러기에 그리스도인들은 창조주 하나님에 대한 흔들림 없는 믿음과 신뢰 위에 굳게 서있어야 한다. 과학적, 생물학적으로 보면 인간의 창조는 자연의 질서와 법칙에 크게 벗어나지 않는다. 인간의 신체구조, 생리, 삶의 큰 틀 등은 다른 포유동물과 유사하다. 그러나 이것들은 인간 생명의 한 차원일 뿐이다. 인간은 그의 깊은 영성과 지성, 감성과 의지에 있어서 다른 동물과는 완연히 구별된다.

인간은 하나님의 형상으로 창조되었기 때문에 그의 본성으로 어렴풋하게나마 하나님의 뜻, 그분의 말씀을 알 수 있는 존재이다. 사람은 자기 스스로 새로워지고 무엇인가 새로운 것을 창출하려 해보지만, 이러한 노력은 실패로 돌아가기 십상이고 그 결과 자기 불신, 불안이 뒤따른다. 그러나 우리가 하나님의 새로운 창조의 손길, 그 사랑과 진리의 장중에 의탁하는 믿음을 지닐 때 우리는 새롭게 창조되고 새것을 도모하며 참된 기쁨과 평안을 얻게 된다. 성서는 하나님의 뜻을 젖혀놓고 인간의 뜻을 내세울 때 하나님과 인간 사이에 불화와 소외가 있게 된다는 사실을 말한다. 여기서 하나님의 뜻이란 그분의 말씀이고 로고스이며 그분의 마음, 지혜, 의지, 계획, 경륜 등을 이름이다.

하나님의 뜻 가운데 중추적인 것은 인간을 향한 하나님의 사랑이다. 하나님은 인간을 사랑하셔서 인간 개인과 집단, 공동체를 구원하고 새롭게 창조하기 위한 구체적인 계획을 갖고 계시며 이를 실행에 옮기신다. 그러니까 역사는 인간을 위하여 하나님이 펴 가시는 뜻의 실행 과정이라 할 수 있다. 그분의 뜻은 때로 우리에게 고난, 고통, 파국을 몰고 오기도 하지만 그것은 궁극적으로 우리에게 소망과 구원, 생명을 다시 주기 위한 일련의 과정일 뿐이다. 하나님의 본 뜻은 인간에 대한 사랑과 구원, 새로운 인간의 창조에 있다.

창조주 하나님을 믿음으로 새로 지음 받은 그리스도인들은 하나님께서 인간을 사랑하신 것처럼 이웃에 대한 관심과 배려, 사랑과 섬김을 중단하지 말아야 한다. 사람이 사람답게 되는 것은 그가 다른 사람들의 관심 속에 있을 때이다. 사람들에 대한 적극적이고 선한 관심과 배려의 농도가 아주 짙어졌을 때 우리는 그것을 사랑이라 불러도 좋은 것이다.

사랑은 실상 이웃에 대한 깊은 관심으로부터 싹튼다. 하나님은 창조주시다. 그분의 창조 행위는 지금도 진행 중이다. 만물을 새롭게 하시고 인간을 새로 지으시어 당신의 자녀요 그리스도인이 되게 하시는 계속적 창조이다. 하나님의 창조의 사랑에 대한 응답으로, 그리고 창조주 하나님에 대한 신앙과 신뢰의 구체적 증거로 우리 그리스도인들은 하나님과 이웃에 대한 사랑과 섬김의 실천에 마음과 뜻과 힘과 정성을 모아야 할 것이다.

2015.09.12. 제주기독신문 사설

차별과 소외의 벽 허물기

오늘의 한국 사회와 교회에서 인간을 차별하고 소외시키는 현상이 증대되고 있다. 부자와 권력자, 여러 가지 능력이 있는 자들을 우대하고 특혜와 특권을 안겨주는 반면, 가난하고 힘없으며 소박한 보통 사람들은 경멸하고 묵살하며 외면하고 따돌리는 것이 상식이 되어버렸다. 그러나 그리스도인에게는 이 같은 편파성, 불공정성은 결코 용납될 수 없다. 기독교 신앙은 정의롭고 공평하게 인간을 사랑하시는 하나님을 믿고 하나님 앞에서 만민이 평등함을 깨닫는 가운데 이웃을 공평하고 동등하게 사랑하고 섬길 것을 강조한다. 만일 오늘의 교회가 맘모니즘, 권력숭배, 능력과 성공 지향의 세상 풍조에 따라 가진 것 없는 자, 힘없는 자를 가벼이 여기고 소외시키며 가진 자, 영향력 있는 자만을 우대한다면 그 교회는 그리스도의 사랑과 생명력을 잃어버리고 결국 하나님과는 아무런 관계가 없는 한낱 그렇고 그런 세속적 이익 집단으로 전략하고 말 것이다.

사람이 다른 사람을 대할 때 차별적·편파적 자세를 취하는 것은 그 심령 속에 정의와 평등의 원리는 희석되어버리고 탐욕스런 이기주의가 증폭되어버렸기 때문이라 할 수 있다. 그것은 이웃뿐 아니라 원수까지 사랑하라 하신 그리스도의 사랑의 법을 정면으로 거스르는 폭력이다. "네 이웃을 네 몸과 같이 사랑하라" 하신 하나님의 사랑의 법은 다른 모든 계명을 포괄하고 인간관계를 바르게 설정하는 최고의 법이다. 차별하거나 소외시키지 않고 이웃을 동등하게 대한다면 이 최고의 법을 따르는 것이 된다. 그리스도인은 사람을 구별하고 차별해서 자기에게 이익이 될 사람만 관심하고 우대하는 것이 아니라 조건에 매임 없이 모든 사람을 동등하게 선대함으로써 사랑의 법을 실현한다. 사람이 그에게 무엇인가 도움이 되고 이익을 안겨줄 것이 기대되는 자들에게는 지나치리만큼 신경을 쓰고 호의를 베풀면서 자기와 별 볼일 없는 사람에게는 무관심 내지 소외의 태도를 보이는 것은 하나님의 이웃 사랑의 계명을 제멋대로 취사선택하여 지키는 것이나 다름없고, 이러한 편파성을 결코 옳다할 수 없는 것이다.

우리가 사람을 차별해서 대하거나 소외시켜서는 안 되는 이유는 무엇인가? 하나님은 모든 사람을 차별 없이 사랑하시되 강자와 약자 중에 약한 이들을 우선적으로 사랑하시기 때문이다. 하나님 말씀은 인간 차별을 금하고 있을 뿐 아니라 강자를 우대하고 약자를 무시, 소외시키는 자에게 하나님의 어김없는 심판이 있을 것이기 때문이다. 삼위일체이신 하나님은 그분께 나아오는 인간을 조금도 차별적으로 대하지 않으신다. 다 같은 당신의 자녀로 인쳐 주시고 사랑하며 구원하고 보호 인도하여 주신다. 우리가 만약 우리의 이웃을 드러나게 혹은 교묘히 숨겨진 형식으로 차별하고 소외시킨다면, 우리는 자기 스스로를 무슨 특별한 존재나 된 양 성별하는 교만에 빠지는 것이다. 어떤 특정한 상황에서 어떤 사람이 내뱉은 말이나 행동이나 실수가 자기의 마음에 들지 않는다 해서 "저 사람은 저런 인간이다" 하고 라벨을 붙이는 것은 우리의 이웃에 대한 오만스런 비방이요 그를 소외시키는 간악한 폭거이다.

인간은 누구나 회개하고 주님을 믿으면 새로운 생명으로 중생한 귀중한 존재다. 높고 낮음, 귀하고 천함이 없는 다함께 사랑스런 하나님의 자녀요 백성이다. 그리스도 안에서는 진정한 의미로 나와 당신이 아무런 차별을 받지 않는다. 예수님은 동족인 유대인뿐 아니라 이방인까지도 차별 없이 대하였다. 그분은 우리 가운데 엄연히 상존하는 현상, 부와 권력, 명예와 지위, 능력과 힘을 가진 자들과 가지지 못한 사람들 사이에 공공연하게 혹은 암묵적으로 막혀 있는 차별과 소외의 담장이 완전히 무너지기를 바라신다.

2015.09.26. 제주기독신문 사설

프로테스탄트, 그 저항의 함의

종교개혁 498주년 기념일이(10월 31일) 다가오고 있다. 개혁자들이 로마 가톨릭 교회와 교황에 저항하여 종교개혁을 일으켰고 그래서 "프로테스탄트"(저항자, 개신교) 교회가 세워졌다. 프로테스탄트는 왜 저항했던가? 14세기에서 16세기에 이르는 동안 유럽에서는 인간성의 존중과 해방을 목표로 하는 학문과 예술의 개혁운동, 르네상스가 일어나 인간의 자유정신에 불을 지르고 있었다. 구텐베르그가 발명한 활판 인쇄술은 서책들의 대량 출판보급을 가능케 하였다. 그 결과 무지몽매했던 대중이 의식화되고 자기들의 생각과 주장을 글로 적어 표현하게 되었으며, 사제들에게 점유되었던 라틴어 성경도 종내는 독일어 등으로 번역 출판되어 일반 대중이 자유롭게 읽을 수 있게 되었다.

가톨릭교회의 불합리와 모순 속에서 갈등을 느꼈던 많은 사람들이 성경에 적힌 하나님의 진리로 자유함을 얻었다. 종교개혁은 그리스도 안에서 진리의 말씀으로 자유롭게 된 사람들이 자기들뿐 아니라 이웃에게도 자유를 안겨 주기 위하여 일으킨 운동이었다. 그것은 자유를 추구하고 인간을 사회적·종교적 속박에서 해방시키려는 목적과 동기를 지닌 사람들의 열정의 분출이었다. 종교 개혁은 중세 가톨릭 교회의 불의와 폭력에 맞서 그것에 희생당하는 사람들을 사랑하고 그들의 자유를 쟁취하기 위하여 분연히 일어선 저항이었다. 하나님 말씀에 붙잡힌 사람들의 사랑과 정의·자유와 해방을 위한 저항, 이것은 종교개혁에 드러난 개신교 신앙의 핵심이요 유산이라 하겠다.

프랑스의 법학자요 신학자인 쟈크 엘룰은 『뒤틀려진 기독교』라는 저서에서 그리스도 없는 자유, 은총 밖의 인간의 자유에 대하여 이렇게 묘사하였다. "인간이 자유롭기를 바란다는 것은 사실이 아니다. 그는 자유 때문에 생기는 의무나 고통을 외면하고 독립의 유익만을 원한다. 왜냐하면 자유롭게 산다는 것은 곧 곤혹스러운 일이기 때문이다. 자유는 끔찍하다. 자유는 모험이다. 자유는 매 순간 투쟁이다. 왜냐하면 우리 주변에는 자유를 앗아가려는 함정이 언제나 있기 때문이다. … 정확히 말해서 자유란 자기통제와 이웃사랑 안에서만 존재한다. 사랑은 자유를 전제하고 자유는 사랑 안에서만 꽃 핀다." 그리스도인에게 있어서 자유란 은총 밖의 자유, 그리스도 없는 자유처럼 고통스러운 것, 끔찍한 것, 감당할 수 없어 포기할 수밖에 없는 것, 죄악을 향해 열려 있는 기회 등일 수 없다.

독일의 신학자요 순교자인 본회퍼 목사는 그리스도인의 특성을 "타자를 위한 존재"(Being for the others)라 하였다. 그것은 이웃을 섬기기 위해 다시 태어난 존재란 의미이다. 프로테스탄트의 자유를 위한 저항 개념과 관련시켜 보면 섬김이야말로 자유와 해방을 쟁취하기 위한 저항운동이 아닐 수 없다. 삶의 모든 영역과 차원에서 여러 가지 형식과 형태의 쇠사슬과 빗장으로부터 인간을 자유롭게 하고 해방하기 위해서는 인간을 억압하는 모든 세력에 대한 과감한 저항이 불가피하다. 이것이 저항으로서의 섬김이다.

오늘날 수많은 사람들이 정치·경제·사회적 그리고 심리적·영적 억압과 노예상태 아래서 고통당하고 신음한다. 그리스도인들은 이들의 자유화를 위하여 최선을 다해 저항하고 섬겨야 하겠지만, 궁극적으로는 인간을 죄악과 사망으로부터 해방시켜 자유인으로 만드신 예수 그리스도의 복음을 널리 선포하는 데 초점을 모아야 할 것이다. 복음은 악의 세력에 저항하여 인간을 해방하고 자유롭게 하는 데 절대적으로 필요한 힘이요 능력이기 때문이다.

2015.10.24. 제주기독신문 사설

그리스도인의 감사

한국 개신교회는 지난 11월 15일 주일을 추수감사절로 지켰다. 그리스도인들은 그 해의 추수에 대해서만 감사를 드리는 것은 아니다. 그들은 범사에 감사하는 무리들이다. 성서에서 감사는 궁극적으로 하나님께 드려지고 있다. 인간의 감사를 촉발하는 것은 인간과의 언약에 따라 역사 속에 구체화된 하나님의 구원의 행위이다. 이스라엘 백성과 그리스도인들의 감사의 동기는 언제나 구원의 하나님에 대한 믿음이다. 초대 교회의 그리스도인들은 예수 그리스도의 본성과 인격, 그의 가르침과 선교, 그리고 궁극적으로 십자가 고난과 대속적 죽음을 통한 인류 구원을 회상하면서 감사를 드렸다. 서신서들을 보면 사도 바울은 하나님의 온갖 은혜와 역사하심에 대하여 감사를 드린다. 예컨대 하나님의 권능으로 이루어진 일들, 다가오는 하나님 나라에의 참여, 복음 전파의 사명, 특별한 영적 은사, 그리스도인에게 믿음과 소망과 사랑을 주심, 예수 그리스도의 오심 등에 관하여 감사드린다. 이러한 감사는 하나님께서 그리스도와 성령을 통하여 초대 교회 안에 이룩하신 모든 일들에 관하여, 당시의 그리스도인을 대표해서 하나님께 진심으로 드린 감사의 예인 것이다. 서신서에 드러난 감사는 결국 하나님께서 성취하신 구체적인 구원의 역사에 대한 인간의 응답이라 하겠다.

그리스도인은 창조와 구원에 나타난 하나님의 사랑과 은총에 감사로 대응한다. 감사의 행위는 그리스도인임을 드러내는 신빙성 있는 증거가 된다. 그리스도인들은 세상의 그 어떤 것도, 그가 지닌 그 어떤 소유도 모두 하나님께로부터 왔음을 깨닫는다. 하나님은 만물을 창조하시어 그것을 인간에게 위탁하셨다. 인간이 가진 모든 것은 하나님께서 허락하시고 주신 것이다. 따라서 우리는 하나님께 빚진 자요 그러기에 감사는 하나님의 사랑과 은혜 주심에 대한 빚진 자로서의 마땅한 응답이다.

감사는 하나님의 구원의 역사를 받아드리고 믿는 사람들에게만 볼 수 있는 특수한 삶의 태도요 방식이다. 말하자면 하나님께 감사드리는 삶, 이것이 그리스도인 됨을 밝히는 표지라 할 수 있다. 불신자들은 그리스도인처럼 하나님께로부터 헤아릴 수 없는 은혜의 선물을 받아 살고 있음에도 불구하고 그 사실을 인지하지 못한다. 어렴풋이 안다 해도 감사할 줄 모른다. 막연히 고마운 마음이 있어도 그것을 말과 행동으로 표현하지 않는다. 하지만 그리스도인들은 그의 생명과 인격과 활동의 원동력이 되시는 하나님의 사랑과 섭리를 깨닫고 알아 감사드리는 존재이다. 하나님의 은혜에 대한 감사 없이는 우리가 진정 그리스도인이라 할 수 없다. 하나님께 감사하는 사람은 그분께 모든 것을 의탁하고 그를 유지, 성숙시켜 주는 모든 물질적·영적 에너지가 하나님께로부터 온다는 사실을 분명히 감지한다. 그에게 있어서 감사란 자기 본위의 폐쇄성과 자기만족의 껍질을 깨고 은혜의 하나님을 향하여 독수리처럼 날아오르는 응답의 행위이다.

바닷가에서 조그만 조개껍질을 뒤집어쓰고 다니던 게가 몸이 점점 커지게 되면 그 껍질을 벗어버리고 보다 큰 것을 찾는 것처럼, 자기에게만 집착했던 마음의 껍질을 벗어내고 하나님의 크신 은혜의 손에 붙잡히며 닫혔던 눈을 열고 역사하시는 그 손길을 바라보며 기쁨으로 찬양하는 행위가 곧 감사이다. 그리스도인의 삶은 바로 이 같은 감사로 채워진다. 오늘의 한국 사회는 풍요해질수록 감사는 고사하고 온갖 탐욕과 불만이 활화산처럼 터져 나오고 있다. 이 나라가 건강하고 건전한 사회가 되려면, 풍요로워질수록 더욱 겸손해져서 모든 것을 주시는 하나님께 진정으로 감사하는 백성들이 늘어가야 할 것이다.

2015.11.21. 제주기독신문 사설

우리에게 내려오신 주님

　예수의 탄생이 인간에게 복음이 되는 것은 이 사건을 기점으로 하나님께서 아담 이래의 타락한 인간사를 끝장내시고 구원의 새 역사를 여시어, 인간에 대한 하나님의 한량없는 사랑과 변함없는 성실성을 여실히 보여주었기 때문이다. 임마누엘 사건은 인간의 지혜로는 가늠할 수 없는, 하나님의 자유로운 사랑의 결단과 행위이다. 예수께서는 이같은 하나님의 뜻에 따라 육신을 입고 세상에 오셨다. 그분은 본래 하나님과 동등한 분이셔서 하늘의 영광과 권세와 능력을 지니신 분이지만, 그 모든 것을 포기하시고 자기를 비우고 낮아져서 한낱 사람이 되시어 인간의 제반 상황 속에 자신의 자리를 두셨다.

　세상으로 오신 임마누엘의 그리스도는 어떻게 우리와 함께 하시는가? 무엇보다 그는 인간의 죄악을 고발하고 징치하는 심판자가 아니라 우리를 이해하고 연민하며 도와주고 섬기는 친구가 되어주셨다. 처음에 하나님은 아담과 하와와 더불어 친교 가운데 계셨다. 그러나 인간의 범죄로 그 친교는 중단되고 둘 사이는 한없이 멀어졌다. 따라서 하나님은 모든 사람들과의 보편적인 친교를 그만두셨다. 결국 인간은 죄인으로 전락하고 말았으며, 하나님은 심판자가 되지 않을 수 없었다. 그런데 예수 그리스도께서 오시어 하나님과 인간 사이를 자신의 목숨을 담보로 화해시켜 새로운 친교의 다리를 놓으셨다. 그렇게 하심으로 임마누엘의 산 증거를 보이셨다. 그리스도는 인간 누구에게나 친구가 되어 도와줄 수 있도록 종의 모습으로 오셨다.

인간은 혼자 살 수 없는 존재이다. 우리는 생사고락을 함께 할 수 있는 친구, 동반자를 필요로 한다. 그런 친구가 없는 인생은 저주요 불행이다. 그런데 우리의 현실 상황에서 그렇게 좋은 친구가 있을 수 있을까? 우리가 그런대로 사귀어 온 친구들이 한결같지 않고, 어떤 이유로든 우리의 곁을 떠나 버리는 경우가 허다하다. 그러나 그리스도인에게는 한없이 좋을 뿐 아니라 언제나 곁에 있어주는 친구요 동반자가 있다. 임마누엘의 그리스도가 우리 가운데 오시어 슬픔과 기쁨, 고난과 승리에 동참해주신다. 그리스도는 우리의 친구로서 어려울 때 도움을 주시고, 외로울 때 위로하시며, 병들고 아플 때 치유하시고, 궁극적으로는 죄악과 사망에서 우리를 구원해내신다. 그는 2,000여 년 전에 유대나라에 탄생하시어 자기의 백성 및 제자들과 함께 계시며, 선생 혹은 친구로서 그들을 섬겼다. 오늘날 예수께서는 성령으로 우리 가운데 역사하시며 우리의 친구가 되신다. 우리는 성서를 통하여 그의 말씀과 삶을 되새기며, 기도하는 가운데 우리의 친구 예수와 대화하고 교통하며 그로부터 도움을 받는다.

그렇기 때문에 예수 그리스도와 만나 그와 함께하고 진솔한 친교를 나누는 사람에게는 그의 심령 한가운데서 믿음과 소망과 사랑이 샘솟는다. 더욱이 그에게 새로운 가치관이 형성된다. 그리스도의 진리가 그를 지금껏 파멸로 몰고 갔던 인간 소욕 중심의 가치관을 하나님 중심의 새로운 가치의식으로 바꾸어놓기 때문이다. 그 진리는 나아가서 새로운 관계의 지평을 열어준다. 그 진리의 조명을 받는 사람에게는 하나님과 이웃과의 관계, 물질과 자연과의 관계가 새로워지기 때문이다. 그리스도의 은혜와 진리의 빛 아래 사는 사람들은 새 시야와 시각으로 새로운 세계를 보게 되는 것이다. 곧 성탄절을 맞는다. 그리스도의 탄생은 궁극적인 임마누엘의 사건이다. 이 사건이 있음으로 해서 우리의 죽을 운명이 180도 전환되어 의로움과 생명으로 나아가게 되었다. 그리스도인들은 예수님을 세상에 보내신 하나님의 경륜을 감사하고 찬양하며 감격과 기쁨으로 성탄절을 맞아야 할 것이다.

2015.12.19. 제주기독신문 사설

변화와 개혁

2 0 1 6

•회개 – 무엇을, 어떻게, 왜? •죽음의 양태에 대하여 •부활의 신
비 •변화와 개혁 •기독교적 교제의 원류 •비정상 가정의 문제 •
현실 인식의 지혜와 통찰 •성령의 능력 안에 있는 교회 •사랑과 은
혜에 대응하여 •시련을 이길 힘 •그리스도의 신실성 •생명의 존엄
성 •자비와 경책 •통전과 결속의 과제 •전투적 저항 •크리스마스
의 평화

회개 - 무엇을, 어떻게, 왜?

독자들이 주지하다시피 지난 2월 14일(사순절 첫째 주일)부터 그리스도인들이 지키기 시작한 사순절은 그리스도의 고난을 명상하는 한편, 그고난이 인간의 죄 때문임을 깨달으면서 각자의 죄와 허물을 집중적으로회개하는 계절이다. 본 사설은 사순절에 있어야 할 죄의 고백과 회개에 방점을 두고 기술된다. 오늘의 인간은 점점 더 죄를 깨닫는 일에 무관심하거나 죄의 개념 자체를 거부하려 한다. 현대 심리분석학의 원조 프로이트와 그의 학파는 죄의식을 단지 심리 구조상의 자아와 초자아 사이의불균형 때문에 생겨난 신경증 내지 왜곡된 심리 상태 정도로 치부해버린다. 그리스도인들도 요즈음엔 죄에 대하여 별로 신중하게 생각해보지 않을 뿐 아니라 죄에 대한 언급조차 진부하고 역겨운 것으로 여기는 경향마저 있는 것이 사실이다. 그러기에 신자들에게 인기 있는 세련된(?) 설교자들은 죄에 관한 설교를 별로 하지 않는다. 하지만 죄에 대한 깊은 통찰은 기독교의 특징 중에 하나이다. 면밀히 살펴보면 기독교 신앙의 모든내용이 인간이 저지른 죄와 상관이 있다. 인간이 죄를 짓지 않았다면 예수 그리스도의 구속 사건은 아무런 의미가 없을 것이다. 기독교는 죄 때문에 크게 고통당하면서도 죄가 무엇인지 깨닫지도 말하지도 않는 세계를 향하여 죄의 인식과 회개를 촉구한다.

사순절을 맞으면서 우선 그리스도인들에게 인간은 누구나 죄인이라는 사실에 대한 철저한 깨달음과 뉘우침이 있어야 한다. 인간은 너나없이 죄악에 물든 자요 불의한 자이며, 하나님께 불순종하는 자식들이다. 예수를 믿어 의롭다고 인정받았음에도 불구하고 알게 모르게 여러 가지 죄를 짓고 있기에 역설적이게도 우리는 의인임과 동시에 죄인이다. 모든 사람들은 죄 속에서 잉태되고 태어나 죄를 먹고 마시며, 죄와 동거한다. 인간은 얼른 보기에 큰 죄를 짓거나 다른 이보다 작은 죄를 지으며 살지만 사람들 모두가 하나님께 죄인이라는 점에서 아무런 차이가 없다.

희랍어 성경에서 죄를 가리키는 대표적 용어는 '하마르티아'이다. 이 말은 "빗나가다"의 뜻을 가진 동사 '하마르티노'의 명사형이다. 따라서 인간의 근본적인 죄는 '하마르티아' 곧 빗나간 심성으로서의 교만과 욕심이다. 그것은 범죄 행위 자체라기보다 악행의 본질과 근원을 의미한다. 우리는 교만과 욕심에 의한 인간성의 빗나감 때문에 각양각색의 죄를 짓고, 죄의 깊은 늪에 빠져 허우적거리고 있다. "죄 값은 사망"이라 했다. 죄 때문에 살았지만 죽은 상태, 하나님과의 교통과 교제가 단절된 상태에 있는 것이다. 하나님께 죄를 고백하고 회개하여 용서받지 않으면 영원한 죽음을 맞게 될 것이다.

오늘 우리는 죄의 심각성을 전에 없이 예민하게 포착하는 감수성을 곤두세워야 한다. 우리가 저질러서 이미 알고 있는 죄뿐 아니라 비로소 새롭게 감지된 허물과 과오 모두를 진정한 마음으로 뉘우쳐야 한다. 회개는 죄를 버리고 청산하는 일이요, 빗나간 길에서의 탈출이다. 그것은 우리의 마음이 변화를 받아서 예리한 감수성으로 죄를 깨달으며 그것을 하나님께 고백하는 것이다. 하나님은 우리의 죄의 고백과 회개를 기뻐하신다. 회개하는 자를 용서하시는 하나님의 사랑은 한없이 넓고 바

닥없이 깊으시다. 죄의 파멸적인 심각성을 깨닫고 뉘우치는 사람에게
새로운 세계가 열리고 영원한 생명이 안겨진다.

2016.02.27. 제주기독신문 사설

죽음의 양태에 대하여

사순절은 그리스도의 고난과 죽음에 대하여 깊이 있게 명상하는 계절이다. 차제에 죽음의 양태를 명상의 초점으로 삼아 고찰해보자. 죽음이란 어떤 현상인가? 죽음은 인간을 포함한 모든 생명체의 피할 수 없는 운명이다. 성서를 보면 죽음에는 여러 가지 양태가 있다. 우선 의식과 정신의 죽음이다. 이스라엘의 예언자 에스겔의 환상 중에 나타난, 골짜기를 메운 수많은 마른 뼈들은 비록 육체적으로는 살아있지만, 그 정신이 이미 죽어버린 이스라엘 백성을 상징한다. 그들은 고대 대제국 바빌론의 포로요 노예가 되어 주체적인 의식도 의욕도 희망도 모두 잃어버렸다. 인간 생명의 뚜렷한 현상인 의식적 정신적 요소가 고사되어버린 것이다. 그러니 그들은 몸으로는 살아있어도 인간 생명의 중추부인 정신이 이미 죽은 산송장이다. 오늘날 자기의 정체성을 잃고 세상의 사악한 풍조에 이리저리 밀려다니며 취생몽사하는 사람들도 이와 마찬가지라 하겠다. 그리고 경우가 좀 다르긴 하지만 교통사고나 치명적인 질병으로 오랫동안 의식을 잃고 깨어날 때를 기약할 수 없는 사람들 이 모두가 정신적·의식적 차원에서 이미 죽은 사람이라 할 수 있다.

다음은 심령적 사망이다. 사도 바울이 로마서에서 밝힌 바에 의하면 육신을 따라 사는 사람은 육신에 속한 것을 생각하는데 "육신에 속한 생각은 죽음"이라 했다. 몸은 살아 움직이지만 육신의 욕망을 채우려고 죄악을 서슴없이 저지르는 사람은 죄와 죽음의 세력인 사탄의 지배 아래 있다. 따라서 그 속에 하나님의 영이 역사하시지도 않고 그 영이 불어넣는 참 생명이 있을 턱이 없다. 영적 생명이 없다면 그 사람 역시 죽은 것이나 다름이 없다.

제삼의 죽음은 육체적 생물적 사멸이다. 이것은 우리가 상식적으로 이해하는 죽음이다. 늙거나 병들거나 사고로 인해서 혹은 자살, 타살 등으로 그 육신에서 생명이 빠져나가는 현상이다. 예컨대 베다니 마을의 나사로는 예수께서 그를 찾으셨던 그 시간, 이미 육체적으로 죽은 지 나흘이나 지났고 무덤에 묻힌 채 썩어가고 있었다. 예수께서 그를 다시 살리시기까지 그의 생물학적 육체는 죽음에 삼키어진 상태였다. 나사로의 의식도, 정신도, 심령도 그의 죽은 육신 속에 존재하지 않았음이 분명하다.

육신은 비록 죽지 않았다 해도 그의 의식과 정신, 심령이 이미 죽은 사람이 얼마든지 있다. 비록 육신은 죽어 소멸되었지만 그 의식과 영이 새 몸을 입고 새로운 생명으로 다시 태어남을 믿는 것이 기독교 신앙이다. 이렇게 볼 때 우리 인간의 죽음은 부분적인 사망과 전적인 죽음으로 나누어 생각해볼 수 있다. 부분적인 죽음은 육체만 죽거나 혹은 의식과 심령만 죽는 것이다. 그러나 전적인 죽음은 육신과 함께 정신도 의식도 심령도 모두 죽는 것이다. 부분적인 죽음은 어떤 형태의 생명을 아직 담지한 채로 죽는 것이다.

전적인 죽음이란 무엇을 말함인가? 그것은 인간이 하나님께서 주시는 생명과 단절된 상태를 말함이다. 인간이 사탄과 죄와 죽음의 지배 아래 있는 이상, 하나님이 불어 넣으시는 생명을 받을 수 없고 그래서 영원하고 전적인 죽음을 맞게 되는 것이다. 예수 그리스도를 믿어 하나님의 구속의 은총을 받은 사람에게는 이미 죽음의 세력이 제거되었다. 그는 이제 하나님의 다스림 밑에 있다. 그가 육체적으로 죽었다 해도 하나님의 생명으로 채움 받아 영원히 살게 되는 것이다. 결국 하나님께 속한 사람에게는 새롭고 영원한 생명이 하나님을 등진 사람에게는 영원하고 전적인 죽음이 있을 뿐이다.

2016.03.12. 제주기독신문 사설

부활의 신비

부활절에 즈음하여 예수님의 부활사건 자체를 면밀히 논급해보자. 세상의 모든 생명체들은 생명을 부여받은 그 순간부터 죽음을 향하여 달려간다. 구약성경 창세기의 말씀에 의하면, 만일 첫 인간 아담과 하와가 선악과를 먹지 않았더라면 인간은 영생하였을 것이다. 그러나 최초의 두 사람은 하나님의 명하심을 어겨 죽을 수밖에 없었다. 죄를 지은 아담과 하와를 향하여 하나님께서 "너는 흙에서 왔으니 흙으로 돌아갈 것이다"라고 말씀하심으로 인간의 몸은 죽어야 하는 한시적인 존재가 되고 말았다. 이래서 인간이 영원히 산다는 것은 꿈과 환상과 희망의 사항으로 밀려나고 말았다. 동양에서는 신선 같은 허구적 존재를 창안하여 영생을 꿈꾸었고 서양에서도 여러 가지 신화를 만들어내어 영생을 그리는 인간의 희망을 투사하였다. 성서에는 에녹과 엘리야만이 살아 있는 채로 하늘에 들려올라간 것으로 기록되어 있다. 그러나 이 두 사람 역시 어떤 의미로는 유대인들이 지닌 영생에 대한 소망이 낳은 상징적 존재 같아 보인다.

본래 영생이란 죽음을 겪지 아니한 생명을 말함이다. 그러나 인간은 어차피 죽을 몸이라는 사실을 전제로 한다면 도대체 영생이란 무엇을 말함인가? 그것은 죽고 나서 다시 산 새로운 생명 일 수밖에 없다. 성서적으로 말해서 정말 죽었다가 다시 살아난 사람은 죄 값을 치룬 몸이니 영원히 살 수 있을 것이다. 그러나 인간에게 있어서 과연 부활은 가능한 일인가? 부활한 그 몸은 어떤 몸인가?

성서는 예수 그리스도의 부활을 증언한다. 예수의 부활은 반쯤만 죽은 가사상태에서의 소생을 말하는 것이 아니다. 제자들이 집단 최면에 걸려 환상 중에 예수께서 다시 사신 것으로 착각한 것도 아니다. 그것은 희랍신화와 같은 허구도 아니요 제자들의 마음속에 오직 신앙으로만 존재하는 사건일 수 없다. 성서는 그가 정말 죽었던 몸을 다시 일으켜 살아나셨다고 선포한다. 이 증언은 예수와 생사고락을 같이 한 그의 제자들과 그를 시중들면서 누구보다도 그를 잘 알고 있었던 몇몇 여인들의 생생한 경험의 보고였다. 다시 사신 예수의 몸은 죽어 무덤에 묻히기 전의 썩어 없어질 몸이 아니라 새로운 생명을 담지한 변화된 몸이었다. 그 몸은 영원히 사는 몸이요 승천할 수 있는 몸이며 하나님과 하나가 될 수 있는 몸이었다. 이런 의미에서 예수의 부활은 역사상 그 유례를 찾을 수 없는 유일회적인 사건이다.

예수님의 부활의 새 생명은 그가 다시 살리신 나사로나, 회당장의 딸이나, 나인성 과부의 아들의 생명과는 다르다. 왜냐하면 그들이 다시 살아났다 하더라도 언젠가는 다시 죽어 썩을 몸으로 돌아온 것이지만 예수는 영원히 사는 몸으로 부활하셨기 때문이다. 따라서 예수 그리스도의 부활은 오직 마지막 날 모든 그리스도인들이 죽어 새 몸을 입고 다시 살아 영생을 누릴 때까지는 비밀의 사건일 수밖에 없다. 인간의 합리적 이성이나 깊고 풍성한 감성으로도 도저히 도달할 수 없는 신비의 영역에 뿌리를 내리고 있는 사건이다.

사도 바울은 고린도전서 15장에서 "육의 몸으로 심고 신령한 몸으로 다시 산다"라고 부활을 은유적으로 표현하였다. 그러기에 예수의 부활을 두고 우리의 이성적 판단으로 그 진부를 가려내려 한다면 그저럼 무의미한 일은 없을 것이다. 우리의 지성으로 예수 부활의 신비를 추적해낼 수 없다. 오직 믿음으로 시인하고 받아들여야 할 사건이다. 부활은 옛 생명의 회복이 아니라 새로운 생명의 창조이다. 그것은 "아니"를 "예"로 돌리시는 하나님의 거룩한 행위로서 심판이 은혜로, 죽음이 생명으로 전환된 사건이다. 인간의 불가능성이 허물어지고 하나님의 전능하심과 온전한 가능성이 구체화 된 기적이요 신비이다.

2016.03.26. 제주기독신문 사설

변화와 개혁

　교회는 예수 그리스도의 부활로 말미암은 변화와 개혁의 산물이라 할 수 있다. 예수 자신도 부활함으로 세상에서의 초라한 모습에서 하늘의 영광스러운 모습으로 변화하셨지만, 부활의 주님을 만난 제자 베드로와 바울은 심령과 인격의 변화와 개혁을 겪었다. 예수의 십자가 처형으로 실망과 좌절의 덫에 걸렸던 사도 베드로는 부활 후 갈릴리 해변에 나타나신 예수에게서 용기와 믿음을 되찾고 "내 양을 먹이라" 하신 예수의 당부를 목숨을 걸고 이행하였다. 엄격한 율법주의자요 적그리스도였던 바울도 다메섹 노상에서 부활의 주님을 만난 후 그리스도의 제자요 사도며 이방 선교의 주역으로 탈바꿈하였다.

　부활의 주님을 만나기 전의 인간은 겉으로는 진리를 추구하노라 하고 정의와 평등, 자유를 실현하기 위해 산다 하며, 입만 열면 사랑과 박애를 들먹거리곤 한다. 그러나 이 같은 가치 추구와 그 실현을 위한 제스처는 빛 좋은 개살구이고, 기실은 자기의 재능과 공적, 소유와 지위, 배경과 명예 등을 의지하고 그것들을 내세우며 이웃들을 지배하려 하고 자기중심적으로 살아간다. 이와는 반대로 지금까지의 자신의 삶을 부정적으로 보고 절망과 퇴영의 나락으로 떨어지는 사람, 여러 가지 측면에서 위축되어 될 대로 되라고 자포자기적 심리상태에 놓인 사람도 있다. 가진 게 없다고 한탄하고, 아무것도 할 수 없다고 몸을 사리며, 사람들이 자신을 인정해 주지 않는다고 섭섭해 하며, 기왕에 그렇게 되었으니 어쩔 수 없다, 더 나아질 리 만무하다며 그냥 주저앉는다.

그러나 인간이 진정으로 부활의 주님을 만나게 되면 그 심령과 인격, 그리고 삶이 개혁된다. 이제 더 이상 예전처럼 독선, 오만, 자기중심주의에 빠지지 않는다. 절망 자포자기, 위축도 더 이상 없다. 부활하신 그리스도의 능력을 받은 사람은 자기중심이 아니라 그리스도를 중심으로 생각하고 행동하게 된다. 그는 그리스도의 부르심에 응답하여 그의 좋은 일꾼이요, 친구이자 종이며 충성스런 청지기가 된다.

구한말기와 일제강점기 초기에 걸쳐 우리의 민족 지도자들 중에 여럿이 기독교 신앙을 받아들였다. 예컨대 조선조의 고위층 양반 중에 서재필, 윤치호 같은 인물들이다. 특히 일제강점기하에 독립운동을 하다가 옥에 갇힌 이들 가운데서 기독교에 입교한 사람들이 많았다. 이들이 기독교를 받아들인 것은 성서적 신앙을 통하여 민족해방의 희망을 찾을 수 있었기 때문이었다. 그들은 옥중에서 성경은 물론이요 여러 가지 기독교 서적을 읽으면서 쓰러진 나라를 다시 일으킬 수 있다는 용기와 신념을 얻었고 민족의 장래를 하나님께 의탁해야 된다는 뜻을 다지게 되었다. 처음에는 반기독교적 입장을 취했던 이상재도 그랬고 남궁억, 이승훈 같은 이도 마찬가지였다.

예수 부활을 믿는 기독교 신앙은 민족 지도자들에게 순박하고 정의로운 민족, 하나님을 믿는 백성들은 결코 멸망하지 않는다는 확신을 얻게 하였다. 그래서 그들은 더욱 독실한 그리스도인이 되었고 더욱 확고한 민족의 선각자가 되었다. 그들은 결코 오만하거나 독선적이 아니었다. 지극히 친절하고 유화적이며 때로는 협상주의, 상황주의적인 인상도 풍겼다. 그러나 그들의 마음속에는 오히려 꺾이지 않는 신념과 불변의 신앙, 합리적인 행동 원리가 있었다.

　다시 사신 예수를 믿게 된 그들은 애국심을 수용한 기독교 신앙으로 새로운 지도력을 일구어 암울했던 당시의 한국 사회에 자유와 정의, 진리의 큰 빛을 비추었다. 그들은 부활의 주님을 만나 심령과 인격의 개혁을 이룬 믿음의 선조요 선배이다. 그리스도의 부활을 믿는 오늘의 그리스도인에게도 이 같은 변화와 개혁이 요청된다. 그리스도인들은 계속적인 변화와 개혁을 통하여 더 굳은 확신과 더 큰 능력을 받아 주의 일에 크게 쓰임 받는 충성스런 제자가 되어야 할 것이다.

2016.04.08. 제주기독신문 사설

기독교적 교제의 원류

기독교가 말하는 교제, 친교, 교통이란 무엇을 말하는 것인가? 구약성서는 하나님과 이스라엘 백성 사이의 교제에 관하여 여러 각도로 언급하고 있다. 하나님은 이스라엘 백성과 계약을 맺음으로써 그들과 교제하신다. 하나님의 말씀과 계명에 이스라엘이 순종하는 것이 계약의 내용이며 그 계약을 지키는 한, 둘 사이의 교제와 교통은 지속되었다. 그러나 하나님과 인간 사이의 교제는 이스라엘 백성이나 그들 중 하나님으로부터 특수한 사명을 부여받은 인물에게만 있는 것이 아니다. 하나님은 "내가 모든 사람에게 나의 영을 부어 주겠다"(요엘 2:28)라고 말씀하셨다. 인종과 민족을 가림 없이 하나님의 백성이 된 자들은 하나님의 영을 받아 그분과 교제, 교통하게 될 것이란 말이다.

오순절 성령 강림으로 이 예언의 말씀은 이루어졌다. 성령을 받은 자들은 누구나 그리스도의 몸인 교회의 지체가 되어 그리스도 안에서 하나님 및 이웃과 교제를 나누게 되었다. 신약성서에서 교제는 무엇보다도 그리스도인이 예수 그리스도와 하나가 되는 것이다. 그리스도인은 그리스도와 하나가 되는 교제를 통하여 하나님과도 교통하게 된다. 사도 바울에게 있어서 그리스도인의 생활은 "그리스도 안에서"의 삶이다. 그가 서신서에서 반복하여 언급하는 "그리스도 안에"라는 구절은 그리스도와 그리스도인 사이에 열려진 교제의 핵심과 본질을 적절히 드러내고 있다.

바울은 "이제 사는 것은 내가 아닙니다. 그리스도께서 내 안에 사시는 것입니다. 내가 지금 육신 안에 사는 것은 나를 사랑하셔서 나를 대신하여 자기의 몸을 내어주신 하나님의 아들을 믿는 믿음 안에 사는 것입니다"(갈 2:20)라고 하였다. 믿음으로 내가 그리스도 안에 있고 그리스도께서 내 안에 계시는 일이 곧 그리스도와 그의 신자 사이의 교제이다. 그리스도와의 교제는 이처럼 신자 개인의 경험일 뿐 아니라 교회 공동체 전체의 경험이다. 교회는 세상에 존재하는 그리스도의 몸이기에 그리스도인은 교회의 지체로서 교회 안에서 그와 교제를 나누는 것이다.

이 교제를 상징적, 가시적으로 효과 있게 드러내는 예전이 바로 세례와 성만찬이다. 세례는 예수의 부활의 생명에 참여할 수 있는 사람으로 거듭나기 위하여 옛 사람을 물로 깨끗이 씻기는 것, 나아가서 옛사람을 질식시켜 장사지내는 것이요, 이를 통하여 사죄와 구원의 사람, 새로운 생명이 되었음을 표하는 예전이다. 성만찬에서 그리스도인들은 떡과 잔을 나눔으로 부활하신 그리스도와 현재적으로 연합되어 있음을 확인한다. 그것은 떡을 먹음으로 그리스도의 몸과 하나가 되고, 잔을 마심으로 그리스도와 피를 나누어 그분과 끊임없는 교제에 들어감을 예시하는 거룩한 예전이다. 세례와 성만찬을 통하여 그리스도인은 주님과만 연합하는 것이 아니라 이 예전에 함께 참여한 형제자매와도 하나가 되는 것이다.

이렇게 성서에 나타난 교제는 수직적으로는 삼위일체 되신 하나님과의 하나 됨이요, 수평적으로는 주를 믿는 성도 사이의 형제자매로서의 연합과 사귐이다. 그리스도인의 하나님과의 수직적 교제는 개인적 기도와 명상, 교회 공동체 안에서의 예배와 성례전을 통하여 열려진다. 한편, 성도 사이의 교제는 교회 공동체에의 지속적 참여, 이웃에 대한 나눔, 섬김 돌봄, 그리고 언어와 행동을 통한 구체적 사귐 등의 행위라 할 수 있다. 우리는 지금 부활절 절기를 경건한 마음으로 지키고 있다. 예수께서 부활하시어 우리에게 새로운 생명을 주셨다. 하나님 및 성도와의 깊은 교제를 통하여 이 큰 은혜에 대응하는 삶을 살아야 할 것이다.

2016.04.23. 제주기독신문 사설

비정상 가정의 문제

　　가정의 달 5월을 맞아 비틀린 가족관계의 문제를 신중히 성찰해볼
필요가 있다. 최근 어른들이 어린이를 학대하는 사례들이 매스컴을 통
하여 적지 아니 폭로되고 있다. 어린이들을 돌보아야 할 어린이집, 유
치원 교사들이 어린이에게 쩍하면 린치를 가한다. 부모조차도 어린 자
식들을 때리고 굶기며 가두고 심지어 살해하여 그 시신을 유기하거나
암매장한다. 교사나 부모들이 제 정신이 아니다. 무엇엔지 미치고 중독
되어 바른 판단을 하지 못하고 어린이에 대한 사랑과 연민, 보호본능
마저 잃어버린 것 같다. 가장 약하고 저항 능력이 없는 어린 생명에 대한
말도 안 되는 폭력이요 분풀이 행위이다.

　　신약성서 마태복음 14장에 보면, 예수 당시 갈릴리의 분봉왕 헤롯
안디바와 그의 아내 헤로디아, 그리고 그의 딸 살로메 일가의 만행이
그려져 있다. 어느 날 헤롯왕의 생일을 맞아 헤로디아의 전 남편 빌립
과 그녀 사이에 태어난 의붓딸 살로메가 연회석상에서 춤을 추어 헤롯
을 기쁘게 했다. 흥취가 오른 그는 이 소녀에게 무엇이든지 청하는 대
로 다 들어주리라고 약속한다. 그러자 살로메는 어머니 헤로디아가 시
키는 대로 세례 요한의 목을 달라 했고, 헤롯은 이 살기등등한 요청에
당혹해하면서도 딸에게 해준 약속과 하객들 앞에서 호언장담한 자기

의 체면 때문에 즉시 감옥에 갇힌 세례 요한의 목을 베어 그 소녀에게 건네주었다는 것이다. 여기서 우리는 헤롯 일가의 일그러진 부모-자식 관계를 본다.

우선 헤롯은 딸의 불의하고 피비린내 나는 요청을 거절하지 못하였다. 그 딸의 잘못과 사악한 행태를 시정하고 교화, 교육해야 할 부친으로서의 의무와 책임을 어쭙지않은 이유로 포기했다. 살로메의 모친 헤로디아는 자신의 부정을 고발한 세례 요한을 없애기 위하여 자기가 낳은 딸까지 이용하는 악독하고 비정한 여자였다. 소녀 살로메는 자기 자신의 소원 대신 모친의 사악한 뜻을 이루어주었다. 어머니에 대해 지나치게 의존적이었을 뿐 아니라, 살인을 청탁하는 모친의 비인간적 범행을 분별조차 못할 정도로 양심에 화인을 맞은 상태였다. 선과 악을 판별하지 못하는 부모가 자기들과 판박이인 딸을 길러낸 셈이다.

가정은 자녀교육의 모판이어서 부모의 의식적 무의식적 언행은 곧바로 자녀들에게 영향을 주기 마련이다. 양심이 마비되고 도덕적 불감증에 걸린 부모의 그늘에서 자란 자녀들은 훗날 부모보다 더 사악한 존재가 될 수밖에 없다. 2015년 세계보건기구가 발표한 바에 의하면 전 세계 어린이들 가운데 1억 명이 살 집이 없어 거리를 떠돌고 있으며, 이들 대부분이 마약과 성적 학대에 무방비 상태로 노출되어 있다고 한다. 부모와 어른들이 어린이들을 유기해버린 결과이다.

오늘 우리의 가정에서 부모들은 자녀들에게 어떤 영향을 주고 있는가? 부모는 자기가 가진 것을 자녀들에게 준다. 부모가 하나님과 사람들 앞에서 떳떳하지도 바르지도 못한 존재라면 그 자녀들에게 불의하고 좋지 못한 것을 줄 수밖에 없을 것이다. 부모가 악하고 게으르면서 자식들이 선하고 부지런할 것을 바랄 수는 없는 노릇이다. 부모가 서로 대등한 인격으로 서로 사랑하고 존중히 여기며, 순종하고 협동함으로 한 몸을 이루지 못하면서 자녀들에게 바람직한 남녀관계를 열어 가라고 기대할 수 없다. 부모는 말이나 훈계보다 그 사람으로서의 됨됨이를 통하여 자녀를 양육하고 가르친다. 오늘의 가정은 남편과 아내의 소외현상, 어버이와 자녀 사이의 일그러진 관계 등으로 인해서 공전절후의 위기를 맞고 있다. 이 시대에 가족관계의 정상화는 가장 급박하고 절실한 과제로 우리에게 육박해온다. 그러기에 오늘의 그리스도인들은 성서적 신앙에 바탕을 둔, 사랑과 신뢰와 책임성의 공동체, 크리스천 가정의 모범을 세워나가는 과제를 안고 있다.

2016.05.14. 제주기독신문 사설

현실 인식의 지혜와 통찰

오늘의 그리스도인도 옛날처럼 때로 두렵고 고통스러운 일, 가끔 어떻게 이해하고 대처해야 할지 알 수 없는, 어렵고 난처한 일들을 겪는다. 변화의 속도가 하도 빨라서 과거에는 수십 년 수백 년에 걸쳐 이루어질 수 있는 일들이 요즈음엔 단 몇 달 동안에 일어난다. 그래서 이해와 예측이 불가능한 사건들이 우리의 면전에서 현란하게 펼쳐진다. 더욱 크고 급격한 변화를 맞게 될 이 세계 속에서, 더 빠르게 유전하고 흘러가는 이 역사 속에서 우리 그리스도인들은 결코 흔들리지 않는 믿음 위에 단단히 서있어야 다가오는 엄청난 변화와 유전의 홍수에 휩쓸려 표류하지 않게 될 것이다. 급변과 불확실성의 미래를 살아가야 할 그리스도인들의 지혜와 통찰은 어떤 것이어야 하는가?

우선 인간으로서의 우리의 현실인식에는 항상 오류가 있을 수 있으며 상황 대처능력에는 한계가 있음을 분명히 알아야 한다. 고대 이스라엘 왕국이 건립될 때 그들의 지도자급 장로들이 하나님의 뜻을 외면하고 왕정을 선택한 것은 매우 현명한 처사로 보였다. 그러나 얼마 가지 아니해서 군왕들의 악정으로 그 결정이 지혜롭지 못했음이 드러났다. 율법을 통달한 이스라엘의 랍비들도, 예수와 한 핏줄인 그의 가족들도 불가사의한 기적을 일으키는 예수를 악마와 손잡은 자로 오해하여 비난하고 붙잡아 유폐시키려 하였다. 기독교의 역사를 들춰보면 현실과 상황에 대한 그리스도인들의 빗나간 인식과 잘못된 대응으로 수 없는 비극과 참상이 빚어졌다.

예를 들면, 교회의 부패와 탈선을 시정할 것을 요청한 마르틴 루터 등 종교 개혁자들에 대하여 로마 가톨릭교회는 이단의 누명을 덮어씌우고 엄청난 박해를 가하였다. 가톨릭과 개신교사이의 싸움에서 한 주 예수 그리스도를 믿는 성도들이 얼마나 많이 도륙되었던가? 그리스도인 서로에 대한 인식이 잘못되어 있고 관계 설정에 오류와 한계가 있음으로 해서 이 비극은 확대 재생산되었던 것이다.

비단 교리와 교파를 달리하는 그리스도교 공동체 서로에 대해서만 아니라, 세속 사회의 현실 문제에 대해서도 오늘의 그리스도인은 잘못 파악하고 부적절하게 대응하는 경우가 허다하다. 그러기에 그리스도인은 언제든지 모든 고정 관념과 편견, 도그마와 상식까지도 넘어서서 오직 하나님의 말씀과 그리스도의 가르침에 따라 현실을 바로 파악하고 신앙적인 대응을 할 수 있어야 한다. 신앙에 의하지 않은 그릇된 인식과 행위가 그리스도인에게도 있을 수 있음을 제대로 안다면 그것을 즉시 시정하려는 열린 마음이 뒤따라야 할 것이다. 우리의 이성과 감정은 현실을 오인할 수 있음을 솔직히 수긍하고 나서야 비로소 바르고 적절한 생각이 떠오르고 그에 따른 선한 신앙적 행위를 열어갈 수 있다.

나아가서 성령강림절을 맞은 그리스도인들은 교회와 사회 및 역사 속에서 역동적으로 활동하시는 성령의 능력을 통찰하고 감지할 수 있어야 한다. 성령은 하나님의 창조와 섭리의 능력이다. 인간과 그 공동체가 도저히 더 이상 어찌해볼 도리가 없어 손 놓고 주저앉게 될 그때 성령은 오히려 맹렬히 역사하신다. 유사 이래로 인류와 자연이 공멸할 수밖에 없는 숱한 위기가 있었다. 그런데도 인류가 이 위기들을 타고 넘으며 지금껏 생존할 수 있었던 것은 인간을 체험을 통하여 보다 지혜롭게 하고, 고난과 비극을 겪으면서 크게 각성하여 살 길을 찾게 하며 폐허와 잿더미 위에서 새로운 것을 세울 의지를 불태우게 하시는 성령의 역사 때문이다. 예수 그리스도 안에서 치유와 기사회생의 기적을 일으키신 성령의 역사를 믿는 그리스도인들은 어떤 절망적 상황 속에서도 위로와 치유, 새 생명을 주시는 성령의 능력과 역사를 통찰하고 믿으며 또한 대망하여야 할 것이다.

2016.05.28. 제주기독신문 사설

성령의 능력 안에 있는 교회

성령강림절을 맞으면서 교회라는 공동체가 어떻게 일어서게 되었는지 되새겨 본다. 교회는 무엇보다 성령의 감동과 역사로 이루어졌다. 다른 공동체나 집단은 인간의 필요와 요청에 따라 형성되는 것이 상례이다. 그러나 교회는 처음부터 하나님의 영의 적극적인 활동에 의하여 만들어진 작품이다. 하나님의 영이요 예수 그리스도의 영이신 성령의 능력이 오순절에 예루살렘의 한 다락방에서 폭발하였을 때 비로소 처음 교회가 태어났다.

성령의 활동 중 우선적인 것은 해방시키는 일인데, 이것은 죄와 사망의 세력으로부터 인간의 영혼을 구원하는 것만을 의미하지 않는다. 인간을 억압하는 모든 제도와 구조, 힘과 세력, 상황과 풍토로부터 인간과 사회를 해방하고 자유롭게 하는 역할, 오염과 파멸의 위협 아래 신음하는 생태계를 복원하는 작업까지도 의미한다. 바로 이 성령의 능력이 오순절에 예수의 제자들에게 임하심으로서 예루살렘 첫 교회가 창립된 것이다.

한편 교회는 성령의 역사를 간절히 바라고 기다리며 준비하는 사람들 가운데 세워졌다. 예수께서 승천하시자 내던져진 고아처럼 허전한 마음으로 예루살렘의 한 다락방에 잠적해온 제자들은 보혜사 성령을 보내어 주겠다하신 예수님의 약속을 믿으며 한 마음으로 모여 기도하고 있었다. 제자들의 기도는 진실하고 절박한 심정에서 우러나왔다. 그들의 생명과 미래가 걸려 있는 중대한 시점이었기 때문에 오직 주님의 약속과 하나님 섭리에 매달릴 수밖에 없었다. 그때 성령이 불길처럼 그들에게 오셨다. 성령은 그들을 뒤 흔들고 감화시키며 새롭게 하여 새로운 하나님 백성, 교회를 그들 가운데 일으키셨다. 그러자 교회는 즉시 그에 주어진 활동을 유감없이 펴기 시작하였다.

예수께서 제자들에게 내리신 지상명령은 모든 사람에게 세례를 주고, 주님의 말씀과 구속의 역사를 가르쳐 지키게 하라는 것이었다. 제자들은 이 명령에 따라 선교와 교육, 친교와 봉사 등 교회의 본래적 사명과 기능을 적극적으로 수행하였다. 이와 같은 제자들의 활동을 통하여 초대 교회에서는 성령의 역사가 증폭되었다. 결국 교회는 하나님의 인류 구원의 크신 뜻이 실현되고 지속되는 공동체인 것이다.

신약성서 요한계시록에 성령이 아시아의 일곱 교회에 보낸 편지가 수록되어 있다. 거기에는 이들 아시아 교회들에 대한 칭찬도 있으나 이와 함께 그들에게 보내는 준엄한 경고가 더 많다. 에베소 교회에 대해서는 처음 사랑을 버렸다고 지적한다. 버가모 교회, 두아디라 교회, 빌라델비아 교회에게는 이단 사상은 물론 심지어는 우상숭배까지 허용하고 있음을 나무라고 있다. 사데 교회에는 신자들의 믿음이 죽은 것이나 다름이 없다고 경고한다. 라오디게아 교회에 대해서는 미지근하여 덥지도 차지도 않으니 내 입에서 토하여 내겠다고 엄중히 일침을 가한다. 아시아의 일곱 교회들이 그들의 일탈을 회개하고 그 신앙과 행위를 새롭게 변화시키지 아니하면 성령이 그들을 떠날 것이고 그들은 하나님께 버림받은 공동체가 될 것이라는 심각한 경보를 발하고 있다.

그렇다면 우리 한국 교회는 어떤 상태인가? 하나님과 이웃에 대한 처음 교회의 순수하고 열렬한 사랑을 잃어버리고 있지는 않은가? 부지 불식간에 하나님 외의 다른 것, 여러 가지 모양의 우상을 숭배하고 있는 게 아닐까? 믿음이 미지근하다 못해 냉랭하여진 것은 아닐까? 이에 해당하는 교회는 성령의 역사도 그치고 교회의 제반 사명도 방치되어 버린, 형식만 남은 교회, 그러기에 사탄이 틈을 노리기 좋은 교회일 수 밖에 없다. 그러기에 오늘의 한국 교회는 스스로를 냉철히 살펴보고 오류와 일탈을 찾아내는 즉시 회개하고 돌아서서 새로워지는 교회가 되어야 할 것이다.

2016.06.11. 제주기독신문 사설

사랑과 은혜에 대응하여

하나님의 인간을 향한 온전한 사랑과 은혜는 이미 예수 그리스도의 선교와 희생으로 세상에 밝히 드러났다. 그리스도인들이 늘 고백하듯이 예수 그리스도는 몸을 입으신 하나님이시고 하나님의 사랑과 은총의 화신이시다. 그리스도는 하나님의 사랑으로 고난과 죄악의 질곡에서 인간을 해방하시고 구원해내신다. 그리스도의 이 같은 구원사역은 예수 당시의 사람들에게 국한된 것이 아니었다. 교회 안에서 역사하시는 주님의 성령은 오늘도 그리스도인들과 함께 일하셔서 해방과 구원을 이루심으로 그 사랑을 실현하신다. 예수 그리스도는 역사 속에서 활동하시고 이 역사를 향하여 오고 계신다. 그래서 그의 사랑의 사역, 은혜 베푸심은 지금도 앞으로도 계속된다. 그리스도인들이 선교와 봉사를 하는 것은 곧 하나님의 사랑을 전하는 것이요 그리스도의 해방과 구원의 능력을 실제화 하는 일이다. 세상은 하나님의 사랑과 그리스도의 은혜로 온갖 죄악과 사망의 무저갱으로부터 해방되어 새로운 생명을 얻게 되는 것이다.

하나님의 사랑, 그리스도의 은혜에 대한 인간의 참된 응답은 곧 믿음이다. 신앙이 있는 곳에 순종과 섬김이 있다. 이 사랑과 은혜를 믿지 않는 사람은 그것을 받아들일 수 없고 이를 불신하여 수용하지 못하는 사람이 그것을 주신 이에게 순종할 리도 없으며 하나님과 인간을 사랑하고 섬길 수 없는 것이다. 그러기에 하나님의 사랑과 은혜에 대한 인간의 응답은 삼위일체 하나님을 믿고 의지하는 데서 시작된다. 이 믿음의 내용은 예컨대 어떤 것인가?

무엇보다 나의 생명은 하나님께로부터 온 것이라는 인식, 나의 모든 소유는 하나님의 것이라는 깨달음, 나의 모든 삶이 하나님의 사랑과 은혜와 섭리로 열려진다는 확신이다. 믿음이란 인간의 오관으로는 감지될 수 없는 것을 포착하는 능력이요, 불가능한 것을 가능한 것으로 보아내는 안목이며, 썩고 죽어가는 옛것을 생명과 환희로 가득 찬 새것으로 변화시키는 힘이다. 기독교 신앙은 하나님의 무조건적인 사랑과 은혜, 섭리를 굳게 믿는 것으로서 진정한 자유와 해방, 구원의 모터브라 하겠다.

교회에서 그리스도인을 부를 때 성도라 한다. 성도란 윤리, 도덕적으로 흠이 없고 깨끗한 자라기보다 거룩하신 하나님을 믿고 의지하는 무리란 뜻이다. 선량한 성품이나 올곧은 행위 때문에 성도가 되는 것이 아니라 그들이 하나님의 사랑과 은총을 흔들림 없이 굳게 믿기 때문에 성도인 것이다. 이 믿음으로부터 진실로 선하고 바르며 정의로운 인품과 행위가 나온다. 믿음이 있기에 그리스도인은 하나님의 말씀과 계명에 순종한다. 믿음으로 그리스도를 따르는 삶, 예수님처럼 이웃을 섬기며 희생까지 감내하는 삶이 가능해진다.

믿음이 크다 작다 혹은 깊다 얕다 할 때 그것은 무엇을 말함인가? 한마디로 하나님의 사랑과 은총에 대한 믿음과 의탁의 정도를 두고 하는 말이다. 주지하다시피 종교개혁의 3대 원리는 오직 믿음(Sola Fide)으로, 오직 은혜로 (Sola Gratia), 오직 성서로만(Sola Scriptura) 구원을 얻는다는 것이다. 이것은 기독교 신앙의 핵심 진리이다. 기독교 신앙은 오직 하나님의 은혜와 그에 응답하는 인간의 믿음과 성서에 드러난 하나님의 약속과 계시로만 구원을 얻는다고 고백한다. 그러기에 그리스도인들은 하나님의 계시인 성경 말씀에 더욱 진중하게 귀를 기울이고, 그 말씀대로 순종하여 살며 몸 전체로 하나님과 이웃을 섬김으로써 더욱 견고한 믿음의 반석 위에 굳게 서야 할 것이다.

2016.09.10. 제주기독신문 사설

시련을 이길 힘

인간에게는 생로병사가 시련의 연속이다. 사는 것도, 늙는 일도, 질병에 시달림도, 죽음 맞음도 다 시련이요 도전이며 고통이란 말이다. 시련은 우리 각자에게 개별적으로 오기도 하지만 가정적으로, 사회적, 민족적으로 나아가서 세계적으로 인간 모두에게 오기도 한다. 경제공황, 내란과 전쟁, 사회적 케이아스, 정치투쟁의 부작용, 권력 집단에 의한 독재와 폭력 등의 형태로 오는 시련에 사람들은 함께 고통당한다. 요즈음엔 공해로 말미암은 생태계 교란과 파괴, 빈발하는 천재지변, 불량 국가의 핵무기와 미사일 개발로 인류는 위협을 받고 있다. 이 같은 개인적, 공동체적, 세계적 도전과 시련에 그리스도인이라 하여 예외일 수 없다.

성서는 시련이 올 때 그리스도인들이 어떻게 이를 맞고 대처해야 할지 가르쳐 준다. 답은 아주 간단하다. 삼위일체 하나님에 대한 강하고 흔들림 없는 믿음이 있으면 된다는 것이다. 믿음은 예수님 말씀대로 불가능을 가능으로 바꾸어 놓는 위대한 힘이 있다. 굳건한 믿음은 온갖 시련과 도전에 대응할 수 있는 그리스도인들의 최대의 무기이다. 하지만 그러한 믿음을 갖는 것은 결코 쉬운 일이 아니다. 불변의 신앙을 갖지 못하기 때문에 그리스도인도 시련을 당하여 자주 넘어진다. 우리는 어떻게 흔들림 없이 강한 믿음을 가질 수 있을까? 사도 바울은 "믿음은 들음에서 생기고, 들음은 그리스도를 전하는 말씀에서 비롯된다"(롬 10:17)라고 하였다. 하나님의 말씀을 듣고 깨달음으로 우리의 심령에 믿음이 솟는다는 말이다.

우리는 시련을 이길 수 있는 굳건한 믿음을 얻기 위하여 하나님 말씀을 들어야 할 터인데 어디서 들을 수 있는가? 재론의 여지없이 성서에서 듣는다. 하나님은 성서를 통하여 인간의 제반 상황에 적용될 수 있으며, 그 안에 큰 능력을 내장한 당신의 말씀을 우리에게 주셨다. 성서에 드러난 하나님의 말씀은 개인과 공동체의 영적·윤리도덕적 소망을 충족시켜줄 수 있으리만큼 능력이 있다. 종교 개혁자들은 이 같은 능력을 성서의 충족성이라 하였다. 그러므로 성서는 그 밖에 다른 힘이나 능력이 불필요한 완전한 계시이다.

하나님 말씀인 성서 이상으로 능력과 권위가 있는 것은 없다. 완전하고 충분한 하나님의 말씀은 모든 시대, 모든 상황에 적용될 수 있으므로 무한한 능력과 가능성을 갖는다. 우리가 성서의 깊은 뜻을 제대로 이해하고 깨닫기 위해서는 우리의 지식이나 지혜를 넘어서는 성령의 내적 조명, 일깨우심이 불가결하다. 성령은 우리가 성경말씀을 듣고 확신에 이르기를 진실로 원할 때, 말씀 속의 진리를 환히 밝혀 깨닫게 하심으로 우리 속에 큰 믿음을 심어주신다.

결국 성경말씀을 바로 읽고 들으며 깨닫는 일은 우리의 믿음을 굳게 세우고 자라게 하는 바른 길이요 신앙의 기본 행위라 하겠다. 많은 그리스도인들이 요즈음 와서 점점 더 피동적으로 신앙생활을 하고 있는 것 같다. 주일날 잘 짜여 진 예배 순서에 따라 목사의 설교와 장로의 대표기도(혹은 중보의 기도), 찬양대의 찬양을 조용히 경청하는 것으로 만족한다. 주일 예배에서 신도 각자에게 돌아가는 예배의 몫은 교독문과 공동기도문을 함께 낭독하고 헌금을 드리며 한 목소리로 찬송을 부르는 일 정도이다. 어찌 보면 이토록 편하고 깔끔하게 예배를 드리는 것으로 예수 믿는 모든 일을 끝내버리는 것처럼 보인다. 이것만으로는 안 된다. 믿음이 별로 자라지도 않고 그리스도인으로서의 통전적 인품도 배양되지 않는다. 개인적으로 공동체적으로 한층 더 성경말씀을 읽고 들으며, 묵상하고 깨달음으로 믿음을 튼튼히 세워서 그 믿음으로 현대 사회의 파상적 도전과 시시각각 우리에게 달려드는 온갖 시련에 대응할 수 있어야 한다.

2016.09.24. 제주기독신문 사설

그리스도의 신실성

신실성은 진실, 믿음, 정성, 충성 등의 개념을 모두 감싸 안고 있는 말이다. 신실성은 원래 하나님의 선하고 거룩하신 품성을 드러내는 언어이기도 하다. 하나님은 신실하시다. 그러기에 그분의 피조물인 우리 인간도 신실할 것을 바라신다. 신실성이란 거짓이 없고 순수하며 진지하여 남들이 의심 없이 신뢰할 수 있는 성품이라 할 수 있다. 성서는 인간의 원초적인 신뢰의 대상은 하나님이심을 분명히 밝힌다. 그리스도인에게 있어서 하나님을 신뢰함이 신실성의 기본이요, 하나님 신뢰 없는 인간 신뢰는 우상숭배이다. 하나님에 대한 우리의 신실성은 우리에게 주신 재능, 기회, 여건 등의 은사를 십이분 활용하여 하나님이 원하시는 일을 수행함으로써 증명할 수 있다.

하나님의 은사를 받고 그것을 바탕으로 열심을 내어 하나님과 이웃을 섬기는 사람은 신실한 사람이다. 그러나 주신 은사를 묵살하는 사람은 게으르고 신실치 못한 사람이요 그것을 오용하는 사람은 악한 사람이다. 그리스도인들의 신실성이 구체적인 섬김, 사명 감당으로 표출될 때, 하나님께서 그들에게 내장해주신 창조성이 적절히 그 기능을 드러내야 한다. 본래 그리스도인은 새롭게 창조된 존재이기에 자신의 창조적 능력을 잘 구사해야 하는 것이다. 인간이 겪는 가난과 질병, 시련, 실패, 위험 등 온갖 역경과 고난을 희망과 건강, 승리와 평화로 대체하는 창조적 사명을 수행함으로 그리스도인은 그 신실성을 높일 수 있다.

두뇌의 구조상 창조력은 늙거나 젊음에 별로 상관없이 드러나고 발휘된다 한다. 대뇌생리학에 의하면 창조 작업을 하는 것은 앞이마 쪽에 위치한 전두엽이라는 뇌의 일부분이다. 전두엽은 80세까지 성장한다. 그리스도인이 그 사명에 대하여 늘 관심하고 연구하며 새로운 것을 추구하면 전두엽의 뇌세포는 폐기되지 않고 활발히 움직여줄 것이요 창조적 발상과 실행이 가능해질 것이 분명하다.

나아가서 그리스도인의 신실성은 위임된 일을 끝까지 완수하는 인내성으로 증명된다. 세상 사람들은 달면 삼키고 쓰면 뱉는 식의 처세를 능한 것으로 여긴다. 그러나 그리스도인들은 삼위일체 하나님에 대한 믿음을 초지일관, 시종여일하게 지킬 뿐 아니라 섬기는 삶에 부수되는 여하한 고난, 역경, 불이익도 끝까지 참아냄으로써 그의 신실성을 증명한다. 인내란 어려운 일을 당했을 때 보여주는 침착하고 냉정하며 변치 않는 자세를 말함이다. 하나님은 거듭되는 인간의 반역과 죄악을 끝까지 참으시며 최후의 심판을 유보하신다. 그래서 아무도 멸망하지 않고 구원과 영원한 생명을 얻기를 바라신다. 예수께서도 민중의 배신, 제자들의 이탈, 정치·종교 지도자들의 저주와 음해, 십자가의 고난 등 숱한 어려움에 부딪침을 당하였으나 죽기까지 견딤으로 진정한 인내의 범례가 되셨다.

사도 바울의 선교도 고난과 인내로 점철되었다. 그리스도께서 "네가 죽도록 충성하라. 그리하면 생명의 면류관을 네게 주리라" 하셨다. 세상 끝날까지 참고 견디며 하나님께 그리스도인으로서의 신실성을 잃지 말라 함이다. 인내는 하나님과 사람 앞에서 우리가 취할 수 있는 신실성의 한 단면이라 하겠다. 그것은 상황이 아무리 악화되어도 흔들리지 않고 스스로를 조절하고 절제하여 본래의 목표와 방향은 물론 희망을 포기하지 않는 성실하고 미래 지향적인 태도이다. 현대 사회에서 그리스도인은 그 신실성을 시험하는 여러 가지 도전과 유혹에 적나라하게 노출되어 있다. 우후죽순 격으로 솟아나는 이단종파의 유혹, 불신자들의 기독교에 대한 악담과 저주, 권력과 물질지상주의(맘모니즘)의 횡포 등을 말함이다. 차제에 그리스도인들은 자신들의 신앙생활, 교회 생활을 면밀히 점검해보고, 어떤 유혹과 도전이 있어도 끝까지 그리스도인으로서의 신실성을 지키리라는 새로운 각오와 다짐이 있어야 할 것이다.

2016.10.08. 제주기독신문 사설

생명의 존엄성

요즈음 들어 질병과 천재, 인재로 아까운 생명을 잃는 사람들이 급증하고 있다. 오늘의 세상은 존귀한 인간 생명이 폐품처럼 처리되고 있는 현장이기도 하다. 예수는 사람의 목숨이 천하보다 귀하다 하셨다. 그는 우리에게 자신의 생명을 담보로 하여 그토록 귀한 생명을 풍성히 누리도록 나아가서 영원한 생명에 이르도록 해주었다. 우리가 예수를 믿는 가장 큰 목적은 그로 인해서 주어지는 영생을 얻기 위함이다. 예수는 "나는 길이요 진리요 생명이라"고 하였다. 그래서 예수 그리스도를 받아들이고 믿는 일은 곧 그로 말미암은 새로운 생명을 받아들이고 믿는 것이 된다. 기독교 신앙은 그런 뜻에서 우리의 삶 속에 충만한 생명을 공급받는 통로라 할 수 있다. 예수는 또 "내가 온 것은 양으로 하여금 생명을 얻고 또 얻어 풍성하게 하려는 것이라"고 하였다. 충만한 생명은 믿음에 의해 생명의 근원이신 그리스도와 만남으로써 받게 되는 은총이다. 예수는 생명의 양식이니만큼 영원한 생명은 오직 그를 믿음으로 얻게 되는 것이다. 육체적 생명을 지니고 있을 때 그를 믿고 따르면 영원한 생명에 이르게 된다.

사도 바울은 우리의 몸을 하나님이 기뻐하실 거룩한 산 제물로 드리라고 권고한다. 인간의 생명은 천하보다 귀한 것이기에 가장 고귀하게 사용되어야 한다. 인간의 한 평생은 알파에서 오매가로 향해 가는 시간과 역사의 과정에 있어서 단지 눈 깜짝할 순간에 불과하며 우리의 육체적 생명은 이 번개 같은 찰나에 세상에 한 번 왔다 가는 것이다. 그토록 짧으면서도 존귀한 생명을 가장 값지게 사는 방법은 우리의 몸, 즉 육체적 생명을 하나님께 산 제물로 드리는 일이라 한다. 우리의 전 존재를 하나님께 의탁하고 드리며 그 말씀에 순종하고 그 뜻을 이 세상에 실현하며 사는 것이 우리의 몸을 거룩한 산 제물로 드리는 삶이다.

생명은 하나님의 뜻에 따라 거룩하고 올바르게 살고 행동하는 주체이기에 다른 모든 가치들보다 높고 귀하게 평가되어야 한다. 인간의 생명은 귀하다 못해 신성하기까지 하다. 그래서 "거룩한 제물"이라 하였다. 생명은 하나님이 부여한 값지고 고유한 각 사람의 몫이다. 인간의 생명은 그 자체가 목적일 뿐, 여타의 인간적·세속적 목적을 위한 한낱 수단일 수는 없다. 그 생명은 윤리적·인격적 주체로서 사람이 자유롭고 성숙한 존재가 되고 그 존엄한 가치를 실현할 수 있는 기본적 토대이다. 그러기에 존엄한 인간의 생명은 최대한 존중되어야 하며 그 어떤 세속적 목적 달성을 위해 생명을 담보하거나 희생시키는 일이 있어서는 아니 되는 것이다. 오히려 인명은 이념이나 물질이나 권력, 재능 등 기타 여하한 가치를 희생해서라도 지키고 보호하며 보존되어야 한다.

생명이 그토록 고귀한 것이니만큼 육체적·영적 생명을 보존하기 위하여 인간은 무엇보다도 생명의 근원이신 하나님께 가까이 다가가야 한다. 하나님께 가까이 감은 오직 예수 그리스도를 믿고 따름으로 가능해진다. 그리고 인간은 다른 사람, 동료 피조물과 화해하고 평화를 이루어야 한다. 이 일은 이웃 사랑의 길이다. 우리의 몸을 "산 제물"로 드린다 함은 이처럼 생명 보존을 위하여 삼위일체 하나님을 믿고 의지하며, 그의 뜻과 명에 따라 이웃을 사랑하고 섬기는 실천적 행위를 뜻하는 것이라 할 수 있다. 오늘의 그리스도인과 교회는 이처럼 존귀한 생명의 보존에 특별히 경각심을 높이고 생명을 지키는 활동을 항시적으로 열어갈 수 있는 예산과 인력, 제도와 장치, 기술과 장비를 서둘러 마련할 필요가 있다. 우선 인간의 생명보존을 주요 목표로 하면서 점점 그 사역의 장을 넓혀서 온갖 생명이 깃드는 생태계, 창조질서의 보존을 위해서도 적극 발을 벗고 나서야 할 것이다.

2016.10.22. 제주기독신문 사설

자비와 경책

그리스도인들이 믿는 하나님은 언제나 풍성한 자비를 베푸시지만, 때로 엄중히 경책도 하시는 분이시다. 우선 그리스도인은 그에게 베푸시는 하나님의 자비를 예민하고 섬세한 감수성으로 확인해야 한다. 예수 믿기 전의 그리스도인은 하나님도 교회도 알지 못하는 한낱 외국인이요 세상에 잠간 왔다 얼마 없어 떠나는 일시적 체류자에 지나지 않았다. 외국인과 체류자가 별로 법적 보호를 받지 못하는 것처럼 신앙을 갖기 전의 그리스도인들은 죄악의 세력으로부터 오는 유혹과 위협으로부터 안전하게 스스로를 지킬 수 없었다. 죄와 악의 공격에 온전히 노출되어 있었기 때문에 그들은 매우 쉽게 죄의 호호탕탕한 물결에 떠내려갔다. 세상 풍조에 휩쓸려 멸망과 죽음을 향해 내리 닫고 있었다.

그런데 예수 믿은 후의 형편은 어떤가? 그는 하나님의 사랑과 자비의 영역, 교회 공동체라는 안전지대로 옮겨졌다. 여기서 주의 성령이 그들을 보호하신다. 말씀을 읽고 설교를 들을 때, 성령께서 무엇이 죄와 사망이며 어떤 것이 의와 생명인지를 깨닫게 하신다. 멸망으로 치닫는 길과 행실을 버리고 구원과 생명의 길로 달려가도록 이끄시고 도와주신다. 외롭고 슬플 때, 여러 가지 문제와 돌발 사태로 인하여 골치 아프고 답답할 때, 기도로 하나님께 호소하게 하신다. 선한 희망과 목표가 있을 때 간구하게 하신다. 만족스럽고 기쁜 일이 있을 때 찬송하게 하신다. 친구가 없어 적적할 때, 성도들과 사귀며 위로와 기쁨을 나누게 하여 주신다. 그들은 조국을 떠나 낯선 곳에서 방황하는 초라한 외국인처럼 혼자서 주눅 들어 있지 않는다. 그들은 성령을 통하여 그리스도와 함께 있으며 성도들과 사귄다. 이것이 하나님께서 그리스도인들에게 베푸시는 자비와 인자의 몇몇 실현 양태이다.

그리스도인은 하나님의 은혜의 바다 위에 떠 있다. 그 사랑의 큰 산자락에 감싸여 살고 있는 것이다. 믿음의 눈, 영적 감수성을 크게 일깨워 주변을 면밀히 살펴보고 관조하면 하나님의 자비가 작동하는 모습이 보인다. 심령의 귀를 열고 들으면 하나님의 인자한 음성이 들려온다. 참된 그리스도인들은 육신의 눈으로 보이지 않고 귀로 들리지 않는 하나님의 자비가 어떻게 그들에게 임하는지를 그 영혼의 감각기관으로 능히 감지하고도 남는다.

한편 그리스도인들은 하나님의 경책의 의도를 제대로 읽을 줄 알아야 될 것이다. 경책은 잘못과 실수, 범죄를 꾸짖으신다는 의미이다. 왜 경책하시는가? 아무리 사랑스런 자녀라 할지라도 경책하지 않으면 쉽게 죄악의 길로 들어설 수 있기 때문이다. 그것은 거룩하고 의로운 신 하나님을 두려워해서 더 이상 탈선하지 않도록 하기 위함이다. 따라서 하나님의 경책은 그분의 사랑과 자비의 다른 표현이요 나아가서는 축복이라 할 수 있다. 그리스도인들이 죄와 악을 회개하고 잘못된 행위를 중지할 때 하나님의 경책도 끝난다.

하나님의 경책은 뜻밖의 사고로, 갑자기 엄습한 악성 질병으로, 물질상의 큰 손해로, 경영하던 사업의 실패와 도산으로 그리스도인들에게 임해온다. 한마디로 하나님의 경책은 그리스도인에게 닥쳐 온 시련으로 표현된다. 하나님의 경책, 그 시련을 회개하는 마음, 겸손한 마음으로 묵묵히 받아드리고 인내와 소망가운데 기다리면 경책은 끝나고 그리스도인들의 믿음은 한층 더 깊어지게 된다. 하나님은 그 자녀들을 꾸짖으시되 불신의 행악자들을 대하는 것과 같이 하지 않으신다. 악한 자들에게는 소망도 없고 위로도 없는 징벌을 주실지 모르나 그 자녀들에게는 죄와 잘못을 깨닫고 시인하여 돌아서기에 합당할 정도만 경책하신다. 그리스도인들은 하나님의 자비와 경책이 오늘도 교회 안에서 그리고 그리스도인의 삶과 인격 속에서 끊임없이 역사하고 있음을 재확인하며 감사드려야 할 것이다.

2016.11.12. 제주기독신문 사설

통전과 결속의 과제

　　교회와 그리스도인들은 예수 그리스도로 말미암아 하나가 된 공동체이다. 따라서 이 공동체가 온전히 통전되고 긴밀히 결속되지 아니하면 그리스도 안에서 한 몸이라는 교회의 원리는 공염불이 되고 만다. 그러기에 기독교 신앙의 여러 토대 중에 하나는 나누임, 차별 ,분열이 아니라 연합이요 일치며 하나가 됨이다. 예수는 그의 시대의 신앙인과 불신자, 남자와 여자, 어른과 아이, 유대인과 이방인 ,나아가서는 선한 사람과 악한 사람까지도 구별하거나 차별하지 않고 연민과 사랑으로 대해 주셨다. 사도 바울은 예수께서 하나님과 인간, 사람과 사람 사이를 구분한 모든 장벽을 무너뜨렸다고 주장하였다. 그는 예수께서 이렇게 하심으로써 인간을 하나 되게 하셨다는 것과 이같이 새로운 통전과 결속 속에서 새로운 인간성이 형성된다는 것을 확신하였다. 바울에게 있어서 이 점이 세계 선교의 근거요 이유였다. 그러니까 그리스도 안에서의 통전과 결속의 범위는 실로 세계적이요 우주적이다. 그 하나 됨은 그리스도인뿐 아니라 선교의 대상인 세상 모든 사람들의 통전과 결속을 의미한다. 이것을 우주적인 성도의 교제라 표현할 수 있을 것이다. 이 교제는 그리스도인들이 이 세상에서 혹은 하나님 나라에서 서로 만나 이루어질 모든 하나 됨을 통칭한다.

그리스도인들의 진정한 연합, 통전, 결속을 위해서는 삼위일체 하나님에 대한 동일한 신앙고백을 확인하고 교리와 신학, 제도와 조직 등의 다양성을 이해하고 수용하는 자세도 물론 필요하다. 하지만 통전과 결속을 위하여 우선적으로 요청되는 것은 그리스도인들의 겸손과 사랑, 남을 존중히 여기는 마음이다. 그리스도인 개인이나 공동체는 스스로가 하나님께 전적으로 의존하는 존재임을 자각하면서 남을 섬기는 겸손하고 낮은 자세를 취할 뿐, 오만하게 자기를 내세우지 말아야 한다. 다른 이들도 자기처럼 하나님께 의존하고 있음을 알고 그들을 존중히 여겨야 하는 것이다. 그래야 남을 돌보고 섬길 수 있다. 그리스도인들은 그들이 예수께 배운 사랑, 겸손한 마음, 섬기는 행위로 단단히 결속된 공동체가 되는 것이다. 여러 가지 차원에서 자신의 부족과 오류의 가능성을 정직하게 시인하는 데서 오는 겸손, 자기의 한계성을 알고 겸허하게 받아드리는 자세, 하나님의 용서와 용납에 감격한 나머지 결코 남을 비난, 심판, 정죄하지 못하고 다만 연민하고 용서할 수밖에 없는 온유한 심정, 이 같은 마음과 태도로 단단히 결속되는 공동체가 곧 교회이다.

교회는 선교와 봉사 등 구체적인 과제와 역할을 위해서도 결속, 통전되어야 한다. 그래야 제 사명을 다할 수 있다. 본래 인간은 같은 신념, 희망, 사명감 등을 공유할 때 하나로 단단히 결속될 수 있다. 그리스도인들은 그리스도의 구속의 행위로 그들이 죄와 죽음에서 해방되고 새롭고 영원한 생명을 누리게 되며 하나님의 형상을 회복하여 그분과 진정한 소통과 교제를 나누게 될 것이라는 믿음과 소망을 갖는다. 그리스도인을 부르신 이 소망은 전 인류의 소망이기도 하다. 그리스도인들은 온 세상 만물이 그리스도 안에서 하나님과 하나가 될 것을 또한 소망한다. 그리스도인에게 있어서 사명감을 가지고 이러한 믿음과 소망을 온 세상에 전하는 것이 선교요, 선교의 대상에 대한 구체적인 사랑의 섬김이 곧 봉사이다. 이 과제를 원활히 수행하기 위해서라도 교회는 하나로 결속되고 일치되어야 한다. 교리와 신조가 조금씩 다르고 제도와 기구 역시 제법 많이 다르다 하더라도 교회들이 협력하여 그리스도의 일, 선교와 봉사의 과제를 수행하는 일은 별로 어렵지 않다. 교회의 통전과 결속, 연합과 일치는 선교와 봉사의 협력을 통하여 구체적으로 실현될 수 있을 것이다.

2016.11.26. 제주기독신문 사설

전투적 저항

기독교 신앙은 단순히 삼위일체 하나님을 믿고 의지하는 것으로 끝나지 않는다. 믿음을 평생 지키고 그 믿음에 따라 행동하고 살리라는 결의가 있어야 한다. 나아가서 그 같은 결의의 구체화, 실천이 뒤따라야 하는 것이다. 그리스도인은 하나님과의 약속 관계에 있는 사람이다. 약속은 말로 끝나는 것이 아니라 약속한 대로 실천할 것을 전제로 한다. 하나님과의 신앙적 약속을 실천함에 있어 우리가 주의하고 명심해야 할 사항이 있다.

우선 그리스도인은 결단코 다른 사람의 신앙과 그 행태에 영향을 받고 흔들려서는 아니 된다는 점이다. 믿는 사람이라 해서 모두 바로 믿는 것이 아니요 성직자요 지식인이라 해서 더 잘 믿는 것도 아니다. 사람은 누구나 허물과 죄가 있고 남에게 고백하기 부끄러운 치부가 있다. 인간이란 비록 신앙인이라 하더라도 언제나 약하고 불완전한 존재이다. 로마 가톨릭에는 교회와 교황청이 공인하고 추서한 성자들이 있지만 엄밀한 의미로 예수 그리스도 외에는 성인도 성자도 있을 수 없다. 우리 주위에 어느 누가 아무리 신앙과 지식, 행위에 있어서 크고 선한 모범을 보인다 하더라도 그 역시 외견상 믿음도 품위도 없어 보이는 다른 신자와 크게 다를 것이 없다. 하나님 앞에서는 여전히 죄인이며 어린아이처럼 미숙하다. 그러기에 다른 이의 신앙 행태를 보고 이를 무조건 추종하여 더 열심을 낸다든지 반대로 믿음이 해이해 지는 일이 있어서는 아니 된다. 엄밀히 말해서 그리스도인은 교회 공동체적으로 뿐 아니라 개인적으로도 하나님과의 약속 관계에 있다. 교회 전체가 하나님께 충성해야 하겠지만 그리스도인 각자도 남이야 이렇건 저렇건 하나님과의 약속에 충실하고자 힘써야 할 것이다.

다음으로 우리의 믿음을 지키기 위해서는 보다 적극적 투쟁적이 되어야 하겠다. 사도 바울은 에베소서 6장에서 신앙을 어두움의 세력과의 싸움이란 관점에서 규명한다. 사탄과 악령들이 설치는 세속사회의 온갖 도전에 맞서 신앙을 지키는 일은 오직 방어와 공격의 전술 전략을 지혜 있게 구사하여 적극적 전투적으로 악의 세력과 대결함으로써 가능하다. 싸울 수 있는 힘과 능력은 어디서 오는가?

그리스도인은 세상의 악령과 어두움의 세력을 맞아 전투를 벌이는 군인과 같다. 전투에서 이기려면 어떤 군대도 평소에 열심과 충실로 훈련할 뿐 아니라 성능 좋은 무기들을 갖추고 운용해야 한다. 초대 그리스도인들이 막강한 로마의 박해와 억압을 이기고 마침내 로마를 영적으로 정복할 수 있었던 것은 철저한 신앙의 훈련과 영적 무장에 의한 것이었다. 오늘의 그리스도인도 마찬가지다. 신앙과 영성의 훈련을 열심히 하고 진리, 정의, 복음, 믿음, 소망 등의 방어 무기와 하나님의 말씀의 공격 무기로 영적 무장을 단단히 해야 한다. 이 같은 훈련과 무장은 그리스도인들의 의지와 노력만으로써는 구비될 수 없다. 성령의 도우심과 그 능력을 힘입어야 한다. 하나님의 능력이 성령을 통하여 그리스도인들에게 주어진다면 그들은 적극적 투쟁적이며 강하고 용감한 하나님의 군대가 될 수 있다.

하나님의 영적 군대인 그리스도인에게 결국 승리가 안겨지게 되는 것은 예수께서 죄악과 죽음의 중심 세력을 이미 물리치셨기 때문이다. 그러기에 그리스도인들의 어두움의 세력과의 영적 전투는 승패가 불확실한 싸움이 아니다. 확보된 승리를 전제로 싸우는 것이다. 그리스도인의 전투는 적의 주력부대와의 결전이 아니다. 아직도 도처에 숨어 있는 패잔병과 게릴라에 대한 소탕전이다. 악의 세력은 지금 힘 있어 보인다. 그러나 그 중심이 이미 흔들리고 약화되어 완전한 패배를 눈앞에 두고 있다. 그리스도인들은 이미 이겼다는 확신으로 악의 세력과의 전투를 적극화 할 때, 그 신앙은 더욱 강대해지고 영성은 한 층 더 심화될 것이다.

2016.12.10. 제주기독신문 사설

크리스마스의 평화

크리스마스에 오시는 아기 예수님의 평화가 독자 여러분에게 항상 충만하기를 기원한다. 예언자 이사야는 장차 오실 메시아를 '한 아기', '우리의 통치자', '기묘자', '모사', '전능하신 하나님', '영존하시는 아버지', '평화의 왕' 등 다중적 용어로 묘사하였다. 또한 메시아의 역할도 여러 가지임을 열거하였다. 왕으로서의 주권 행사, 국권의 강화, 법과 정의의 실현, 평화의 성취 등을 말하였다. 그런데 이 모든 메시아로서의 역할과 기능의 중심축은 평화에 있다. 다른 일들은 진정한 평화를 이루기 위한 수단 내지 과정이라 할 수 있다. 메시아, 즉 그리스도인 아기 예수는 이 세상에 참된 평화를 주시려고 크리스마스에 탄생하였다.

예수 탄생의 시절 대제국 로마는 당시의 세상에 '로마의 평화'(Pax Romana)를 가져왔다. 고대 세계에서 로마는 잘 조직되고 훈련된 군대로 주변의 여러 나라를 정복하였고 확장된 제국을 효율적으로 통치하여 평화와 안정을 도모하는 수단으로 역시 무력을 십이분 활용하였다. 로마의 군단들은 점령지에 주둔하여 로마를 증오한 나머지 일어서는 온갖 저항 운동을 여지없이 분쇄하였다. 유대인들은 반로마 항쟁을 벌였다가 주후 70년 로마 장군 티토의 군단에 의해 궤멸되고 초토화되고 말았다. 로마의 입장에서는 유대의 폭도들을 도륙하여 평화를 찾았다고 하였지만 유대인으로서는 패배와 원한, 슬픔과 고통, 그리고 평화의 소거였다. 그것은 바닥 모를 증오여서 기회와 힘을 얻으면 활화산처럼 분출되어 살얼음판 같은 잠정적 평화를 송두리째 무너뜨리고야 말, 숨겨진 시한폭탄이었다.

헌데 오늘 탄생 하시는 예수는 평화의 왕으로서 무력으로 갑옷 입은 세상 통치자의 주권이 아니고, 고난과 십자가로 구체화된 사랑의 주권으로 세상에 평화를 실현하였다. 그것은 저주, 참패, 멸시의 십자가를 통하여 발현된 주권이요, 성취된 사랑이며, 이룩된 평화이다. 평화의 왕의 큰 능력은 바로 여기에 있다. 십자가는 하나님과 인간, 사람과 사람을 화해시키고 하나로 묶어준 메시아의 주권과 사랑의 표징이요 상징이 되었다. 십자가 곧 자기희생적 사랑이 있는 바로 그 곳에 진정한 평화와 기쁨이 있다.

이사야는 메시아를 '전능하신 하나님', 다른 말로 '용사이신 하나님'이라 했다. 왜 용사인가? 예수는 하늘의 영광을 버리고 자기를 비워 낮고 볼품없는 한낱 인간이 되기를 마다하지 않으셨고 십자가의 치욕적이고 무서운 고난을 회피함 없이 정면으로 부딪혔기에 '용사'가 아닐 수 없다. 또 '모사', 곧 '탁월한 경륜가'라 했다. 세상 사람들의 진부한 방법이 아니라 새롭고 상식을 넘어선 충격적인 방법과 행동으로 사랑을 펴시고 평화를 이루셨기 때문이다.

사랑과 십자가와 평화가 없는 크리스마스 그것은 평화의 왕이신 예수 그리스도와는 아무런 상관이 없는 세속적 축제로 끝나고 만다. 그것은 자기만족과 쾌락의 또 하나의 기회일 뿐이다. 수많은 사람들에게 있어서 크리스마스는 실로 이 같은 의미로 각인되었다. 우리 그리스도인들은 세속적으로 왜곡된 크리스마스를 본연의 크리스마스로 되돌려 놓아야 한다. 사랑과 십자가와 평화의 마음으로, 또 그 뒤를 잇는 섬김과 배품의 행위로 메시아의 오심을 맞아드리자. "땅에서는 기뻐하심을 입은 사람들 중에 평화"라고 첫 번 크리스마스 때 천군 천사들이 노래했다. 우리가 진정 사랑의 마음, 섬김의 행위로 성탄절을 맞을 때 하나님께서 기뻐하시는 백성, 사랑과 평화의 나라, 천국의 주민이 될 수 있다. 이들이 곧 평화의 왕을 따라 평화를 만드는 사람이요 십자가를 지는 사람이다.

2016.12.24. 제주기독신문 사설

해방공동체

2017

• 주현절 명상 • 복, 축복의 기독교적 이해 • 소명(召命)에 따르는 삶
• 은혜와 응답 • 하나님의 뜻 알기 • 해방 공동체 • 중보자 그리스도
인 • 시급한 과제 • 우상숭배와 탐욕 • 대림절, 성탄절의 희망

주현절 명상

지난 주간부터 2017년의 주현절이 시작되었다. 교회력상으로 주현절은 부활절 다음으로 그 기원이 오래된 절기이다. 주후 2세기부터 지켜온 주현절은 동방 희랍정교회에서는 예수의 수세를 기념하기 위해 마련되었고 서방 가톨릭교회에서는 동방 박사의 방문에 초점을 두고 지켜왔다. 주현절의 원래의 명칭 "에피파니"(Epiphany)는 "현현", "나타남"을 의미한다. 어두움 가운데 빛이 드러나듯이 하나님께서 예수 그리스도에게 임재하시어 그 영광의 빛이 예수를 통하여 세상에 드러났다는 뜻이다. 그러니 주현절의 핵심은 세상의 빛이요 생명이신 예수 그리스도이시다.

예수께 드러난 하나님의 영광의 빛은 그리스도인에게만 아니라 그리스도인들을 통하여 세상사람 모두에게 비추인다. 예수는 어떻게 세상의 빛으로 현현하였는가? 신약성서 공관복음에 의하면 주후 28년경 어느 날 예수께서 요단강가에 오시어 세례 요한에게 세례를 받으심으로 자신을 세상에 드러내셨다. 요단강에서 세례를 받고 뭍으로 올라오던 그 순간 하늘이 열리고 성령이 비둘기 같이 임하시며 "이는 내 사랑하는 아들이요 내 기뻐하는 자"라는 하늘의 음성이 들려왔다. 하나님의 성령이 예수께 내려오심으로 그가 기름 부음 받은 메시아이심을 선언한 것이었다. 예수께서는 세례를 받은 후 광야 시험을 거쳐 그의 공생애, 선교의 길에 오르셨다. 그가 주현절에 세상에 등장하신 것은 세상에 드리운 죄악의 어두움을 진리의 빛으로 밝히시고 악령의 세력에 볼모가 되어 죽어가는 인간을 구하기 위해서였다.

인종과 국가, 사회 구조와 정치 체제, 종교와 문화양식 등은 서로 다르지만 오늘날 인류는 점차 강력해지는 몇 가지 힘과 세력의 종이 되어가고 있다. 어떤 힘인가? 우선 그것은 물질·재물·돈이다. 돈의 힘은 엄청나서 모든 이념과 체제의 장벽을 근본적으로 흔들어 무너뜨리고 세계의 질서를 제 구미에 맞게 재편성하고 있다. 물질의 힘과 세력은 모든 사회 체제를 자본주의의 권역 속으로 복속시켜 가고 있는 것이다. 물신 맘몬은 세상 나라의 지배 세력과 결탁하여 인간의 삶의 중심축을 경제지상주의에 두도록 강압한다.

오늘 많은 사람들이 이 맘몬의 발밑에 무릎을 꿇는다. 그 앞에서는 권력자도 학자도 고매한 인품의 소유자도 안절부절 못한다. 인간을 노예화하는 또 다른 힘들이 있다. 정치인들이 휘두르는 권력, 행정관료의 무기인 관권, 매스컴 기구들이 장악한 정보력, 그리고 급발전하는 과학 기술의 파워가 그것이다. 이런 힘들은 서로를 활용하고 보완하면서 오늘의 인간과 사회를 철저히 통제·감시·조종·조작한다. 국민과 시민 대중은 이처럼 치밀하고 집요한 세력과 힘들의 포로요 죄수며, 눈 먼 자요, 앉은뱅이이다.

주현절에 자신을 드러내신 예수는 그리스도인들을 제자로 부르시고 그의 길을 따르라고 요청하신다. 그분처럼 성령을 힘입어 스스로 낮아지며 고난 받는 이웃과 함께하고 저주와 협박의 소리에 기죽고 움츠러든 백성들에게 구원과 해방의 빛을 비추어줄 것을 명하신다. 온갖 질곡에 갇히어 고통당하는 사람들에게 뿐 아니라 물신과 권신의 하수인인 지배자들

에게 다가가서 그들까지도 해방시키라고 내보내신다. 그리스도가 원하
는 것은 우리의 구원뿐 아니라 인간을 노예화 하는 우주적 힘들에 편승하
여 그 도구가 되어 버린 자들, 압제자와 피압자 모두 함께 사는 전적인 해
방이요 구원이다. 우리와 생각이 다르고 행동방식이 다른 사람들에게도
자유와 해방이 실현되도록 빛으로서의 역할을 하라고 당부하신다. 그는
우리와 더불어 어둠을 밝히는 진리의 빛, 세상을 섬기는 종, 인류의 진정
한 해방자가 되신다.

2017.01.04. 제주기독신문 사설

복, 축복의 기독교적 이해

지난 정초와 설날에 사람들은 서로에게 새해에 내릴 복을 빌어주었다. 『동아 새 국어사전』은 복을 "평안하고 만족스런 상태와 그에 따른 기쁨, 좋은 운수, 행복"으로 풀이한다. 복의 내용은 각자의 인성과 품격, 상황과 처지에 따라 달라질 수 있다. 가난한 사람은 돈과 재물에 목말라 한다. 그들에게 복은 부자가 되는 것이다. 몸이 쇠약하거나 병든 사람은 건강해지기를 바란다. 따라서 건강한 몸이야말로 그들에게 복이 된다. 억압받는 사람에게는 그 압제를 벗어나는 것이 복이요, 큰 빚을 진 사람은 그 빚의 탕감이, 여러 가지 형태의 노예들은 자유가 복이라 여긴다. 그리스도인에게 복은 이 같은 일반적 의미와 함께, 그 이상의 것을 뜻한다. 우리가 별로 깊이 생각해보지 않고 쓰고 있는, 또 어떤 사람에게는 기복신앙에 대한 거부감으로 별로 달갑지 않게 여겨지는 복 혹은 축복이란 개념을 성서적 조명 아래 이해해볼 필요가 있다.

시인인 제임스 스메탄은 매우 가난하게 살았다. 그에게 어느 날 한 사람이 이렇게 물었다. "당신은 왜 교회에 나갑니까?" "축복을 받으러 나가지요." "도대체 축복이 무엇입니까?" 그러자 스메탄은 이렇게 대답하였다. "분노와 경멸, 그리고 남을 멸시하려는 유혹이 사라지고 기뻠과 만족이 가득 차게 되며 하나님의 섭리에 만족하게 되는 것입니다. 어둡고 복잡한 생각으로 교회에 나가지만 돌아올 때는 평안하고 새로운 마음으로 오는 것이지요. 모든 근심은 사라지고 내가 구원 받은 기쁨이 용솟음 치고 나보다 더 행복한 사람이 없다는 생각이 듭니다. 이러한 것이 축복이지요." 이처럼 그리스도인에게 있어서 복은 하나님의 축복의 결과이다. 구약성서에서 축복이란 말은 히브리어 동사 '바라크'에서 왔다. 이 말은 예배하다, 찬양하다, 복을 빌다 등의 뜻을 갖는다. 신약성서는 구약의 '바라크'를 희랍어로 번역하여 '율로게인'이라 했는데 "호의적인 말을 하다"의 뜻이다. 그런데 "복을 빌다"라는 뜻의 축복이란 말은 사람이 축복한다 할 때는 복을 비는 행위이지만 하나님께서 축복하신다 할 때는 복을 비는 것이 아니라 복을 선언하고 내리시는 일을 말함이다.

예수님은 산상수훈에서 복 있는 사람들의 예를 들고 있다. 그들은 심령적으로 겸허한 사람들이요, 슬픔 가운데서도 하나님의 위로를 감지하는 이들이다. 온유 겸손하여 욕심이 없어 하나님의 풍성한 선물을 받는 자요 성실과 인내로 의를 추구하는 사람들이다. 자비한 마음으로 곤경에 처한 사람들을 불쌍히 여기는 이요, 마음이 깨끗하여 탐욕으로 눈이 어두워지지 아니함으로 하나님을 볼 수 있는 자이다. 평화를 위하여 애쓰며 하나님 나라와 그 의를 구하는 사람이요 그리스도 때문에 겪는 오해와 핍박, 모욕을 묵묵히 참는 이들이다. 도대체 하나님의 축복을 받는 이 사람들은 누구인가? 하나님과 구속의 은혜에 대응하는 믿음으로 이 모든 선한 품성을 소유한 사람이다.

하나님은 죄악으로 파괴되고 분열된 인간과 피조세계를 몸이 되신 예수 그리스도를 통하여 회복하고 통일하시려는 계획을 세우시고 그리스도인에게 지혜와 통찰력을 주시어 이 사실을 알고 믿게 하셨다. 하나님은 모든 만물이 그리스도께 순종하고 그분 안에서 통일을 이루게 하시려고 그리스도인들을 선택, 구속, 구원하시어 당신의 자녀로 삼으셨다. 그래서 그리스도인들은 이 같은 복을 주신 하나님께 찬양하며 영광 돌리게 되는 것이다. 이 모든 과정이 말씀이 육신이 되어 우리 가운데 오신 예수 그리스도를 통하여 주어진 하나님의 특별한 축복이다. 그리스도인들은 새해에도 하나님의 보호, 인도, 축복을 확신하며 지혜와 인내와 용기로 미래를 열어가야 할 것이다.

2017.02.11. 제주기독신문 사설

소명(召命)에 따르는 삶

　제주도 최초의 교회는 109년 전인 1908년 2월에 이기풍 목사에 의해 세워졌다. 한국 장로교 초대 목사로 안수 받은 그는 복음 선교에의 소명에 응답하여 해외 선교사로 제주에 파송되었고 그 소명을 한사코 붙들고 혼신의 힘과 정성을 다하여 제주 선교와 교회 개척에 나섰던 것이다. 여기서 소명이란 기독교적 의미로 하나님이 그분의 인류 구원 사업에 동역할 사람을 택하여 부르신다는 의미이다.

　구약시대의 예언자 예레미야의 소명 설화에는 그의 소명의 특성이 드러나 있다. 우선 소명의 주도권은 하나님께 있으며 그분이 먼저 예레미야를 불러 예언의 말씀을 전하라 하신다. 그러나 예레미야는 그토록 중하고 어려운 일을 자기로서는 수행할 수 없다고 울상을 지었다. 그러자 하나님은 그가 더 이상 무능과 부적절함을 핑계로 내세울 수 없도록 성령의 능력을 부어주셨다. 예레미야는 청년으로서의 그의 연륜과 지식, 경험이 그 막중한 임무를 맡기에는 역부족이라고 극구 사양했지만 하나님은 그에게 능력을 채워 주심으로써 그가 사명에 나설 준비를 완결하셨다. 과감히 예언의 말씀을 선포할 수 있는 믿음과 지혜, 용기와 담력을 그의 심령 깊숙이 심으셨다.

　하나님은 오늘도 세상을 향한 그분의 뜻과 역사 경륜을 위하여 인간을 선택하시고 부르시며 사명을 맡기신다. 부름 받은 사람의 개인적 소망, 성향, 삶의 목표와 목적 등을 제치고 그 대신 하나님의 목적 성취에 필요한 힘과 능력을 부여하신다. 하나님은 사명에 나선 사람들의 필요나 요청보다 훨씬 크고 많은 것으로 채우신다. 그분은 예레미야가 "아직은 너무 어리다"고 스스로 인정했던 것처럼 자기의 부족과 무능, 부적절함을 잘 알고 있는 사람을 불러서 사명을 맡기신다. 자신의 부족을 아는 사람이야말로 자기의 변변치 않은 실력에 의지하지 않고 하나님의 도우심을 기대하며 그 말씀과 위탁에 순종과 헌신으로 응답할 수 있다. 하나님의 일꾼은 하나님이 그와 함께 하며 능력으로 임하신다는 사실을 확신할 때 모든 고난과 역경을 무릅쓰고 맡은 바 사명을 완수할 수 있다.

오늘의 그리스도인도 하나님의 동역자요 그리스도의 증인으로서의 소명을 받았다. 그러니까 어떤 경우에도 하나님의 말씀을 전해야 할 의무가 있다. 역사학자들은 주후 1~2세기에는 세계의 모든 곳에 예수의 증인들이 있었다고 말한다. 도시와 농촌, 의회와 군대, 상인과 농부, 무식자와 지식인, 학자와 정치인과 관료 등이 모이는 곳은 어디에서나 복음을 전하는 자들이 있었다는 것이다. 그래서 이방인 사회에서 그리스도인에 대한 이미지는 "어디에나 있는 자"로 떠올랐다. 당시 그리스도인들이 극소수였음에도 세계에 편만해있다는 생각을 갖게 한 것은 그때의 그리스도인들이 그만큼 열성으로 증인으로서의 역할을 충실히 이행했음을 드러낸다. 더욱이 1세기는 로마제국이 그리스도인들을 유래 없이 심하게 박해했던 때였음에도 불구하고 오히려 그들은 더욱 과감히 죽기를 각오하고 복음 증거에 나선 것이다. 이처럼 온갖 어려움, 고난, 박해 속에서도 좌절하지 않고. 인내와 지혜와 용기로 적극적 선교에 나설 때 교회는 살아 움직이고 성장, 성숙하게 되는 것이다.

그런데 4세기에 이르러 로마제국 콘스탄티누스 황제가 기독교를 받아드려 더 이상 선교에 아무런 장애나 박해가 없게 되자, 교회는 선교에 주력하지 않게 되었고 그때부터 교회의 생명력이 약화되기 시작했다. 오늘의 교회도 그리스도인 각자도 마찬가지다. 소명을 받은 증인으로서 열심히 선교, 교육, 봉사, 친교 등의 사명을 감당할 때 그리스도의 "온전한 분량"에로 다가갈 수 있다. 소명에 따른 삶을 중단할 경우, 그의 육신적·영적 삶이 시들하게 된다는 사실을 깊이 명심해야 할 것이다.

2017.02.25. 제주기독신문 사설

은혜와 응답

　교회당에서 예배를 마치고 나오는 교우들이 설교한 목사에게 "은혜 많이 받았습니다" 하고 인사하는 경우가 더러 있다. 물론 목사의 설교에서 하나님의 은혜를 받는다. 설교도 은혜의 수단인 것은 분명하다. 그러나 하나님의 은혜는 설교 말고도 다양한 경로로 그리스도인에게 내린다. 단지 설교에서 오는 감동이나 깨달음처럼 즉각적으로 포착되지 않을 뿐이다. 어떤 의미로 우리의 그리스도인 됨은 그 은혜를 절실하고 깊이 있게 깨닫는 우리의 영적 감수성에 의하여 헤아려지는 것이 아닐까? 그런데 은혜를 깨닫는 것만으로는 부족하다. 은혜에 대응하는 구체적인 자세와 행위가 있어야 될 것이다.

　하나님은 인간에게 무조건적인 사랑과 은혜를 베푸신다. 하나님의 은혜의 대상에서 제외된 사람은 없다. 그분은 세상 모든 사람을 사랑하시고 구원하기를 바라신다. 그러나 인간은 하나님의 은혜에 대하여 각기 다르게 반응한다. 그리스도인처럼 은혜를 받고 믿는 이가 있는가 하면, 거부하고 무시하며 도외시하고 나아가서 적대하는 사람들도 있다. 믿는 사람에게는 더 큰 은혜의 물길이 트이고 거부하는 이들에게는 막힌다. 그러나 우선 성경과 설교를 통하여 들려오는 하나님의 말씀과 계명을 정확히 듣고 거기에 순종해야 한다. 성경에서 "순종한다"

는 말은 히브리어로는 원래 "듣는다"는 뜻의 동사에서 온 것이라 한다. 그러기에 순종은 어느 누구의 음성, 목소리, 말씀을 듣고 따름이다. 여기서 듣는 행위는 단순히 귀로 소리만 듣는 것이 아니라 그 소리에 담긴 말의 뜻을 새기고 실행에 옮기는 결단적 행동, 곧 순종의 행위를 동반한다. 은혜에 대한 더 신중한 반응은 바로 믿음이다. 그리스도인은 예수 그리스도 안에서 하나님은 물론 그 말씀을 믿는다. 그들은 하나님이 예수의 몸을 입고 세상에 오시어 인간에게 부여한 구원과 새 생명의 역사를 체험함으로 그분을 바라보고 믿게 되는 것이다. 그리고 세상 끝날에 그리스도를 통하여 만물을 새롭게 하실 그 하나님을 기대하고 믿는다.

그리스도인들은 이미 하나님의 사랑과 은혜를 받은 사람들이다. 그리스도인들이 이런 특권을 가지게 된 것은 하나님의 그 은혜를 믿었기 때문이다. 사실 그리스도인에게 가장 귀한 이 믿음도 하나님의 은혜의 선물이라 할 수 있다. 그것은 하나님 나라 백성의 언어요 신분증이며 죄악과 싸울 때 없어서는 아니 될 성능 좋은 무기이다. 우리가 앞으로 사는 동안 온갖 모양으로 하나님의 은혜를 받을 수 있을 것이다. 우리가 20년, 30년에 걸쳐 교회에 드나들었기 때문에 받는 것일까? 아니다. 학식과 재능과 소유가 많기 때문일까? 결코 아니다. 목사, 장로, 집사 등 교회의 직책을 받아서인가? 더구나 아니다. 오직 하나님을 의지하고 믿으며 흔들리지 않기 때문이다. 그러니까 우리에게는 어떤 상황이나 압력에도 굽히지 않고 꺾이지 않는 믿음이 있어야 할 것이다.

나아가서 그리스도인들은 받은 바 하나님의 은혜를 이웃과 나누어야 한다. 사도 바울에 의하면 초대 마케도니아 교회 교우들은 기근으로 굶주리는 예루살렘 교회 교우들을 위해 모금함으로써 은혜를 나누는 일에 모범을 보여주었다. 그들은 로마 제국의 착취적 지배 아래서 자신들도 물질적으로 극히 어려웠음에도 가진 것을 사심 없이 예루살렘 교우들과 나누었던 것이다. 모금은 하나님께 받은 은혜를 나누는 하나의 과정이요, 수단이었다. 물론 하나님의 은혜는 여러 가지 형태와 형식으로 나눌 수 있다. 예배와 선교, 친교와 봉사 활동을 통하여 신앙 간증과 중보의 기도, 교회의 온갖 사업을 매체로 하여, 우리는 이미 그리스도 안에서 한 식구가 된 이들은 물론이요 불신자에게도 하나님의 은혜를 이웃과 나누는 하나님의 백성으로서의 정체성을 세상 끝날까지 지켜야 할 것이다.

2017.05.27. 제주기독신문 사설

하나님의 뜻 알기

하나님의 심판은 인간과 집단의 악의, 악행에 대한 그분의 대응이라 할 수 있다. 하나님은 사랑의 다른 형태인 의로 심판하시지, 일시적인 분노나 변덕으로 하시지 않는다. 창조주 하나님은 우주에 창조의 질서를 두셨듯이 인간의 삶에도 어떤 원칙과 질서를 세우셨다. 그것이 곧 사랑과 정의의 원리이다. 하나님이 인간에게 주신 이 원리 원칙이요 요청은 인간의 삶의 구조 속에서 구체화되어야 하고 그 구현 여부에 따라 인간과 사회의 운명이 결정된다 할 수 있다. 그 요청에 순종하면 생명이요, 도외시하거나 거부하면 곧 멸망이다. 하나님은 이렇게 사랑과 정의의 잣대로 공평하고 의로운 심판을 하신다. 하나님의 심판은 인간의 죄의 본성과 악행을 폭로한다. 그리고 인간을 향한 하나님의 사랑에 근거하여, 그 사랑의 능력을 통하여, 우리를 하나님과 이웃에 대한 진정한 사랑으로 초청한다.

오늘의 인간과 세계는 하나님의 심판 아래 있다. 최근의 왜곡된 국내외의 정세는 그 심판이 임박했음을 경고한다. 역사에 대한 하나님의 심판은 자기 자신을 신격화하고 하나님의 섭리와 경륜을 제멋대로 바꾸려하는 자들, 인간이 만든 제도와 체제를 신봉하고, 제 손으로 만든 것을 숭배하며, 제 능력과 힘으로 모든 것이 가능하다고 과신하는 자들

위에 가차 없이 임한다. 사랑과 정의의 원리에 어긋나게도 이웃을 미워하고 경멸하며 무관심하거나 해악을 끼치는 자들, 온갖 모양으로 불의와 악행을 일삼는 자들에게 화살처럼 내려와 꽂히는 것이다. 인간이 하나님의 심판이 아니라 그분의 구원과 생명의 은총을 입으려면 하나님의 뜻을 아는 지식과 지혜로 충만해져야 한다.

그 지식은 어떤 것인가? 곧 세상과 인간을 향한 하나님의 계획과 경륜을 깨닫는 것이다. 이 지식은 예수 그리스도로 말미암은 하나님의 구속과 구원의 비밀스런 뜻을 아는 것이다. 그것은 하나님께서 그리스도인에게 계시하시어 하나님을 알게 하고 마음을 밝히시어 주님의 부르심의 소망, 그 역사하심과 능력을 깨닫게 하심으로 비로소 얻게 된다. 인간은 이 지식으로 하나님의 본성, 그분의 계획과 뜻, 그분의 섭리와 사역을 대충 알게 되는 것이다. 하나님의 뜻 속에는 하나님이 우리로 하여금 믿고 행동하기를 원하시는 모든 것이 포함된다. 따라서 우리가 구원을 얻기 위해서는, 또 삶과 행위의 모든 원리와 지침을 깨닫기 위해서는 하나님의 뜻을 아는 이러한 지식, 지혜가 있어야 하는 것이다.

하나님의 뜻을 아는 일은 그러기에 인생에 있어서 가장 긴박한 과제라 하겠다. 우리는 하나님의 형상에 따라 창조되었기에 그분의 뜻과 말씀의 기록인 성서에서 하나님이 우리를 위하여 무엇을 계획하시고 무엇을 원하시는지 알 수 있다. 따라서 그리스도인의 삶에서 우선적인 관심사는 성서 읽기와 명상을 통하여 그리고 예배와 찬양, 감사와 간구의 행위로 그분과 분명하고도 생명력 있는 관계를 맺는 것이요 이를 통하여 그분을 더욱 잘 아는 것이며, 그분의 뜻에 우리의 뜻을 일치시키는 것이라 하겠다. 여기서 하나님의 뜻을 아는 지식은 신앙의 지식이 된다. 신앙은 인간이 그의 말씀 속에서 당신 자신을 알게 해주시는 하나님과 가지는 총체적이요 적극적인 관계의 양상이다. 하나님의 뜻을 아는 지식은 신앙의 행위, 곧 말씀을 받아드리고 순종할 때 그리스도인의 참 지식이 된다. 하나님은 무엇보다 성서를 통하여 우리에게 말씀하시어 당신의 뜻을 알려주신다. 성서에 나타난 하나님의 본성은 사랑이요 그분의 판단, 섭리, 경륜의 핵심 원리는 그분의 의로우심이다.

2017.06.24. 제주기독신문 사설

해방 공동체

오늘의 극심한 경쟁 사회에서 수많은 사람들이 억압과 부자유, 노예상태를 경험한다. 한국의 고등학생들은 대학입시라는 괴물에게 자유를 박탈당한다. 대학생이 되면서부터 취직 경쟁에 휘말려 자유와 평안을 누리지 못한다. 회사원들은 산적한 업무와 상사의 견책과 추궁에 시달린다. 정치인들은 권력의 획득과 유지를 위해 견제 세력의 엄청난 압력을 견디어내야 한다. 갑과 을의 인간관계에서 갑이 "갑질"을 해대는 바람에 을은 억울함과 분노를 속으로 삼킨다. 요컨대 피나는 경쟁의 마당에서 사람마다 억압, 부자유, 노예 됨을 겪고 있다. 우리의 사회에서 왜 억눌림이 상존하고 해방과 자유가 만족스러우리만큼 실현되지 못하고 있는 것일까? 하나님께서 인간과 사회, 역사를 부자유, 억압의 방향으로 몰고 가시는 것일까?

결코 그렇지 않다. 하나님은 스스로도 자유하실 뿐 아니라, 인간과 사회 안에서 그 자유가 성취되기를 바라신다. 하나님은 출애굽 사건에서 드러나듯이 억압받는 노예들을 해방하는 분이다. 예수 그리스도는 하나님께 파송 받아 인간 해방을 위해 세상에 오셨다. 그런데 오히려 억누르는 것은 인간이요 압제를 받고 자유를 잃어버리는 것도 인간이다. 다시 말해 억압과 족쇄의 원인이 인간과 사회에 있다는 말이다. 누르는 사람은 오만과 욕심으로, 눌림 받는 사람은 무능과 지혜, 용기의 결핍으로 억압-굴종의 상황을 연출한다. 이처럼 인간 존재의 심층에 억압과 노예 됨의 메커니즘이 있는 것이다. 성서는 그것을 죄라고 이름 짓는다. 그 어떤 형식과 억압, 자유의 박탈도 따지고 보면 인간과 사회의 심층부에 앙금처럼 퇴적되어 있어 끊임없이 그 영향력을 휘두르는 죄의 본성에서 나온 것이라 할 수 있다. 따라서 인간을 탈선시키는 죄의 문제가 해결되지 아니하면 억압과 노예 됨도 사라지지 않고, 자유와 해방도 실현되지 않는다. 결국 인간적인 차원에서는 진정한 의미의 자유, 해방은 불가능하다 할 것이다.

교회와 그리스도인은 인간과 사회 속에서 자유와 해방을 실현하는 하나님의 도구이다. 교회가 어떻게 해방의 역군이 될 수 있는가? 먼저 인간의 귀머거리 상태에서 귀를 열어 하나님의 말씀과 복음을 듣게 되는 기적이 일어남으로부터 시작한다. 인간이 하나님의 음성을 바로 듣고 받아들이며 믿을 때 벙어리 된 입이 비로소 열리어 하나님을 찬양하고 감사하며, 주님에 대한 신앙을 고백하게 된다. 성만찬 때 자연의 일부요 물질인 빵과 포도주를 성도들이 나누어먹고 마실 때, 삼위일체 하나님이 그들과 함께 하시어 인간과 자연이 더불어 복권되고 해방되는 역사가 일어난다. 이처럼 하나님-인간 사이의 거룩한 교제와 교통이 이루어지는 순간 죄에서의 근원적인 해방이 실현된다. 이 죄에서의 해방은 다른 모든 형태의 해방을 가능하게 하는 궁극적 해방이다. 그리스도인은 각자의 개성과 주체성, 기능과 삶의 양식을 그대로 간직한 채 그리스도께 속한 한 몸이 됨으로써 그리스도의 자유를 공유하게 된다. 사도 바울은 죄와 악령의 유혹을 받고 인간을 노예화시키는 장본인이 바로 인간이기 때문에 "다시는 죄의 멍에를 메지 말라"고 권고한다. 그러기에 교회는 해방의 공동체가 되기 위하여 끊임없이 스스로 성찰하고 죄책을 고백하며 매 순간 갱신되어야 하는 것이다. 오늘의 그리스도인은 인류를 죄악과 온갖 형태의 억압에서 해방시키고 자유롭게 하기 위하여 택정된 하나님의 그릇이다. 그들은 해방 공동체로서 악령과 싸워 온갖 억압에 시달리는 인간을 구출해내는 하나님의 병기이다.

2017.07.15. 제주기독신문 사설

중보자 그리스도인

성서와 기독교 신앙에 있어서 중보의 개념이 등장한 것은 하나님과 인간 사이에 엄청난 간격과 괴리가 생겨났기 때문이다. 인간이 저지른 죄악과 하나님과의 언약 파기가 문제였다. 사람이 하나님과의 약속과 그분의 계명을 어기고 불순종함으로써 둘 사이에 소외와 불화가 싹텄다. 인간은 타락 이래로 단 한 순간도 의인일 수 없기 때문에 그 자신의 자질이나 노력으로는 하나님과의 화해도, 그분의 심판을 피하는 것도 불가능하다. 그런데 하나님 편에서 인간과의 화해를 원하시고 관계의 회복을 위한 조치를 취하셨다. 이 일을 위하여 하나님은 중보자를 필요로 하셨다.

중보라는 용어는 신약성서에서 그리스도께 적용되고 있다. 여기서 중보의 실제는 예수 그리스도의 구속 사역과 그 실체적 실현이다. 그리스도는 하나님의 보내심을 받아 하나님과 인간을 화해시키는 말씀으로 인간에게 오시어 그 중보의 역할을 담당하셨다. 예수는 그의 말씀과 행위, 섬김과 죽음으로 하나님의 인간 구원의 뜻을 드러내고 인간이 그를 통하여 하나님께 응답할 것을 요청하였다. 그리스도인은 예수의 중보의 사역을 이어받은 존재라 할 수 있다. 그리스도인이라면 이러한 사명의식으로 무장할 필요가 있다.

그리스도인들이 진정으로 그리스도를 닮아 모방적 중보자로서의 역할을 잘 감당하려면 어떤 요건을 갖추어야 하는가? 무엇보다도 중보자로서 흠결이 없어야 한다. 진정으로 죄 사함을 받아 의롭고 깨끗한 존재가 되어야 한다. 그리스도인들이 늘 스스로를 돌아보아 지은 죄를 회개하고 새롭게 되며 깨끗해지지 않고서는 인간을 하나님께 중보할 수도, 죄 많은 인간을 위하여 하나님께 변호하고 탄원할 수도 없는 것이다. 그리스도인은 육신을 입고 있기 때문에 아직도 범죄의 가능성, 불결과 불의의 영역 안에 살고 있다. 이 사실을 분명히 인식하고 대비하지 않을 수 없다. 그러기에 그리스도인은 언제나 깨어 근신하며 죄악의 올무와 함정에 말려들지 않도록 경계해야 한다. 완전한 성화를 목표로 기도하는 가운데 사고와 언어, 행위와 삶에서 의로움을 지향해야 할 것이다.

나아가서 중보자는 하나님의 뜻과 말씀을 제대로 알고 받아들일 뿐 아니라 인간의 죄악과 그로 말미암은 곤경의 상황을 진정으로 이해하고 연민해야 한다. 제대로 알지 못하고 하는 일에는 편견과 부정, 실수와 오류가 뒤따른다. 예수는 하나님의 아들이었기에 하나님의 뜻을 너무나 잘 알았고 인간의 몸을 입고 왔기에 인간의 죄의 본성과 상황을 꿰뚫고 있었다. 그래서 진정한 중보자가 될 수 있었다.

그리스도인도 예수처럼 하나님의 뜻을 분명히 알고 있어야 중보 사역을 감당할 수 있다. 하나님의 뜻은 성서에 확연히 드러나 있다. 성서를 열심히 읽고 명상하며 그 말씀을 새기는 가운데 세상을 향한 하나님의 진의와 사랑과 은혜가 어떠한지를 알게 된다. 그뿐만 아니라 그리스도인들이 중보해야 할 인간과 그 상황을 심판자가 아니라 인도자, 협력자의 입장에서 충분히 통찰할 수 있어야 한다. 모든 사람에게 안겨진 여러 가지 문제와 고난, 고통과 공포, 절망과 허무의식의 원천인 죄의 속성은 물론, 인간이 거기서 헤어나지 못하는 딱한 형편을 긍휼의 심정으로 이해할 필요가 있다.

우리 그리스도인들은 궁극적 중보자이신 예수 그리스도에 의하여 하나님께 중보 받고 하나님의 자녀가 된 존재들이다. 그러면서 한편으로 그리스도의 중보 사역을 돕고 마무리 짓는 사역을 위임받았다. 우리가 그리스도의 이름으로 전개하는 모든 교회적 기능과 과제, 사업과 프로그램에는 중보적 성격이 있음을 재확인하는 가운데 중보자의 원형인 예수 그리스도를 따라 모방으로서의 중보자 역할을 제대로 감당해야 할 것이다.

2017.09.09. 제주기독신문 사설

시급한 과제

유사 이래로 인류는 모두 공멸할 수밖에 없는 숱한 위기를 겪었다. 그것은 엄청난 파괴를 일으킨 자연 재해, 역병, 기아, 전쟁 등을 통하여, 근래에는 과학 기술, 공해, 도시화, 공업화, 인구 폭발, 생태계 파괴 등을 통하여 끊임없이 인류에게 다가왔고 앞으로도 계속 지구촌을 급습할 것이다. 그런데도 인류가 이러한 일련의 위기들을 타고 넘으며 지금껏 생존할 수 있었던 것은 체험을 통하여 인간을 더욱 지혜롭게 하고, 고난과 비극을 맞아 크게 각성하여 참 살길을 찾게 하며, 폐허와 잿더미 위에 새로운 것을 세울 의지를 불태우게 하시는 하나님의 인간 구원의 사역 때문이다. 예수 그리스도 안에서 하나님의 치유와 기사회생의 기적을 체험한 오늘의 그리스도인들은 어떤 절망적 상황 속에서도 위로와 치유와 생명을 주시는 하나님의 능력을 믿고 체험하며 대망해야 할 것이다.

오늘 우리는 온 국민과 함께 고난, 고통의 긴 터널을 지나고 있다. 국민들의 자유와 인권을 가차 없이 박탈하는 한편, 핵무기, 미사일, 화학 생물 무기로 남한뿐 아니라 저 멀리 미국까지도 초토화하겠다고 벼르는 북한 당국의 야만스런 의지에 가슴을 졸인다. 부정, 부패, 독직으로 썩어 냄새나는 역대 정권 아래서 경제적 침체와 불황, 사회적 불신과 절망의 고통을 안고 산다. 기업들은 적자와 부채로 무너지고, 직장인들은 구조조정으로 내몰려 죽을 맛이다. 이 땅의 수많은 젊은이들은 일자리가 없어 "3포 인생", "5포 인생"이 되었노라고 절망한다. 겨레의 아픔은 곧 교회와 그리스도인들의 고난이요 고통이기도 하다. 그러기에 한국의 그리스도인들은 이 민족의 운명에 대하여 결코 수수방관, 속수무책일 수 없다. 무엇인가 해야 할 것이다. 오늘과 같은 총체적 고난 상황에서 교회와 그리스도인들이 해야 할 일은 도대체 무엇인가?

사도 바울의 항해 경험을 오늘에 되살려볼 필요가 있다. 사도행전을 보면, 바울과 276명이 승선한 화물 여객선 "아드라뭇데노" 호가 지중해의 거대한 태풍 "유라굴로"에 휩쓸려 난파당할 위기에 처했다. 그때 바울은 하나님의 계시를 받고 승객들에게 살 수 있다는 희망을 안겨주는 한편, 구체적인 생존 전략을 구사하였다. 그렇다. 불신의 무서운 암초와 고난, 절망의 거센 파도 사이를 비집고 '한국호'가 무사히 빠져나올 수 있도록 믿음과 지혜와 실천으로 고통당하는 이웃을 섬기는 것이 교회의 우선적이고 시급한 과제이다.

교회와 그리스도인들은 의무적으로라도 주변의 이웃들을 위한 섬김의 장을 더욱 넓혀야 한다. 그 지역의 특별한 결핍과 요청이 무엇인지 정확히 파악하고 거기에 부응하는 실제적 도움 사역을 펴야 할 것이다. 그래서 무언가 믿음과 신뢰가 가는, 소망에 찬 기운이 일도록 힘쓸일이다. 절망, 허무, 자포자기에 함몰되어가는 형제자매들에게 비단 물질과 일용 양식뿐 아니라 심령의 양식인 복음을 전하고, 인간과 사회에 대한 신뢰감을 회복하며, 절망의 밑바닥에서 솟아오를 희망을 안겨줄 수 있어야 한다. 그리스도인들은 구원의 하나님에 대한 흔들림 없는 믿음으로 그가 겪고 있는 현실의 고난을 이길 뿐 아니라 고통당하는 우리의 이웃에게 불멸의 희망을 심어야 할 것이다.

오늘의 한국 교회와 그리스도인들은 지금과 같은 고난 고통의 시기에 교회의 본질과 역할에 대하여, 그리고 시대와 상황에 대하여 행여 잘못된 인식과 그에 따른 부당한 행태가 있다면 하루 속히 과감하게 이를 청산해야 한다. 그래서 하나님 말씀과 오늘의 상황에 두루 부합되는 새롭고 적절한 사고와 행위를 익혀야 하겠다. 고난과 절망의 땅에 희망을 심는 일에 힘을 모아야 할 것이다.

2017.10.28. 제주기독신문 사설

우상숭배와 탐욕

우상숭배란 무엇인가? 인간이 하나님 아닌 것을 하나님으로 간주하여 믿고 숭앙하며, 예배하고 섬기는 행위이다. 우상숭배의 본질은 하나님이 지으신 피조물을 신으로 삼고 그것을 하나님보다 더 존귀하게 여김이다. 따라서 하나님보다 피조물을 더 생각하고 사랑하며 섬기는 사람은 누구나 영적 의미에서 우상숭배자라 하겠다. 여기서 피조물이란 생명이 있는 것이나 없는 것을 막론하고 하나님이 우리를 위하여 만들어주신 것, 그분이 우리 자신을 위하여 우리로 하여금 만들게 하시는 것, 그뿐만 아니라 우리가 세상에서 누릴 수 있는 쾌락, 명예, 부와 물질, 능력과 재능, 온갖 위안물들을 망라한다. 심지어 인간인 우리 자신들, 우리의 삶의 방법, 우리의 사상과 이념, 가치관, 지식과 학문, 건강과 성공 등 이 모든 것이 피조물이요 그러기에 그것들은 우리에게 우상 혹은 다른 신이 된다. 따라서 대부분의 종교는 우상숭배일 뿐 아니라, 기독교까지도 자칫하면 우상숭배가 될 수 있다.

우상숭배는 영적 간음이며 탐욕과 정욕에 따라 사는 사람들의 죄악에 오염된 행위이다. 그것은 단순히 헛된 신을 섬기는 종교적 행위 외에도 자신의 욕심과 탐욕을 채우기 위해 벌이는 인간의 모든 사고와 행위, 삶과 태도를 말함이다. 하나님은 인간이 짓는 모든 죄악을 미워하시고 심판하신다. 그런데 우상숭배처럼 하나님 앞에서 더 가증스런 죄는 없다. 그것은 하나님의 계명을 고의로 범한 것일 뿐 아니라 하나님의 존재와 주권 자체를 부인하고 거부하는 것이기 때문이다. 오늘의 인간 군상은 이런 끔찍한 죄를 아무렇지 않게 저지른다. 그리스도인이노라 자처하는 사람들까지도 부지중에 우상숭배에 빠지는 경우가 허다하다. 우상숭배자들은 그 보좌로부터 하나님을 끌어내리고 그 대신 자기 자신과 세상의 피조물을 그 자리에 올려놓는다. 그것들을 귀히 여기고 자랑하며 즐거워할 뿐 아니라 그 앞에 무릎을 꿇어 경배해 마지않는다. 하나님은 다른 죄보다 우상숭배를 더 엄중히 심판하신다.

우상숭배의 근원이 욕심과 탐욕이라면 그 정체와 성향은 무엇인가? 욕심, 탐욕을 의미하는 말로 히브리어 '타바아', 헬라어 '에피튜미아'가 있다. 일차적으로 이 용어들은 육체의 삶을 가능케 하는, 건강하고 자연적이며 적극적인 욕구들, 즉 식욕·성욕·소유욕·행복과 안전을 바라는 성향 등을 가리킨다. 그러나 다른 한편 이 말들은 부정적인 의미로 쓰여 어떤 대상이나 목표에 대한 인간의 비정상적이요 과도한 애착·욕구·욕심 등을 뜻한다. 그것은 주로 육신과 결부된 세속적 욕망이요 자기중심적 욕구이다.

이 탐욕의 근저는 인간의 타락한 본성이다. 육체적 생명을 지탱하고 성숙시키기 위한 절실한 요구와 욕망은 그 자체로서는 죄일 수 없다. 그러나 그것이 도를 넘어서 욕심이요 탐욕으로 변질되면 인간에게 여러 가지 물의를 일으키고 죄악을 양산한다. 하나님의 선하신 뜻을 거스르는 악한 충동이요 힘이 되어버린다. 탐욕은 사람으로 하여금 결코 만족할 줄 모르는 욕구를 채우기 위하여 수단 방법 가리지 않고 끊임없이 애쓰고 허덕이게 함으로 인간성을 황폐하게 만드는 바닥없는 함정 같은 것이다. 탐욕은 이웃에 대한 관심과 배려 없이, 언제나 자신에게 유리하고 보탬이 되는 것만을 지향하는 비틀어진 심리이다.

그리스도인은 아직도 우리의 심령 속에 청산되지 않고 잠복해 있는 우상숭배적·탐욕적 요소들을 깨어있는 영의 눈으로 탐지하여 끊임없이 회개해야 할 것이다. 이 세상의 우상숭배적·탐욕적 행태와 추세에 어떤 형식으로라도 저항해야 하며, 하나님께 저들을 위한 중보의 기도를 중지해서는 아니 된다. 하나님은 오늘도 우상숭배와 탐욕의 죄를 회개하고 하나님의 말씀에 순종하여 사는 이들에게 사죄와 구원과 새로운 생명을 선물로 주신다.

2017.11.11. 제주기독신문 사설

대림절, 성탄절의 희망

내일(12.24.)은 대림절 마지막 주일이요, 성탄 전야 주일이다. 대림절은 예수님의 오심을 희망으로 기다리는 계절이다. 그리고 성탄절은 그 희망이 실현되어 기쁨으로 그리스도의 탄생을 축하하는 절기이다. 인간은 희망이 있음으로 해서 활기 있게 살 수 있고 보다 더 성숙한 경지에 이른다. 희망이 없으면 성숙은 정지되고 살아서도 죽은 것이나 진배없게 된다. 그렇다면 희망의 성서적 함의는 무엇인가?

히브리어에서 희망, 바램, 기대 등을 뜻하는 말 중에 대표적인 것은 '티크바'이다. 이 말은 원래 밧줄, 혹은 줄을 뜻한다. 이스라엘 백성에게 희망은 밧줄을 잡는 것과 같은 것, 즉 소원을 이루거나 구원을 받을 수 있는 근거, 동기, 대상 등을 끝까지 놓치지 않고 붙드는 심령적 열망을 의미한다. 희망은 구약성경 전체를 흐르는 매우 중요하고 지속적인 주제이다.

이스라엘의 역사는 그들의 소망을 하나씩 구체화해가는 과정이었다. 하나님은 이미 이스라엘 백성을 위한 계획을 세우셨고, 그것은 숫한 세월의 우여곡절을 겪은 뒤에 성취될 것이었다. 하나님은 그의 계획과 성취에 소망을 둔 이스라엘 백성에게 그들의 바람을 부분적으로 이루어주셨다. 백성들의 소망은 계획하시고 약속하시며 이루시는 하나님의 신실성에 대한 그들의 믿음 위에 기초한 것이었다. 하나님에 대한 믿음이 이스라엘 백성의 소망을 낳은 것이다.

신약성서에 의하면 그리스도인들에게 믿음과 소망의 터전이 된 것은 예수 그리스도와 그의 탄생, 생애와 사명, 죽음, 그리고 부활 등을 통해서 드러난 하나님의 주권이다. 그들에게 믿음은 삼위일체 되신 하나님에 대한 신뢰임과 동시에 이루기를 바라지만 아직은 보지 못한 것, 즉 하나님께서 인간을 위해 선하게 열어 가실 미래에 대한 확신이다. 그 희망의 미래는 그리스도인들에게 구현될 사죄와 고난, 고통, 죽음의 정복, 몸의 부활, 이 땅 위에서 정의·평화·자유의 실현, 나아가서 새 예루살렘, 새 하늘과 새 땅 같은 용어로 기술된다.

그리스도인에게 희망은 하나님을 궁극적 목표로 한다. 그것은 하나님의 구원의 사역과 역사 섭리에 대한 간절한 소원이요 기대이다. 그것은 성령에 의하여 지탱되는 것으로 결코 손쉽게 성취되는 것은 아니지만 그렇다고 불가능한 것도 아닌, 미래의 선을 지향하는 의지라 할 수 있다. 하나님은 이러한 인간의 소망을 이루어주시되 인간의 적극적인 참여를 통하여 그것이 성취되도록 역사하신다. 그래서 그리스도인들은 하나님의 뜻을 통찰하고 그 뜻이 이루어지기를 희망하며 나름대로 그 뜻의 실현을 위한 자기의 몫을 다하지 않을 수 없게 되는 것이다. 따라서 희망은 그리스도인에게 인간과 세계를 변화시키며 그들의 세계와 사회 속에 자유·정의·평화를 구현하는 내적 추진력이 된다. 세상을 속량된 사회, 하나님 나라로 변화시키려는 그리스도인들의 소망은 하나님의 자비와 전능하심에 의지하여 그들 자신의 능력의 한계를 넘어서 점차 실현될 것이다.

예수 그리스도는 그리스도인뿐 아니라 모든 인류에게 참 희망이 되신다. 어째서 그러한가? 인간은 오직 예수 그리스도 안에서만이 옛 것을 청산하고 새로운 존재가 될 수 있기 때문이다. 오늘의 인류에게는 고난의 극복과 구원, 복지 실현을 위하여 과학과 기술 공학을 선하게 활용할 수 있는 일꾼들이 요청된다. 인간을 중생시켜 윤리적, 심령적으로 이처럼 성숙한 일꾼들로 변화시킬 수 있는 이는 오직 우리 주 예수 그리스도뿐이시다. 그리스도인은 온전한 구원과 속량과 새 생명을 주시는 예수 그리스도에 대한 꺼지지 않는 희망을 품은 무리이다. 그 희망과 확신으로 어두운 한국의 현실에 새 생명의 빛을 비추이는 역군들이 되어야 할 것이다.

2017.12.23. 제주기독신문 사설

예수 바라보기

2 0 1 8

새 존재에 내리는 은사

2018년(무술년) 새해를 맞아, 예수 그리스도로 말미암아 새로운 존재가 된 그리스도인들은 작년보다 더 새로운 마음, 새로운 삶의 자세를 가다듬어야 할 것이다. 성서는 우리 그리스도인들에게 계속적인 변화와 갱신을 요청한다. 우리는 그리스도로 인해서 이미 옛사람을 벗고 새사람을 입었다. 그러나 그리스도의 완전하심에 이르기까지 중단 없이 변화하고 갱신해야 하는 것이다. 성경 말씀은 그리스도인의 변화, 거듭남, 새롭게 됨을 끊임없이 강조한다. 예수는 율법학자 니고데모에게 거듭나야 한다고 힘주어 말씀하셨다. 예수의 삶 자체가 성육신, 선교 사역, 고난과 죽음, 부활의 새 생명에로의 계속되는 변화의 과정이었다. 사도 바울도 그리스도인들이 주 안에서 변화를 입어 새로운 존재가 되었다 하면서도(고후 5:17),마음을 늘 새롭게 함으로 변화를 받아(롬 12:2), 하나님을 따라 참된 의로움과 거룩함으로 지으심을 받은 새사람을 입으라(엡 4:24)고 권고한다.

변화하여 새 존재가 된 그리스도인은 하나님의 특별한 은사를 받는다. "은사"라는 말은 "대가 없이 주어진 선물"이란 뜻을 가진 헬라어 명사 "카리스마"의 복수형 "카리스마타"를 번역한 것이다. 이 말은 소원이나 노력에 의한 것이 아니라 오직 하나님의 은총으로 그리스도인에게 주어지는 각종 달란트와 사명, 직무와 책임 등 그리스도 안에서 성령에 의해 누릴 수 있고 행할 수 있는 모든 것을 총칭하는 말이다. 은사는 보다 포괄적인 뜻을 가진 "은혜"에 비하여 개별적이고 구체적인 은혜의 내용과 결과, 종류 등을 지칭하는 용어라 하겠다.

하나님은 그 이름과 본질과 사명이 변화된 사람에게 성령의 은사를 내리신다. 죄의 본성에 따라 파멸을 향해 내달리던 사람을 변화시켜 각양 은사를 받게 해 주신다. 자신의 구원을 이루고 새 생명을 누리며 하나님께 영광 돌리는 삶을 살게 하신다. 전에는 세속적인 부귀영화를 추구했지만, 성령의 감화를 받게 된 지금 그리스도인들은 그 관심과 삶의 목표가 달라졌다. 그들은 변화를 입고 새로운 심령, 새로운 존재가 되었다. 온갖 은사를 받아 주의 몸 된 교회와 그가 속한 사회를 섬기고 불신의 세상에 그리스도의 복음을 전하는 사역자, 일꾼, 종이 되었다. 삼위일체 하나님과는 물론이요 그 이웃과 동료 피조물과도 소통, 친교를 나누게 되었다.

하나님의 사랑을 받고 있는 그리스도인은 주님을 사랑하고 섬기지 아니할 수 없다. 하나님은 우리를 사랑하실 뿐 아니라, 우리도 그분을 사랑하기를 원하신다. 그리스도인이 하나님을 사랑하는 구체적인 행위가 곧 섬김이다. 하나님은 우리 그리스도인들이 그분을 섬길 때 우리의 재능과 힘과 능력으로만 그리하도록 방관하지 않으신다. 성령을 통하여 우리에게 섬길 수 있는 능력과 은사를 내리신다. 우리는 이 능력과 은사로 하나님도, 교회도, 이웃도 능히 섬길 수 있게 된다. 예수는 달란트의 비유를 통하여 우리가 받은 은사를 묻어버리거나 썩히지 말고 십이분 활용하여 많은 열매를 맺으라 하신다.

받은 은사는 온전히 섬기는 데 쓰여야 한다. 타고난 것이든, 간구하여 받은 것이든 모든 은사는 발휘되고 활용되어야 한다는 말이다.

그것은 방치되어도 아니 되고, 인간적 탐욕을 채우기 위한 매체가 되어서도 아니 된다. 그것은 오직 주의 몸 된 교회를 섬기고 우리의 이웃과 사회를 돌보는 데 쓰여야 한다. 최근 우리나라는 북한의 위협, 주변 국가와의 마찰, 각종 재난 재해의 빈발로 고통당하고 있다. 이런 때일수록 한국의 그리스도인들은 새로운 존재로서의 자신의 본질에 합당하게 행하고, 받은 바 은사와 능력으로 우리의 이웃과 사회와 나라를 유감없이 섬겨야 할 것이다.

2018.01.13. 제주기독신문 사설

잃은 양 찾는 목자

교회는 지난 주일(2.18)부터 40여 일간 지속되는 사순절을 맞았다. 사순절은 하나님의 아들이요 인류의 목자이신 예수 그리스도의 고난을 되새기고 지은 죄를 참회하며 구원의 은총을 감사함으로써 경건하고 엄숙하게 지키는 교회력상의 한 절기이다. 왜 예수는 고난을 당하였던가? 한마디로 잃어버린 양 같은 인간을 찾아 구원하기 위해서다. 왜 타락한 죄인인 인간을 구원하시는가? 참 목자이신 예수는 하나님을 배신하고 떠났음에도 불구하고 여전히 인간을 사랑하시기 때문이다.

하나님은 선한 목자로서 길 잃은 양 같은 인류에게 깊은 연민과 관심을 품으신다. 그것은 비유컨대 사랑하는 자녀를 잃은 부모의 심정 이상 이라 해야 옳다. 하나님의 눈에는 모든 사람이 하나 같이 귀하다. 유대의 바리새인과 율법학자들은 인간에 대한 하나님의 연민과 사랑은 알지 못하고 율법만을 신뢰하고 지키려 하였다. 그들은 하나님이 그분을 떠난 죄인들을 여지없이 심판, 징벌하신다고 생각하였다. 그렇지만 하나님은 인간의 배신과 떠남 때문에 상처 입으시고 아파하신다. 죄악의 길에서 방황하는 인간에 대한 그분의 고통과 아픔은 거기서 끝나지 않고 그들에 대한 더 큰 관심과 연민과 사랑으로 이어진다.

하나님은 잃어버린 한 영혼을 소중하게 여기신다. 천하보다 귀한 생명이기에 그러하다. 비록 이탈하여 죄를 짓고 파멸에 이르렀어도, 타락하여 학대 받고 영육 간에 심히 굶주렸어도 인간은 당신의 형상으로 지으신 귀중하고 사랑스런 피조물이다. 그 귀한 생명이 창조주요 목자인 하나님을 떠나 온갖 위험과 고난, 죽음에 완전히 무방비 상태가 되었으니 하나님의 마음은 한 없이 초조하시다. 빗나갔다 하여도 그들은 여전히 하나님의 것이요 그러기에 그들을 불쌍히 여기시고 사랑하신다.

그래서 하나님은 당신 스스로 잃어버린 인간을 찾아 나서셨다. 예수 그리스도의 몸으로 세상에 오시어 가장 낮고 작은 자까지 구원하시기 위하여 선교하고 가르치며 섬기고 끝내는 고난과 죽음을 맞았다. 그리스도 이후 오늘까지 하나님은 성령으로 교회를 통하여 잃어버린 영혼을 끊임없이 찾아 오셨다. 이 같은 하나님의 잃은 양 찾기 활동은 세상의 마지막이요 새 창조의 날까지, 마지막 한 생명을 찾을 때까지 계속될 것이다.

선한 목자이신 하나님은 어떤 이유로도 잃은 양 구하기를 중단하지 않으신다. 사랑과 인내, 강한 추진력으로 길을 잃고 방황하는 영혼을 추적하여 마침내 구원하여내신다. 죄 많고 못난 인생이라도 찾을 가능성이 있는 한 포기하지 않으신다. 어떤 어려움과 희생도 마다하지 아니하고 찾아 구하시는 것이다. 나아가서 하나님은 잃은 양을 찾은 목자처럼 당신이 찾은 영혼, 회개하고 당신께 돌아온 생명을 그 자녀로 삼으시고 사랑과 위로와 쉼을 얻게 하신다. 찾은 자, 돌아온 자의 고통, 절망, 죽음의 공포를 제하여 주시고 평화, 희망, 새 생명을 불어넣으신다.

하나님은 오늘, 그리스도인을 택하여 부르시고 당신의 일꾼으로 삼으신다. 그리스도인에게 한 작은 목자가 되라고 요청하신다. 그래서 불신과 불순종, 죄악의 길로 달아나고 있는 생명들을 찾으라 하신다. 사순절을 맞은 우리 그리스도인들은 선한 목자이신 예수께서 고난과 죽음을 무릅쓰고 잃은 양을 찾아 구해내신 크고 의로운 사랑의 사역을 되새기며 죄악이 만연한 세상 속에 실종되어 험한 곳에서 방황하다가 끝내는 영원한 죽음에 이르게 될 오늘의 잃어버린 양들을 찾는 일에 나서야 할 것이다. 그들에게 복음을 선포하고 평화를 이루며 하나님의 말씀과 진리에로, 정의와 자유에로, 안식과 영원한 생명에로 초청해야 할 것이다. 하나님의 사랑의 울타리 안으로 저들을 인도하는 목자로서의 수고를 감내해야 한다.

2018.02.24. 제주기독신문 사설

자유를 위하여

3월은 한국의 그리스도인에게 여러 면으로 매우 뜻 깊은 달이다. 봄이 시작되는 계절이기에 생명과 희망이 넘치는 달이다. 그리스도인에게 3월은 사순절 기간이다. 사순절에 예수는 그 생애의 절정을 이루는 한 사건을 향하여, 자유와 해방을 위한 최후의 투쟁을 위하여, 갈등과 긴장 가운데, 그러나 조용하고 대담하게 예루살렘을 향하여 진군하였다. 이 발걸음은 갈릴리에서의 첫 복음 선포로부터 시작되었다.

예수는 그의 고향 나사렛의 유대인 회당에 들어가 이사야의 예언서를 읽고 옛 예언자의 예언이 지금 그의 청중 유대인에게 실현되었다고 선언하였다. 예수 자신은 기름부음 받은 그리스도로서 "주의 은혜의 해"(희년)를 선포하고 모든 사람들을 온갖 형태의 사슬과 질곡에서 풀어 자유하게 하노라고 했다. 이것은 나사렛 회당에서 처음으로 그 자신이 예언자들에 의하여 예고된 메시아임을 공적으로 드러낸 희년 선포이었다. 예수의 희년 선포에서 밝혀진 그의 사명은 어떤 것이었나? 이 선포에서 예수는 한 인간의 영적 구원과 함께 정치·경제·사회적 속박과 억압으로부터 유대인은 물론 온 인류를 해방하고 자유를 되찾으며 구원하기 위해서 왔노라고 증언하였다. 로마의 정치적 억압과 유대 종교의 율법적 속박에 시달리던 유대인들의 한 가운데서 그들의 자유와 해방을 선포했지만 결국 그는 온 인류의 자유와 해방을 선포하고 민중과 더불어 아파하고 분노하다가 끝내 종교적으로 탄핵 받고 정치적으로 처형되었다. 그의 죽음과 부활로 이 땅의 많은 백성들이 비록 지금은 경제적으로 수탈당하고 사회적으로 노예화되며, 정치적으로 압제를 받고 있으나 어느 날엔가 이 모든 족쇄로부터 풀려나와 자유하게 되리라는 희망을 안고 살게 되었다.

기독교 역사 2,000년 동안 많은 그리스도인들이 예수가 선포한 희년을 체현한 삶을 살아왔다. 초대교회의 사도들과 교우들은 유대와 이방 지역을 두루 다니며 복음을 전했는데 가난하고 병들고 짓눌린 사람을 찾아 위로와 구제에 전념하였다. 중세기의 성직자들과 기독교 소집단들은 빈민과 농노들을 위한 활동을 전개하였다. 최근 2,3세기에 걸쳐 지상의 교회들은 복음 선교와 함께 문맹과 질병, 빈곤 퇴치를 위해 세계 각국, 오지에 이르기까지 선교사들을 파송하여 놀라운 열매를 거둬들였다. 1884년과 그 이듬해에 우리나라로 파송된 언더우드, 아펜젤라, 알렌 등의 선교사들은 우선 한국인이 문맹에서 해방되도록 학교를 세우고 질병에서 구원받도록 병원부터 세웠다. 3.1운동 때 그리스도인 민족 지도자들은 누구보다도 예수의 희년 선포, 즉 가난한 자, 포로된 자, 눌린 자의 해방이라는 메시지를 너무나도 잘 이해하고 실천하려 했던 것 같다.

오늘의 한국 교회는 3.1운동 당시의 그리스도인처럼 과연 예수의 선포대로 살고 행동하고 있는지 스스로 물어 보아야 할 것이다. 이 물음에 자신 있게 대답할 수 없다는 사실에 우리는 부끄러움을 느껴야 한다. 대부분의 한국 그리스도인들은 자신들의 축복과 행복만을 기도하고 추구하는 데 골몰하여 민중의 어려움과 아픔에 관심할 틈이 없이 지낸다. 일상생활에 크게 부족함이 없는 중산층으로 구성된 한국

도시 교회 교인들은 이제 염치가 있어야 한다. 우리가 구하지 않을지라도 하나님께서 우리에게 필요한 것이 무엇인지 아시고 채워주시리라는 확신이 있어야 한다. 지금 우리는 인간과 사회를 모든 억압, 착취, 부자유, 포로 상태에서 해방하는 일에 적극 나서야 할 처지에 있음을 유념해야 할 것이다.

2018.03.10. 제주기독신문 사설

예수의 사랑 안에 있는 공동체

교회는 어떤 모임인가? 한마디로 사랑의 공동체이다. 예수의 부활 이후 그의 제자들과 초대 원교회 신자들은 자기들의 정체성과 사명이 무엇인지 분명히 의식하였다. 그들은 자신들이 과연 누구이며 무엇을 해야 하는 존재인지를 집요하게 탐구하는 가운데 교회 공동체를 형성하였다. 그들은 적대와 증오, 죄악과 죽음이 가득 찬 세상에 살면서도 그것과 구별된 존재로서의 자기를 파악하였고 그 세상과 어떤 관계를 맺어야 할지를 분명히 하였다. 결국 그들은 자신들의 정체성이 그리스도의 사랑의 공동체라는 것과 이 땅에 그 사랑의 복음을 선포하는 것이 그들에게 주어진 사명임을 확연히 깨닫게 되었다. 복음 선포의 기본적 동기는 예수의 선교, 고난, 죽음, 그리고 부활의 동기이도 했던 하나님의 사랑이었다. 오늘의 교회가 어떻게 이 땅에서 하나님의 사랑을 구체화할 수 있을까?

하나님의 사랑은 우리 인간과 집단 사이의 모든 분열과 차별의 장벽을 허물어 버릴 것을 명한다. 하나님이 예수 그리스도의 몸으로 하늘과 땅의 경계를 가르고 세상에 내려와 우리와 함께 하심으로 원수 되었던 하나님-인간 사이에 화해의 역사가 일어났다. 이 화해로 죽고 멸절될 수밖에 없었던 인간이 죄악과 사망에서 해방되고 구원을 얻을 수 있게 되었다. 하나님이 우리와 만나심으로 인간은 하나님의 사랑에 감싸여 그분과의 친교 관계를 맺게 되었다. 하나님은 그분이 그랬던 것처럼 우리도 우리의 이웃 사이에 막힌 담을 헐고 화해와 친교의 장으로 나아갈 것을 원하신다. 화해의 정신으로 모든 인간관계에서 분쟁과 갈등, 대립과 증오의 요인을 제거함이 곧 사랑을 이루며 하나님 나라를 구현하는 일이다. 성령께서 우리의 인격 속에 일으키시는 사랑의 의지에 따라 소외와 불화의 철책을 부수고 진정한 이웃이요 친구로 만나는 일보다 더 중요한 사명은 별로 없다.

한편 십자가 고난과 부활의 새 생명을 통하여 사랑의 승리를 실증하신 예수 그리스도는 모든 인간 행위의 궁극적 동기와 규범은 곧 사랑이라는 것과 그 사랑은 이웃을 위한 자기희생에서 절정을 이룬다는 사실을 일깨워주었다. 예수는 "친구를 위하여 목숨을 버리는 것보다 더 큰 사랑은 없다"고 가르쳤고 그 자신이 가르친 것을 십자가 위에서 몸소 실천하였다. 예수는 제자들에게 "너희는 언제나 내 사랑 안에 머물러 있어라" 하고 당부하셨다. 그냥 사랑이라 하지 않고 "내 사랑"이라 하였다. 즉 예수 그리스도의 사랑 안에 살아야 된다는 말이다. 그의 사랑은 우리를 위하여 자신을 십자가에 내어놓으신 한량없이 큰 사랑이다. 그리스도를 만나 그를 믿고 그의 사랑 안에 있을 때 비로소 우리는 불가능이라 여겼던 희생적 사랑을 알고 배우며 실천할 수 있다. "내 사랑 안에 머물러 있어라"라는 말씀은 옛사람을 버리고 새사람이 되게 하는 구원과 축복의 선언이 아닐 수 없다. 그리스도의 사랑 안에 있을 때 우리의 사랑의 의지는 남을 위하여 기꺼이 자신을 내어주도록 방향 지워지며 그렇게 행동할 수 있는 삶의 전환이 일어난다.

인간의 행위를 판단하는 최종적 기준은 진, 선, 미를 체계화한 어떤 원리도 사상도 이념도 아니다. 더욱 수많은 사람이 극성으로 추구하는 세속적 가치일 수도 없다. 우리의 모든 행위, 특히 생명을 건 행동은 오직 하나님의 사랑이라는 기준에 의하여 판단되어야 한다. 우리 자신의 생각이나 능력으로 예수가 명하고 본을 보인 그 사랑을 실현할 수 없지만 우리가 그리스도의 사랑을 채받을 때 우리에게 주시는 하나님의 성령의 능력으로 이 일이 비로소 가능하게 될 것이다.

2018.04.01. 제주기독신문 사설

죽음과 불안을 이기는 능력

매스컴 보도에 의하면 우리나라의 자살률은 지난 20세기말 이래 해마다 급격히 증가해왔다. 예컨대, 1996년 한 해 동안 전국에서 8,632명이 자살 했는데 이것은 1995년보다 12%나 더 늘어난 수치라 한다. 경제위기가 오래 계속되면서 자살 예비군이 더욱 늘어날 전망이다. 한 상담기관이 어느 해 서울 시내 직장인 458명에게 설문지 조사를 한 결과 응답자의 26%가 자살충동을 느끼는 것으로 드러났다. 특히 17%는 IMF 한파 이후 자살충동이 한층 더 강해졌다고 응답했고, 주위에서 자살하고 싶다는 말을 들은 사람은 86%나 되었다는 것이다. 한편 직장에서 잘리지 않고 남아있는 사람들은 "생존자 증후군"에 시달리고 있다. 판단력이 떨어져 이리저리 부화뇌동하고 항상 낙오하고 쫓겨날지도 모른다는 불안감에 떤다. 불안의식, 자살충동은 마치 세균처럼 오늘을 사는 사람들의 심령 속으로 파고든다. 그리스도인조차도 "용기를 내어라. 내가 세상을 이겼노라" 하신 예수 그리스도의 격려를 받고 있음에도 불구하고 어쩔 수 없이 죽음의 공포와 세상살이의 두려움에 말려든다. 그리스도인이기에 오히려 일반인들이 느끼지 못하는 심령적 차원의 불안을 경험한다.

성서는 그리스도인이란 죽음과 불안의 공포로부터 해방된 존재임을 분명히 밝히고 있다. 부활하신 예수를 만난 제자들이 두려움과 죽음의 위협을 박차고 용기와 인내로 그리스도의 복음을 전했던 것처럼 오늘의 그리스도인도 그를 사로잡고 있는 두려움의 사슬을 분연히 끊어버리고 담대하게 그들 앞에 놓인 삶과 미래를 향하여 힘차게 달려 나갈 것을 촉구한다. 그리스도인에게는 어떤 어려움과 두려움도 극복할 수 있는 능력이 주어졌다. 성령이 그들의 심령에 불어 넣으시는 예수 그리스도의 부활과 새 생명의 능력이다.

오늘의 그리스도인은 다른 모든 사람들과 함께 두려움의 짙은 그림자 아래서 살고 있다. 그들의 두려움은 환경적 요소, 삶의 정황에서 오기도 하지만 인간의 실존 자체 속에 고독, 절망, 유한성과 무의미성, 허무 등에 대한 강한 의식이 도사리고 있어서 그에 따른 실존의식이 그들의 죽음과 불안의 공포를 확대재생산한다. 그런데 예수 그리스도를 믿음으로 성령이 그리스도인 가운데 임재하고, 그 성령이 창조하시는 사랑, 용기, 인내를 통하여 그들은 능히 어떤 두려움에서도 해방된다. 부활하신 그리스도의 영과 그들의 영이 사랑으로 깊이 얽혀 있기에, 그리고 그리스도는 그의 죽음과 부활을 통하여 죽음과 공포와 악의 세력, 사탄의 지배력을 이기고 물리쳤기에 그들도 그들을 위협하는 사탄의 힘, 그 힘의 작용으로 말미암은 모든 두려움을 넉넉히 이길 수 있는 것이다.

예수를 십자가와 죽음에로 몰아넣었던 그 사탄의 힘은 2,000여년에 걸쳐 예수를 따르던 많은 제자들에게도 엄청난 고난과 죽음을 안겨주었다. 악의 힘은 오늘도 패잔병처럼 최후의 발악으로 그리스도인들을 대적하여 온갖 수단을 총동원 하고 있다. 그러나 그리스도인들에게는 이 세력을 이기고도 남을 힘이 있다. 그리스도께서 그 제자들에게 보내신 보혜사 성령의 능력이요 죽음의 권세를 이기고 부활하고 승리하신 예수에 대한 그리스도인들의 흔들림 없는 믿음이다. 그리스도인에게는 세상을 이기는 믿음이 있기에 악령이 아무리 활개치고 그들을 대적해 와도, 아무리 오늘의 정치, 경제, 사회적 상황이 그들을 위협하여 불안, 공포, 허무 의식을 조장한다 해도 그들은 용기를 잃지 않고 고난 중에 참으며 그리스도와 함께 누리는 최후의 승리를 향하여 줄기차게 그 행진을 계속해 나갈 수 있을 것이다. 사도 바울은 그의 서신 로마서에서 이렇게 말했다. "그러나 이 모든 일에 우리를 사랑하시는 이로 말미암아 우리가 넉넉히 이기느니라"(롬 8:37).

2018.04.28. 제주기독신문 사설

가정 문제의 해법

5월은 '가정의 달'이요 내일은(5.13) 교회력의 '어버이 주일'이다. 우리의 가정에 대하여 숙고해보기에 적절한 시기이다. 유엔은 1994년을 '가정의 해'로 정한 바 있다. 20세기 말에 동구 사회주의 체제의 붕괴, 자본주의 사회 안에서의 극렬한 경쟁, 환경·생태계의 급속한 파괴, 분쟁의 새로운 불씨로 솟아나는 민족주의 등 동시다발적으로 터져나오는 어려운 사태와 문제들에 직면하여 유엔은 인류의 현재와 미래를 재조명할 긴급한 필요성으로 '가정의 해'를 선포하였다. 사회의 축소판인 가정의 문제를 점검, 해결해나가는 과정에서 인류의 진로를 찾으려는 것이었다. 우리의 가정은 지금 세계의 첨예한 관심과 우려의 대상이 되고 있다.

성서와 기독교에서 하나님과 인간의 관계는 어버이로서의 하나님의 사랑에 의하여 지탱되고, 인간과 인간의 관계는 하나님의 한 자녀로서의 형제 사랑으로 열려져야 할 것을 말한다. 우리의 가정 안에서 부부 사이, 부모 자식 사이, 형제자매 사이에도 사랑이야말로 그 모든 관계의 기초요 조건임은 재론할 필요가 없다. 그래서 미국의 시인 프로스트(Robert Frost)는 "가정이란 우리가 가고 싶을 때 언제나 갈 수 있는 사랑의 공간"이라 하였다. 매우 낭만적인 표현이요 적어도 옛날의 가정은 이렇게 묘사될 수 있었다. 그러나 오늘의 가정은 가족 구성원 사이의 사랑과 관심이 해이해지는 등 여러 가지 복잡한 이유로 해서 해체의 막다른 골목으로 내몰리고 있다.

수년전 우리나라 각 시와 도의 지방 자치단체들은 해마다 5월 어버이날에 모범이 될 만한 효자, 효부를 찾아 효행상을 시상하곤 하였다. 그런데 종전 같으면 주변에서 어렵지 않게 발견되던 효자, 효부가 날이 갈수록 급격히 줄어 시쳇말로 품귀현상이 일어났다. 효행상의 대상자는 보통 30세 이상으로 노부모를 모시고 동일 가구에 살면서 그들을 살뜰히 봉양해왔고, 이 같은 효행 사실이 이웃에게 널리 알려진 사람들인데 이들을 좀처럼 찾지 못하여 시상 주체들이 속을 태웠다.

대부분의 한국 젊은이들은 교육과 군복무를 필하고 직장을 얻은 후 결혼을 하게 되면 너나없이 부모로부터 분가하여 독립된 가정을 꾸미려 한다. 오늘의 2세들은 대체로 이렇게 부모의 영향권으로부터 탈출하려 한다. 미혼녀들 중에 장차 결혼해서 시가에 들어가 시부모님을 모시고 살겠노라 하는 여자가 있다면 오히려 이상스런 눈으로 보게 되었다. 노인세대들은 가정과 사회의 한 가운데로부터 주변 가장자리로 몰려 소외감에 시달리다 고독사하는 경우가 많다.

이런 모든 현대가정의 문제점들과 가정에 대한 부정적 시각들은 그 나름대로 여러 가지 요인을 갖는다. 예컨대 개인주의, 이기심, 물질주의, 쾌락주의, 편이주의, 대화의 단절, 성격적 결함 등을 들 수 있을 것이다. 하지만 가장 중요하고 핵심적인 요인은 가족에 대한 관심과 연민의 부족, 그리고 궁극적으로 사랑의 결핍이라 하겠다. 오늘의 가정에서 이기적, 현실적, 물질적 관심과 접근은 혹 있을지 모르나 예수께서 우리에게 보이신 진정한 연민과 사랑은 찾을 수 없다. 예수가 "너희가 서로 사랑하라"고 누누이 당부하셨지만 우리들은 이웃 사랑은커녕 가족도 진정으로 사랑하지 못한다. 점점 식어가고 여위어가는 가족에 대한 사랑을 되찾고 심화시키는 일이야말로 가정 문제, 사회 문제를 풀어가는 첫 발자국이 될 것이다. 가족 상호 간의 문제들에 대하여 이해와 관심, 연민과 사랑으로 접근하도록 힘써야 할 것이다. 사랑의 길밖에 없다. 그 사랑이 가족 사이에서 구체적으로 표현되고 실천되어야 한다.

2018.05.12. 제주기독신문 사설

그리스도인: 예언자와 제사장

한국의 그리스도인은 우리의 공동체, 한국 사회의 범죄와 부패, 타락과 몰락에 대하여 경고하고 깨우치는 예언자로서의 책임을 다하는 존재여야 한다. 그는 자기의 시대에 그가 속해 있는 사회를 향한 하나님의 뜻과 말씀이 무엇인지를 끊임없이 추구하는 자로서 그분의 미세한 음성까지도 들을 수 있고 그에 순종해야 한다. 그는 우리의 사회가 윤리·도덕적으로 탈선할 때 지체 없이 경고하고 그 죄와 악을 과감하게 지적해주어야 하는 것이다. 나아가서 죄악의 길에서 돌아서는 자에게 주어지는 하나님의 용서와 은혜, 축복 역시 분명히 약속하고 선포해야 마땅하다. 예언자로서의 그리스도인은 또한 하나님의 특명 전권대사이며, 복음을 통하여 하나님의 이름으로 말하는 사회비평가요 세계적·사회적·역사적 사건과 현상들을 말씀으로 풀이하는 해석자이다. 나아가서 그는 하나님의 말씀과 복음 안에 들어 있는 창조적이요 변혁적인 메시지를 그 사회에 선포함으로써 역사적 전환의 계기를 마련한다는 점에서 그는 개혁자요 혁명가라 할만하다.

더욱이 오늘의 한국처럼 상존적 파국 위험지대에 살고 있는 그리스도인은 한층 더 큰 사랑으로 이웃을 돌보아 주고 특히 약한 자, 병든 자, 상처 입은 영혼을 위로하고 보호하며 섬겨야 할 의무가 있다. 이 일은 그리스도인의 제사장적 사명이다. 이 같은 섬김의 사역은 대상에 대한 공감적 연민과 순수하고 심도 깊은 사랑으로 감당할 수 있어야 한다. 하나님의 무조건적인 사랑을 체험한 그리스도인은 그의 사랑의 섬김 자체로 세상과 구분된다. 마치 빛과 어두움이 공존하지 못하는 것처럼 순전한 마음으로 이웃을 사랑하는 이들 주위에는 극성스러운 죄악이 물러가고 자유와 정의에 터 잡은 평화가 조용히 내려앉게 된다. 그는 늘 온유하고 따뜻하며 부드럽게 이웃을 도와주고 충심으로 주를 섬긴다.

이웃을 사랑하는 사람은 이미 그리스도의 사랑을 내리받은 자이다. 하나님의 사랑을 모르는 사람은 어떤 일을 하여도 그의 심령과 인격을 위해서는 모두가 허사요 무익할 뿐이다. 우리 주변 사람들이 스스로 저지른 죄악으로 인하여 심령적·윤리적으로 몰락하고 여러 가지 차원의 고난 고통을 당하고 있는 것을 보면서도 무관심하고 나 몰라라 하여 불쌍히 여기고 함께 아파하는 마음이 없다면, 그것은 이웃에 대한 연민과 사랑이 없음을 드러내는 처사요 또한 사랑의 하나님에 대한 불신의 증거 외에 다름이 아니다.

요즈음 가정 폭력이 심히 우려되는 사회 문제로 대두되고 있다. 남편과 아내 사이에, 그리고 부모와 자식 간에 폭력이 난무하고 있다. 서로 무지막지하게 구타하여 크게 상처를 내거나 끝내는 죽음으로 몰아넣는 사례가 비일비재하다. 이럴 경우 폭력 가정의 성원들은 윤리적 파탄자를 넘어 심령적으로 거의 죽은 자와 다름이 없다 하겠다. 죄악에 함몰된 심성과 사회악에 희생된 우리의 이웃들은 부지기수로 많다. 우선 3대에 걸친 일가족 독재에 시달리는 북한 동포가 있다. 옥에 갇힌 수많은 죄수들, 정신질환을 앓고 있는 사람과 지체장애인들, 성격파탄자와 사이코페스, 고아와 독거노인들, 수많은 실직자와 직장을 얻지 못한 청년들 등 얼마든지 예거할 수 있다. 우리가 진정으로 이웃을 연민하고 사랑하며 그들을 도우려고 결단만 한다면 선하고 유효한 방법을 찾아내는 데는 별 어려움이 없을 것이다. 하나님은 섬김의 능력과 방법을 찾아 그분께 진심으로 기도하는 사람에게 지혜를 주실 것이다. 오늘의 한국 그리스도인은 이처럼 하나님께 기도하여 받은 지혜를 십이분 활용하여 이 시대의 예언자요 제사장으로서의 역할과 책임을 넉넉히 감당해야 할 것이다.

2018.05.26. 제주기독신문 사설

예수 바라보기

어느 시대건 심판과 종말의 징조들이 보이게 마련이다. 오늘의 세계는 여러 차원에서 위기의 파고가 갈수록 높아가고 우주적 파국과 종말의 전조들이 빈번히 드러나고 있다. 그 징조들 앞에서 그리스도인들은 어떻게 살아야 하는 것일까? 구약시대의 신앙인들은 하나님의 구원의 언약을 신뢰하는 믿음을 결코 버리지 않았다. 오늘의 그리스도인들은 이 구원의 계획과 약속을 성취 받았다. 예수 그리스도가 우리의 구원을 이루어주었고 교회가 동참하는 하나님의 선교로 인류 구원의 지평이 열렸다. 구약의 신앙인들은 훨씬 후대의 인간들을 위한 완전한 구원을 미리 맛보지 못한 것이 사실이다. 그러나 이제 그리스도의 구속 사업으로 그들은 오늘의 그리스도인들과 함께 다 같은 하나님의 백성으로서 약속의 성취를 보게 되었다. 다른 말로 옛 신앙인들은 메시아의 오심과 성령의 역사, 교회의 응답 등을 통하여 그들에게 주어진 구원 약속의 실현을 보게 되었다. 결국 구약의 신앙인이나 예수 이후의 그리스도인 모두에게 있어서 궁극적 구원은 예수 그리스도로 말미암아 성취되었다. 그러기에 종말파국의 징조들이 갈수록 뚜렷하게 드러나는 오늘, 우리 그리스도인들은 우리의 구원자시오 믿음의 창시자인 예수를 바로 바라보아야 할 것이다. 삶의 목표를 그리스도께 두고 인간으로서의 모든 약함과 죄악의 무거운 짐을 그분께 맡겨야 한다. 하나님의 언약을 굳게 믿고 세기말적 재난으로 말미암은 고난, 고통에도 좌절해선 아니 된다.그리스도께서 마지막 날에도 하나님의 심판에서 그리스도인들을 구원하실 것이기 때문이다.

예수를 바라본다는 것은 예수 그리스도를 우리의 믿음의 유일한 대상으로 확실히 인정하고 변치 않는 것이다. 믿음의 대상이라 함은 그리스도만이 인간의 예배와 경외, 사랑과 충성을 받을 수 있는 분이란 말이다. 세상 사람들은 잡다한 우상들을 바라보고 믿는다. 여러 가시적, 불가시적 우상을 예배하고 그것에 충성을 다한다. 그리스도인은 호기심으로라도 그들의 우상에 곁눈질해서는 안 된다. 그러다가 시선이 우상에게 고착될 수도 있다. 예수를 바라본다는 것은 그분만을 우리의 진정한 희망으로 삼는 것이다. 예수만이 우리에게 사죄와 구원, 부활과 영원한 생명을 주실 수 있기에 우리는 그분을 소망하고 바라본다. 세상의 그 어떤 이념도, 재물과 권력도, 지도자와 영웅도, 조직과 체제도 우리에게 전인적 구원과 영원한 생명을 보장해주지 못한다. 오직 예수 그리스도만이 그렇게 할 수 있다. 그러니 그리스도인들의, 나아가서 인류의 소망은 오직 예수뿐이다. 더욱이 예수를 바라본다는 것은 그의 가르침과 삶의 모범을 따르는 것을 의미한다.

예수는 사랑을 가르치는 것으로 끝내지 아니하고 몸으로 실천하였다. 그의 사랑은 행동하는 사랑이었다. 그것은 곧 그의 선교, 치유, 악령 추방 등의 행위로 체현되고 고난과 십자가상의 죽음으로 그 절정을 이루었다. 따라서 그리스도인도 의당 세상을 위한 선교와 섬김에 나서야 하며, 이웃의 아픔과 고통을 치유하며 이 세상을 지배하고 있는 어두운 세력, 악령과 끝까지 대결해야 하는 것이다. 말씀을 전하고 이웃을 섬기기 때문에 당하는 것이라면 그 어떤 어려움도 고난도 달게 받을 각오가 되어 있어야 한다.

그리스도인들은 2,000여 년간이나 종말론적 긴장을 지속해왔으나, 지금부터는 마지막이 손끝에 잡힐 듯 다가옴을 체감하면서 긴장과 준비의 신경 줄을 더욱 팽팽히 잡아당겨야 하겠다. 믿음과 사랑과 섬김의 삶을 더욱 더 성실하게 펴나가야 한다. 예수 바라보기를 한 순간도 그만두지 말아야 할 것이다.

2018.06.09. 제주기독신문 사설

교회의 흥망성쇠

6.25가 다가온다. 그것은 우리 민족 남북 간의 이념 대립으로 빚어진, 상호 적대와 증오가 터트린 전쟁이었다. 왜 인간과 집단은 서로 대립하고 싸우게 되는 것일까? 구약성서 창세기 3장의 인간 타락 설화는 그 해답의 실마리를 우리에게 제공한다. 하나님이 지으신 최초의 인간 남녀가 그분의 명령을 어김으로 죄를 짓고 벌을 받게 되었다는 이 설화는 무엇을 말해 주는가? 본래 하나님의 형상으로 창조된 인간이 사탄의 유혹에 솔깃하여 오만한 마음으로 하나님의 금령에 불순종하고 서로에게 책임을 전가하려는 사악한 근성을 지니게 되었다 한다.

아담과 하와가 하나님의 형상 중의 한 요소인 자유의지를 발동하여 겸손과 순종의 방향을 선택했다면 아무리 사탄의 상징인 뱀이 유혹해도 범죄 하지는 않았을 것이다. 한번 오만과 불순종의 죄에 빠진 심령은 자기중심주의, 이기주의, 배타의식에로 치달아 올랐다. 아담은 하와에게, 하와는 뱀에게 범죄의 책임을 전가함으로 면책과 안전을 보장 받으려는 얄팍한 근성이 생겨났다. 이러한 죄가 인간의 심령 속에 시퍼렇게 살아있는 한 인간관계는 토막토막 잘려져 나갈 수밖에 없음을 말해준다. 오만과 불순종, 이기주의와 책임전가에 오염된 인간이 남과 화해하고 연합하기는 불가능한 일이다.

오늘의 교회에 있어서도 사정은 마찬가지다. 어떤 교회에서 의기투합한 몇 사람이 모여 그들의 생각과 비위에 맞도록 교회를 이끌어가기 위하여 교회 안의 다른 사람, 다른 그룹과의 대화와 협력을 무시해버리는 한편 자기들의 정당성만을 주장하고, 자기들의 의견만을 절대적인 것으로 내세우기 시작한다면, 그 때부터 그리스도의 몸 된 교회는 그 바탕이 흔들리고 성도의 교제는 단절되며, 인간의 간교와 사탄의 술수가 난무하여 결국 상호간에 큰 상처와 피 흘림을 안은 채 쓰러지고 말 것이다. 의견과 입장, 태도가 다르다 하여 교회 공동체 안의 다른 사람들을 소외시키거나 모멸과 불쾌감을 쏟아낸다면 그러한 교회는 세상의 죄악에 깊이 오염된 흉악한 군상들이 되고 말 뿐이다.

여기서 너와 나를 하나로 묶어 주시는 하나님의 능력의 손길이 요청된다. 바로 성령의 능력이다. 성령을 받고 위에서부터 오는 깨달음과 감격이 없고서는 아무리 인간이 나름대로 애쓴다 하더라도 너를 진정으로 받아드릴 수 없게 되고 따라서 연합하여 한 몸이 될 수도 없게 된다. 오직 성령이 임하셔서 우리의 심령의 깊은 곳에 잠복해 있는 오만, 불손, 자기중심주의, 이기심 등의 근성을 불살라버릴 때 나와 너의 신비적 연합, 하나 됨이 가능해진다. 교회란 바로 성령의 능력으로 나와 네가 사랑으로 연합되는 신비적 화해와 교통의 터전이요 그리스도의 몸 자체이다.

교회가 그 안에 한 몸 된 성도들을 안고 있음으로 해서 깨어지고 나누이고 갈라진 가정, 사회, 국가, 민족, 인종, 세계가 한 인간 가족으로 연합될 수 있는 가능성과 함께 그 구체적 실현을 볼 수 있게 될 것이다. 교회 안에서 한 몸 됨을 경험한 그리스도인들이 교회 밖에서 한 몸 됨을 실천하기 위하여 선교의 현장으로 발 벗고 나아감으로써 세계와 인류는 구원받은 하나의 공동체로 화하게 될 것이다. 그리스도인들이 믿기로 작정하고 교회에 나오게 된 것은 오직 성령의 역사에 의한 변혁이 아닐 수 없다.

그러나 교회에서 너와 나를 나누기 시작하면 그것은 성령이 하나 되게 하시는 역사를 거슬리는 범죄 행위이다. 그것은 사탄의 유혹의 결과이고 죄로 물든 인간 심성의 왜곡된 폭발이다. 그리스도인들은 성령을 근심시키고, 사탄이 흡족히 여기는 일을 저지르지 않도록 그 믿음을 더욱 굳게 다져야 할 것이다. 교회의 흥망성쇠가 성령에 의해 주어진 그리스도인들의 하나 됨의 능력과 실현에 달려 있다.

2018.06.23. 제주기독신문 사설

섬김을 위한 자유

미국의 정신분석학자요 사회학자인 에리히 프롬은 그의 저서 『자유로부터의 도피』(Escape From Freedom)에서 2차 세계대전 당시 독일 국민들이 나치당의 당수 히틀러로 하여금 무자비한 독재 권력을 휘두르게 한 것은 자유주의와 자본주의가 그 국민에게 부여한 엄청난 자유를 제대로 수용할 수가 없어서 그것을 독재자에게 반납해버린 결과라고 분석하였다. 자유는 자칫하면 억압, 독재, 비인간화의 도구로 활용될 수 있기에 이를 제한하는 어떤 원리가 있어야 할 것이다. 그래야 그것은 인간을 인간답게 만드는 긍정적이고 적극적인 역할을 잘 수행할 수 있다.

그리스도인에게 있어서 자유가 지닌 자기 제한적 원리는 무엇인가? 사도 바울은 "자유로 육체의 기회를 삼지 말고 오직 사랑으로 서로 종노릇하라"(갈 5:13)는 원리를 내세우고 있다. 이 말을 달리 표현하면, 그리스도인의 자유란 종으로서 이웃을 섬기기 위한 자유라 한다. 그리스도인들은 자유인임과 동시에 종으로서 남과 세상을 섬기는 것이 그 존재 이유가 되는 그런 무리이다.

히틀러 암살 모의에 가담했다가 발각되어 살해당한 독일의 신학자 본회퍼 목사는 그리스도인의 특성을 "남을 위한 존재"라 하였다.

그렇다면 섬김은 어떤 행위이며 어떻게 섬겨야 하는가? 자유의 개념과 관련시키면 섬김은 남을 자유롭게 만드는 일이 아닐 수 없다. 삶의 모든 영역과 차원에서 여러 가지 형태의 빗장과 쇠사슬로부터 인간을 풀어 자유롭게 하고 해방시키는 활동, 그것이 섬김이다. 요컨대 그리스도인은 예수 그리스도로 말미암아 먼저 죄악과 사망의 노예에서 풀려 나와 자유인이 되었으니, 이제부터는 이웃, 다른 사람을 자유하게 하고 해방시키는 자유로운 활동을 적극적으로 열어가야 한다는 말이다.

자유의 실현은 말과 이론뿐이 아니라 실제적 행동을 통하여야 비로소 가능하다. 이 행동은 자유를 결박당한 사람들에 대한 실제적 관심과 깊은 연민, 인간에게 자유를 부여하신 삼위 일체 하나님에 대한 큰 믿음, 인류에 대한 선의와 사랑에 의해 촉발된다. 그리스도인의 믿음과 이웃에 대한 연민과 사랑은 인간의 이기주의적이고 겁 많은 성품을 극복하게 한다. 그리스도인이라면 그 이웃의 자유를 위하여 사랑과 신뢰에 바탕을 둔 구체적인 행동에 발 벗고 나설 수 있어야 할 것이다.

때로 섬김의 행위는 그 어떤 이유로건 옥에 갇혀 자유를 잃은 사람을 위로하고 그 가족을 여러 가지 형태로 도와주는 일일 수 있다. 가난하거나 나이 많이 들어 배우지 못한 이들을 위해 학원, 야간학교를 개설하여 교사로서 가르치는 일, 불우 청소년들에게 장학금과 용돈을 주는 일일 수도 있다. 재물과 권력의 마성에 사로 잡혀 따뜻한 인간성을 잃고 윤리와 도덕에 담을 쌓은 무리들에게 무엇이 인간다운 삶인가를 깨우쳐 주는 대화와 설득, 인간을 여러 가지 차원에서 가난하게 만들고 소외시키고 비인간화하는 사회 제도와 정치 현실을 지적·고발·항의하는 조직적인 운동, 공해와 자연·생태계 파괴를 막는 캠페인 등 이 모두가 자유 쟁취를 위한 행동이라 할 수 있다.

이처럼 그리스도인들은 다각적으로 인간의 자유화를 위하여 최선을 다해야 하겠지만, 이 모든 자유화 운동은 인간을 죄악과 사망, 악령의 세력으로부터 해방시켜 자유하게 하였다는 그리스도의 복음을 동시에 선포함으로써 전개되어야 한다. 교회의 선교활동의 핵심은 바로 이 "죽음에서 풀려나와 새로운 생명에로 살아남"을 전하는 일이다. 그리스도인과 교회의 존재 이유와 사명은 자유인으로서 종의 위치에서 인간과 사회의 전체적이고 완전한 자유를 선포하고, 이웃을 섬김으로 그 자유를 실현하는 일이다.

2018.07.14. 제주기독신문 사설

오늘의 정신질환

　　요즈음 들어 정신질환 환자들의 난동이 급증하고 있다. 중증 정신질환을 앓고 있는 사람들은 시도 때도 없이 흉기를 휘두르고 '묻지마' 폭행을 자행한다. 예를 들면, 지난 7월 1일, 전북 익산 소재 한 병원 응급실에 정신질환 경력이 있는 사람이 달려들어 담당 의사에게 칼을 들이대고 주먹질, 발길질 폭행을 가하였다. 얻어맞은 의사가 정신을 잃고 쓰러졌는데도 그의 머리채를 휘어잡아 흔들며 욕설을 퍼부었다. 예수 일행이 거라사 땅에서 만났던 귀신 들린 사람은 우리의 상상을 초월하는, 최악의 정신병자였다. 그의 몰골은 괴물 같았고 온몸은 상처투성이에 벌거벗고 있었다.

　　거라사 광인의 일화는 정신질환자의 비극이 어떤 것인지를 들려준다. 그것은 인간의 내면세계의 일탈과 왜곡이 원인이었다. 우선 그의 정신은 극도로 분열되어 파탄지경에 이르고 있었다. 예수가 그를 향하여 "당신의 이름은 무엇입니까?" 하고 묻자 "내 이름은 군대라고 합니다. 우리의 수효가 많아서 그렇게 부릅니다" 하고 대답하였다. 참으로 희한한 이름이었다. 여기서 "군대"란 헬라어로 '레기온'인데 그것은 당시 6,000명으로 구성되어 있던 로마군의 한 군단을 가리킨 말이었다. 그러니까 그는 자기들(그의 심령에 자리 잡은 악령)의 수가 그렇게 많다고 과시한 것이다. 아니나 다를까 그는 줄곧 자기를 "우리"라는 복수인칭으로 표현하였다.

여기서 정신 질환으로 파괴된 인간 실존의 전형적인 모습을 보게 된다. 거대한 폭탄이 폭발하면 순식간에 그것은 수 천 개의 쇳조각으로 파열되어 주위의 사물을 깡그리 부수어버리고 만다. 그러니까 그 같은 현상이 딱하게도 그 귀신들려 정신 질환을 앓고 있는 거라사 광인의 정신세계 안에 일어났던 것이다. 편편이 부서진 마음, 와해된 정신, 그것은 분노의 파편일 수도 있고 욕망의 조각일 수도 있다. 바로 이런 현상을 가리켜 현대인은 정신분열증이라 일컫는다. 그처럼 조각난 그의 내면세계는 그 하나하나가 악령의 수만큼 분열되어 실로 극도의 혼란을 일으키기 십상이다. 그리고 그 무너진 정신이 발작을 일으켜 주위의 사람들을 무차별 공격하며 폭행을 가한다.

그런데 깊이 성찰해보면, 우리들 각자도 그런 파탄된 정신, 와해된 심리 상태를 경험한다. 진정 이 세상 어느 누구도 완전한 정신, 항상 맑은 심령, 깨끗한 영혼의 상태를 지니고 있노라 장담할 수 있는 사람은 없을 것이다. 솔직히 사람마다 정신질환 속으로 빠져들어갈 위험한 경향을 품고 있다고 보아야 한다. 미국의 심리학자 칼 메닝거는 정신 질환자의 잠재의식 가운데 자기의 지병과 그 치료를 거부하는 강한 욕구가 도사리고 있다고 하였다. 환자는 치료를 원한다고 말은 하면서도 속으로는 원치 않고 있다는 것이다. 이런 현상을 심리학 용어로 '저항'(resistance)이라 한다. 신학자 폴 틸리히도 현대인들 대부분은 의식적으로나 무의식적으로 정신병을 선택한다고 말한 바 있다. 가혹한 현실에 대한 번뇌와 고난, 문제로부터 도피하기 위하여 도리어 정신질환을 피란처로 삼아버린다는 것이다.

이 땅에는 여러 가지 곤경에 처한 사람들이 많지만, 특히 예수의 시절, 거라사 광인처럼 비참한 정신 질환에 걸린 사람들이 기하급수적으로 늘고 있다. 우리를 더욱 경악하게 만드는 것은 바로 그런 비극적인 요소가 우리의 내면세계 안에도 도사리고 있다는 사실이다. 때로 이 신비의 요소가 발작하여 우리의 육신과 영혼을 뒤흔들어 정신 질환에 빠져 들게 한다. 하지만 이 같은 암담한 현실 속에서도 그리스도인들이 절망하지 않을 이유가 한 가지 있다. 그것은 우리가 믿고 의지하는 삼위일체 하나님께서 저 거라사 광인을 치유하듯이 우리를 낮게 하고, 온전하게 만드실 것이기 때문이다.

2018.07.28. 제주기독신문 사설

사설로 엮은 기독교 신앙과 윤리
— 이동준 목사 칼럼집

2018년 12월 10일 초판 1쇄 인쇄
2018년 12월 15일 초판 1쇄 발행

지은이 | 이동준
펴낸이 | 김영호
펴낸곳 | 도서출판 동연
등 록 | 제1-1383호(1992. 6. 12)
주 소 | 서울시 마포구 월드컵로 163-3
전 화 | (02)335-2630
전 송 | (02)335-2640
이메일 | yh4321@gmail.com

ISBN 978-89-6447-446-4 03040